长江上游航道
建设养护关键技术及
发展趋势研究

徐晓明　张星星　谭　波　习倩倩　著

中国电力出版社
CHINA ELECTRIC POWER PRESS

内 容 提 要

长江上游航道的建设养护对于进一步大幅提升三峡库区航运价值、促进成渝双城区域经济发展以及共建长江上游航运中心等均具有重要的科学意义。本书以长江上游航道为研究对象，首先重点围绕航标维护、数字航道建设和山区航道整治三个方面，对长江上游航道建设养护关键技术展开了全面细致的研究分析。其次，基于长江上游库区航道的演变特征和养护难点，提出其养护对策。同时，依托长江万州库区航道，研究探讨长江上游库区航道高质量发展示范区建设思路和实施路径。最后，通过分析新时代国家战略下长江航运的发展要求，凝练总结长江航运及上游航道建设养护技术的发展趋势。

本书可供从事我国内河航道规划、设计、建设、维护以及管理等人员参考，也可供港口、海岸及近海工程、水利水电工程、水力学及河流动力学、船舶与海洋工程等相关专业的大专院校师生参考。

图书在版编目（CIP）数据

长江上游航道建设养护关键技术及发展趋势研究/徐晓明等著. —北京：中国电力出版社，2022.11

ISBN 978-7-5198-7129-1

Ⅰ. ①长… Ⅱ. ①徐… Ⅲ. ①长江－上游－航道整治－研究 Ⅳ. ①U617

中国版本图书馆 CIP 数据核字（2022）第 186079 号

出版发行：中国电力出版社

地　　址：北京市东城区北京站西街 19 号（邮政编码 100005）

网　　址：http://www.cepp.sgcc.com.cn

责任编辑：安小丹（010-63412367）

责任校对：黄　蓓　郝军燕

装帧设计：赵姗姗

责任印制：吴　迪

印　　刷：三河市万龙印装有限公司

版　　次：2022 年 11 月第一版

印　　次：2022 年 11 月北京第一次印刷

开　　本：787 毫米×1092 毫米　16 开本

印　　张：15

字　　数：263 千字

定　　价：90.00 元

前　言

　　大力建设长江上游航运，对于沟通西部地区其他水系、凸显通江达海大动脉功能、促进交通运输方式改革和打造西部地区高质量发展的重要经济增长极均具有重要的科学意义和经济价值。航道是内河水运最重要的组成部分，是开展内河运输的基本前提和基础条件之一，其建设和养护的根本目的是通过改善航道通航条件，为船舶提供畅通的运输通道，适应不断增长的运输需求和经济社会发展要求。因此，为更好地发挥长江上游航道基础性、先导性和服务性的作用，构建"畅通、平安、优质、智能、美丽"的现代化航道体系，亟须开展长江上游航道建设养护关键技术及发展趋势研究。

　　本书为中国博士后科学基金71批面上资助"地区专项支持计划"项目（2022MD713701）、交通运输部2021年度交通运输行业重点科技项目（2021-ZD1-024）、2022年重庆市教育委员会人文社会科学研究规划项目（22SKGH374）、重庆市教委科学技术研究项目（KJQN202201309）、国家内河航道整治工程技术研究中心暨水利水运工程教育部重点实验室开放基金（SLK2021A08）和重庆文理学院科学研究基金资助项目（R2019STM09）的重要研究成果。本书以长江上游航道为研究对象，重点针对航标维护、数字航道建设和山区航道整治三个方面的关键技术进行深入研究，分析了长江上游库区航道演变特征和养护难点，据此提出适于长江上游库区航道的养护对策。同时，本书依托长江万州库区航道，提出了长江上游库区航道高质量发展示范区的建设方案，并通过分析新时代国家战略下长江航运的发展要求，凝练总结长江航运及上游航道建设养护技术的发展趋势。全书总共分为六章，依次为绪论、长江上游航道航标维护关键技术、长江上游数字航道建设关键技术、长江上游山区航道整治关键技术——以复合碍航滩险为例、长江上游库区航道养护对策及高质量发展示范区建设和新时代长江航运及上游航道建设养护技术发展趋势。其中，第一章由徐晓明撰写，第二章由徐晓明、张星星、谭波和习倩倩撰写，第三章由徐晓明、张星星、谭波和习倩倩撰写，第四章由张星星撰写，第五章由徐晓明、张星星和习倩倩撰写，第六章由徐晓明、张星星、谭波和习倩倩撰写。

本书特色鲜明，逻辑性强，思路清晰，结论表述准确；在行文方面流畅自然，重点突出，详略得当，深入浅出地阐明了长江上游航道建设养护的关键技术，凝练总结了新时代长江航运及上游航道建设养护技术的发展趋势，适合不同层次的读者学习和参考。

在本书的撰写过程中，长江航道局刘怀汉教授级高级工程师，重庆交通大学许光祥教授、钟亮教授、童思陈教授、陈明栋教授和杨斌教授等提出了许多宝贵意见和建议，在此表示诚挚的感谢！

鉴于作者水平有限，本书难免存在疏漏、不足之处，诚请各位专家和读者批评指正！

著　者

2022 年 6 月

目　录

第一章

绪　　论

第一节 长江流域总体概况

长江是中华民族生生不息的象征，全长约 6300km，源远流长，水量充沛，终年不冻，是我国及亚洲第一大河，其长度和水量均居世界第三位。它横贯我国东、中、西部地区，流域辽阔，资源丰富，是中华民族经济文化发祥地之一。自古以来，长江作为水上交通运输大动脉，在繁荣国民经济和促进社会进步方面，一直具有十分重要的地位和作用，素有"黄金水道"之美誉。

长江经济带覆盖上海、江苏、浙江、安徽、江西、湖北湖南、重庆、四川、云南、贵州等 11 省市，横跨我国东中西三大板块，面积约 205 万 km²，占全国的 21%，人口和经济总量均超过全国的 40%，工农业基础雄厚，聚集了全国 500 强企业中的近 200 家，承担了沿江 85% 的煤炭和铁矿石、83% 的石油、87% 的外贸货物运输量，集聚了我国 35% 以上的经济总量，生态地位重要、综合实力较强、发展潜力巨大。长江通道作为我国国土空间开发最重要的东西轴线，沿江经济带布局了长江三角洲、长江中游和成渝三大跨区域城市群，其连接了上海、南京、武汉、重庆等大型交通枢纽城市以及其他 33 个中小城市，是国家综合交通运输体系和水资源综合利用的重要组成部分，是建设沿江综合立体交通走廊和绿色生态廊道的重要依托，是长江经济带与"一带一路"倡议衔接互动的重要纽带，在国民经济和区域发展总体格局中具有重要战略地位。

第二节 长江内河航运建设意义

从世界经济发展历程来看，哪里有河流海洋，哪里就有密集的城市群和经济带，以及源远流长的经济文明，例如欧洲莱茵河城市群、美国五大湖和密西西比河经济带、长江经济带等。内河航运与区域经济主要通过商品货物的流动发生相互作用，区域经济的发展产生了运输要求，并且这种经济体的原生性运输要求决定了内河航运的发展规模与在经济活动中的地位。同时，内河航运为区域经济活动提供具有保障性、支撑性的运输服务，且通过各种相关带动效应对区域经济的发展起到助推作用。

一、国内外研究现状

内河航运是连接内陆腹地与沿海地区的纽带，在运输和集散货物中起着重要的作用，使沿江货物能够通江达海，有力地支撑了区域经济、社会和贸易发展[1]。

国外方面，早在 20 世纪 90 年代，Emberger[2]就从理论上定性地描述了内河航运与区域经济的互动关系，首先，区域经济的发展带动了内河航运，经济发展越快，货物商品运输的需求越大，这直接决定了内河航运的规模；其次，内河航运为商品流动提供了运输方式，使得区域间实现经济交流，助推区域经济发展。随后，荷兰经济学者 Hulten[3]通过分析欧洲内河运输对欧洲钢铁、化工、建筑业以及农业发展的影响，指出内河运输在运输大宗物资方面特有的技术经济优势特征。国外比较繁荣的内河当属莱茵河和密西西比河，Roggenkamp and Herget[4]统计了莱茵河的航运运输，发现仅在德国境内货运量达到 3 亿 t，等同于 20 条铁路的运输能力，其已经成为欧洲各国区域间贸易最重要的经济载体。CK[5]分析了自第一次世界大战之后，美国密西西比河的贸易价值，发现在 20 世纪 40 年代至 20 世纪 80 年代，密西西比河年货运量平均增速已远超美国同时期 GDP 增速。

国内方面，我国幅员辽阔，水系发达，航运资源丰富，在 2006～2020 年内河航道与港口布局规划中已明确指出，在未来内河水运方面将大力构建"两横一纵两网十八线"高等级航道，沿江的区域经济势必进入高速发展的轨道。许多研究学者在内河航运与区域经济内在关系方面做了大量有价值的工作。封学军等[6]运用模糊层次评价法从产业发展、成本节省、环境保护等方面分析了内河航运对区域经济发展的影响，认为大力发展内河航运是江苏经济可持续发展的重要基础。黄娟[7]、周志中[8]结合内河航运低碳环保的优势，详细论述了内河航运对湖南经济转型的重要作用。随后，张琴英等[9]采用生命周期影响评价（LCI）方法，建立了内河航运绿色度综合评价指标体系和阶梯层次结构模型，更科学地评价内河航运的绿色性能。李跃旗等[10]以上海内河航运为研究对象，建立了基于 Logistic 曲线和协整理论的内河航运与区域经济的伴生关系分析模型，表明两者之间存在很强的伴生关系。何月光等[11]从定性上分析和阐述了苏北运河航运发展与区域经济发展之间的关系，刘继斐[12]运用投入产出法，定量地研究了苏北运河对区域经济的贡献。关则兴[13]通过分析广西和柳州的经济形势，根据西江黄金水道建设规划，定性地探讨了柳州航运发展与柳州经济发展的相互关系。罗钧韶[14]通过构建依存关系分析的理论体系，分析珠江水系水路运输与区域经济发展的伴生关系以及水路运输对经济增长的贡献率。匡银银[15]明确了目前湖北省内河航运与经济互动发展程度，系统性阐述了两者之间的互动发展作用机理，并通过仿真模拟了两者互动发展过程。紧接着，王雅等[16]运用回归分析法定量分析湖北省内河航运与区域经济的伴生关系，并通过向量自回归（VAR）模型进一步分析实测。

综上所述，内河航运推动区域社会经济发展是被世界经济发展证实了的客观规律。欧洲莱茵河经济带、美国五大湖和密西西比河经济带、中国长江经济带、珠江—西江经济带等内河流域经济带繁荣发展都证实了这一点。目前，国内外大部分研究成果基于区域经理学和流域经济学的理论框架，分析了长江航运与区域经济的伴生关系及作用机理，但均局限于长江航运的某个局部特征或者具体的航道段，鲜有站在全局的角度去探究长江内河航运建设的意义。因此，本节主要从长江经济带的经济社会现状、沿江综合运输体系现状和长江航运发展现状三个方面重点论述长江航运建设的意义。

二、长江经济带经济社会发展现状

（一）经济发展

长江经济带 11 省市 2020 年实现地区生产总值（GDP）47.2 万亿元，占全国比重达 46.4%，在全国经济总量中的比重不断上升。在总量保持上升的情况下，长江经济带内部各省市间的地区经济差距不断缩小，2020 年东部长三角地区（沪苏浙皖）、中部地区（赣鄂湘）的经济总量在长江经济带内所占比重有所下滑，分别从 2015 年的 52.5%、24.6% 下降到 2020 年的 51.9%、23.5%，而西部地区（云贵川渝）占比提升明显，从 2015 年的 22.9% 提高到 2020 年的 24.6%。

（二）产业格局

近年来长江经济带产业结构不断优化，2020 年三次产业结构比为 7.2:38.7:54.0，人均 GDP 折合约 12042 美元，长江经济带总体已进入以服务业为主导的后工业化阶段。分地区看，上中下游产业梯度势差明显，长三角地区已迈入工业化后期阶段，呈现第三产业占比快速上升、第二产业占比逐步下降、技术密集型产业占主导的产业发展特点；长江中上游皖鄂湘赣川渝地区处于工业化中期阶段，呈现第二产业高位徘徊、第三产业维持稳定、原材料加工业占主导但高新技术产业快速发展的特点；长江上游云贵地区处于工业化初期阶段，则呈现以劳动力密集型产业为绝对主导的发展特点。

（三）城镇化建设

近年来长江经济带加快构建以城市群为主体、大中小城市和小城镇协调发展的城镇格局，2020 年长江经济带 11 省市平均城镇化率为 63.2%，超过全国平均水平。其中上游四省市平均城镇化率为 56.5%，中游三省为 60.6%，下游四省市为 70.9%，长江下游是长江流域中城镇化水平较高的区域，而上游地区的城镇化率还有较大提升空间。

总体而言，上中下游各省市城镇化进程仍处于不同阶段，各城市群发展对周边区域城镇化进程的带动作用也有明显差别。

三、沿江综合运输体系现状

沿江综合交通运输服务水平不断提高，公路、铁路、航空运输发展迅速，水路运输规模稳步提升，为长江经济带经济社会发展提供了有力支撑和切实保障。

（1）水路运输。2020 年沿江 11 省市内河航道里程 9.11 万 km，占全国内河航道总里程的 71.3%，其中长江上游、中游、下游的通航里程分别为 2.39 万 km、2.56 万 km 和 4.16 万 km。长江黄金水道具有独特优势，2020 年沿江 11 省市水路客运量 9515 万人，占全国水路客运总量的 63.5%；货运量 51.5 亿 t，占全国水路货运量的 67.6%。水路运输客、货运量主要集中在长三角地区，占长江经济带的比重货运 80% 以上、客运约 60%。

（2）铁路运输。2020 年长江经济带铁路营业总里程 4.47 万 km，其中高铁里程达 1.6 万 km，总里程占全国铁路的比重为 30.6%；其中长江上游、中游、下游铁路里程分别为 1.58 万 km、1.57 万 km 和 1.32 万 km。2020 年长江经济带区域完成铁路客运量 10.3 亿人、货运量 5.6 亿 t，占全国铁路客货运量的比重分别为 46.8%、12.4%。长江经济带铁路营业里程以中部地区为最长，但铁路客运利用效率长三角地区最大，其铁路客运量占整个长江经济带的 54.1%；铁路货运量、货运效率均以四川、云南等上游省份为最大。

（3）公路运输。2020 年长江经济带公路总里程 234.6 万 km，其中高速公路总里程 6.4 万 km，占全国比重分别为 45.1%、39.6%，高速公路网日益完善。公路里程中长江上游、中游、下游分别为 107.4 万 km、74.1 万 km 和 53.1 万 km，上游公路里程最长。2020 年沿江 11 省市完成公路客运量 36.0 亿人、公路货运量 153.9 亿 t，占全国公路运量的比重分别为 52.2%、44.9%。虽然长江经济带公路和高速公路里程主要集中在中西部地区（主要集中在湖北、湖南、四川三省），但公路客、货运量仍是以长三角地区为最大，分别占长江经济带公铁水三种运输方式共同完成客、货运量的 76.1% 和 72.9%。

（4）航空运输。在目前民航着力打造的 4 个机场群中，长江经济带占 2 个，分别是长三角世界级机场群和成渝机场群；在全国旅客吞吐量排名前 100 的机场中，长江经济带机场占 37 个，其机场旅客吞吐总量约占前 100 名机场旅客吞吐总量的 40%。2019 年长江经济带机场全年旅客吞吐量为 5.67 亿人次，较上年增长 7.7%，其中中游地区增速最高为 11.1%；货邮吞吐量超过 795 万 t，同比增长 1.6%。

（5）多式联运。自 2016 年起，交通运输部、国家发改委先后公布了三批 70 个多式联运示范工程项目，其中涉及长江航运领域的第一批 3 个已通过验收，第二批 5 个进入建设尾声，第三批 7 个正在推进建设中，形成了一批可复制、可推广的试点经验，重庆果园港、黄石新港等一批示范工程被授予"国家多式联运示范工程"。

铁水联运方面，长江干线开展集装箱铁水联运业务的港口有泸州港、重庆港、荆州港、武汉港、黄石新港、九江港、芜湖港、南京港等 8 个港口，2021 年共完成铁水联运量 24.4 万 TEU❶，同比增长 31.3%。

综上，改革开放以来，长江经济带交通运输业实现了全面快速发展，以公路、铁路、水运、航空等为主的综合运输网络初步形成，交通运输量和港口吞吐量大幅增长，交通运输结构显著优化，现代管理和信息化应用水平明显提升，已步入纵横交错、多种运输方式共同发展的新阶段。同时，沿江综合交通和货物运输及旅客运输也出现了新的变化特征，具体如下：

（1）货物运输。从运输方式结构来看，沿江 11 省市公路货运量在各运输方式中占主体地位，沿江水路货运量比重明显高于全国平均水平。1979 年沿江 11 省市公路货运量在三种运输方式中的比重最大，为 44.03%，铁路比重第二位，为 31.22%，水路占到 24.74%；从 1987 年起，公路货运量所占比重进一步增加达到 73.67%，同年铁路则下降到第三位，比重 9.92%，水路比重为 16.41%。2020 年，公路货运量比重仍保持第一位，为 72.94%，水运量结构有明显变化，比重上升到 24.39%，铁路进一步下降到 2.68%。同年，沿江水路运输比重明显高于全国水路货运量 16.40% 的比重，体现了长江航运在综合运输中的重要性。

（2）旅客运输。1979 年以来，沿江 11 省市公路旅客运输在各运输方式中一直占据绝对的主导地位，2005 年至 2012 年间，比重达到 94% 左右，2020 年为 76.14%；铁路客运量 1979 年比重为 17.14%，之后呈现缓慢下降，1996 年至 2012 年间铁路客运量在各运输方式中保持比重约 4.5%，2013 年开始，随着我国高速铁路的快速发展，沿江 11 省市铁路客运量比重稳步上升，2020 年达到 21.85%；水路客运量在三种运输方式中的比重始终较小，改革开放初期各种运输方式尚不完善，水路承担了部分客运功能，1979 年沿江 11 省市水路客运量比重为 12.6%，为近四十年来比重最大的一年，之后水路客

---

❶　TEU＝Twenty feet Equivalent Unit 20 英尺标准集装箱（即：长 20 英尺×宽 8 英尺×高 8 英尺 6 英寸，内容积为 5.69m×2.13m×2.18m，配货毛重一般为 17.5t）。

运比重逐步缩减，当前长江客运以游轮旅游业为主，2019 年和 2020 年水路客运量比重分别为 1.95%和 2.01%，高于全国平均水平。

四、长江航运发展现状

（一）发展历程划分

纵观我国新中国成立之后长江航运建设和发展的主要历程，可划分为 5 个历史发展时期：

（1）长江航运恢复发展时期（1949～1977 年）：新中国成立之初，长江航道处于自然状态，主要运输工具是木帆船，水上运输处于半瘫痪状态；1949～1952 年国家创造条件修复了被破坏的运输设施设备，长江航运逐渐复苏；1953 年起，国家有计划地开始进行长江航运建设，改造和新建了一批港口码头，推行一列式拖驳运输，长江航道、港口、水运工业布局基本确立，1977 年长江干线货物通过量首次突破 3000 万 t。

（2）长江航运改革发展初期（1978～1988 年）：1978 年党的十一届三中全会开启了改革开放和社会主义现代化建设的历史新时期，国家加大对长江航运的政策扶持力度，在放开长江航运市场、建立社会化融资机制方面进行开创性探索，积极扭转了长江航运不适应经济社会发展的被动局面；1983 年，交通部启动长江航运体制改革，逐步形成了"国营、集体、个体"一起上的多层次、多渠道、多元化的运输格局，初步形成了政企分开、港航分管、统一政令、分级管理的长江航运管理体制；同时长江航运对外开放的步伐开始加快，一批外贸码头相继建成投产，外贸运输、集装箱运输、江海运输发展迅猛。1988 年长江第一个梯级枢纽葛洲坝水利枢纽建成，同年长江干线货物通过量 6272.2 万 t、港口货物吞吐量 14478.8 万 t。此外这一时期亦是长江客运的鼎盛时期。

（3）长江航运改革发展中期（1989～1998 年）：从"八五"规划开始，加快了长江航运建设步伐，长江上游航道进行了系统治理，1994 年开始建设三峡水利枢纽，千里川江逐步改变天然状态。期间长江航运对外开放不断扩大，运输市场主体形成了国营、集体、民营"三分天下"的新格局；同时长江航运受其他运输方式影响，增长趋势减缓，1998 年长江干线货物通过量 18598.8 万 t，港口吞吐量 17950 万 t。

（4）长江航运改革发展后期（1999～2012 年）：这一时期，国家和沿江省市高度重视长江航运发展，航运市场对资源配置的主导作用得到发挥，长江黄金水道的地位和作用逐步显现，基础设施建设大规模展开，运输生产继续保持强劲的发展势头，2009

年三峡枢纽全部完工，过闸运量快速提升，2011 年即超过设计能力。客运经历了一个时期的高速增长之后逐步回落，客运旅游化趋势明显；货运快速发展，2005 年长江干线货物通过量 7.95 亿 t，成为世界上运量最大、航运最繁忙的通航河流，2008 年，长江干线货物通过量 12 亿 t，港口货物吞吐量 10.15 亿 t。

（5）长江航运提质增效时期（2013 年以来）：党的十八大以来，长江航运发展迎来了全面提质增效时期。习总书记三次视察长江，做出了一系列重要指示，为长江航运发展提供了根本遵循，指明了发展方向。这一时期，长江航运现代化的基础更加夯实，长江航运科学发展的引领能力、服务国家战略的推动能力、服务流域经济的支撑能力、安全生产的保障能力、依法行政的管理能力明显增强；同时长江航运持续推进绿色发展，助力长江生态保护发生转折性变化。2020 年，长江干线货物通过量突破 30 亿 t 大关，达到 30.6 亿 t，创历史新高。

（二）长江航道现状

长江干流全长 6300 多千米，目前实际通航航道 2838km，为上起云南水富、下至长江入海口。根据河道水文和地理特征，长江上中下游区段划分为：宜昌以上河段为上游，宜昌至湖口河段为中游，湖口以下河段为下游；根据航道养护管理特点，长江上中下游航道划分为：宜昌以上为长江上游航道，宜昌至汉口为长江中游航道，汉口至长江口为长江下游航道。

由于长江流域不同区域的气象、水文、地貌特征以及河道特性等方面差别较大，长江干线各河段通航条件也有较大差异，各航段滩险碍航特性和形成机理也各不相同。

（1）上游自水富至宜昌，长 1074km，其中水富至宜宾段，属金沙江；宜宾至宜昌段，称"川江"。上游属典型的山区河流，流经峡谷、丘陵和阶地间，平面形态复杂，急、弯、卡口多，两岸多崩岩和滑坡，河床为基岩和砂卵石，水位涨落幅度大，水位湍急，礁石密布，流态坏，冬季多雾，航行条件差，有"川江天险"之称。主要碍航特征为：枯水期浅滩水深不足，急流滩和险滩因流速比降大和各种不良流态造成不同水位期碍航。

（2）中游自宜昌到湖口，长 898km，属平原河流，流经江汉平原，有洞庭湖和鄱阳湖水系汇入，其中宜昌—枝城段，属由山区向平原的过渡段。枝城—城陵矶段称"荆江"。以藕池口为界分为上、下荆江。荆江河段多沙质河床，可冲性强，特别是下荆江为蜿蜒型河流，迂回曲折，弯道多，崩岸严重，历史上自然裁弯和切滩频繁，河势不稳定，浅滩演变剧烈，素有"九曲回肠"之称，既是防洪险段，又是航道战枯水的重点河段。城陵矶以下，河道呈藕节状，放宽处有江心洲和心滩出现。中游碍航特征为：洲滩不稳定，主支汊兴衰交替，航道改槽频繁，枯水期过渡段水深不足或出现散乱浅区，航道出浅碍航具有突发性、并发性，维护难度大。

（3）下游自湖口至长江口，长 865.6km，流经富饶的平原地区和长江三角洲地区，河道宽窄相间，多分汊，芜湖以下受潮汐影响，大潮可达大通。出江阴后江面呈喇叭形展宽，徐六泾以下呈三级分汊、四口入海的河势格局，下游河段主要在河道放宽段及分汊段的分汇流处，因水流分散，洲滩消长和汊道兴衰而造成碍航。在长江口因多级分汊，并在潮流影响下形成浅滩，在口门还有拦门沙碍航问题。

参考《内河通航标准》（GB 50139—2004）[17]，根据航道尺度，将航道等级划分为Ⅰ～Ⅶ级。长江干线上从水富至宜宾为Ⅳ级，宜宾至重庆为Ⅲ级，重庆至武汉为Ⅰ级，武汉至长江口为Ⅰ级。经过近 20 年的航道整治建设，长江干线航道全部建成Ⅲ级以上高等级航道，实现了从"瓶颈制约"向"基本适应"的重大转变。目前，长江干线航道全年航道水深保证率达到 100%，南京以下航道水深达 12.5m，通航水深保证率达到95%及以上，可通航 5 万 t 级海轮，武汉以下航道水深为 6.0m，可通航 5000t 级船舶，重庆以下航道水深为 4.5m，可通航 3000t 级船舶，宜宾以下航道水深达 3.5m，可通航2000t 级船舶。

（三）长江港口现状

随着沿江经济发展对长江水运需求的不断提升，长江黄金水道航道条件得到极大改善，港口建设取得重大进展，机械化、规模化和专业化水平明显提高，港口布局体系不断完善，基本形成了以上海国际航运中心、武汉长江中游航运中心、重庆长江上游航运中心、南京区域性航运物流中心以及舟山江海联运服务中心为核心，以主要港口为骨干，地区性重要港口和一般港口协同发展的分层次港口布局形态。构建了以江苏南京长三角地区港口群、安徽皖江地区港口群、湖北武汉地区港口群、四川三峡库区港口群为主的四大港口群。构成了以石化、煤炭、矿石、集装箱和通用件杂货等大宗货物运输为主体的运输格局。

截至 2021 年底，沿江 11 省市港口共拥有生产用码头泊位 14878 个，其中内河码头泊位 13106 个（含沿江），约占泊位总量的 88%。泊位能力以 1000t 以下为主，占总量的 73%；散货、杂货的码头泊位占总量的 59%；长江干线港区拥有生产用码头泊位 2720个，散货、件杂货物年综合通过能力 20.9 亿 t，集装箱年综合通过能力 2372.6 万 TEU。长江干线万吨级及以上泊位 443 个（江苏 426 个、安徽 16 个、重庆 1 个）。

沿江 11 省市港口主要布局为：重点枢纽港（含国际枢纽）：上海港、宁波舟山港、南京港、武汉港、重庆港；重点港口：连云港港、南通港、苏州港、温州港、马鞍山港、芜湖港、安庆港、九江港、岳阳港、黄石港、泸州港、宜宾港；其他为一般性港口。长江干线共布局有港口 23 个（不含上海港），截至 2021 年底，完成吞吐量超亿吨大港为 14 个，其中江苏占 6 个，最高为苏州港，2021 年完成吞吐量 5.66 亿 t。

（四）长江干线水上运输现状

1. 货物运输

随着长江经济带的持续稳定发展，长江干线货运需求不断扩大，近年来呈现较快增长态势，2020 年长江干线货物通过量 30.6 亿 t，较 2010 年翻了 1.2 倍，年均增长 7.4%。自 2005 年起长江干线货物通过量一直稳居全球内河第一，为长江经济带持续健康稳定发展提供了有力支撑。

2021 年长江干线全年完成货物通过量 35.3 亿 t，同比增长 6.9%。其中集装箱通过量 2279 万 TEU，增长 16.1%；内贸货物通过量 30.6 亿 t，增长 7.3%；外贸货物通过量 4.7 亿 t，增长 4.3%。从主要货类看，2021 年长江干线完成煤炭及制品吞吐量 7.4 亿 t，同比增长 11.2%；完成矿建材料吞吐量 8.3 亿 t，同比增长 2.1%；完成金属矿石吞吐量 7.3 亿 t，同比增长 5.8%；完成集装箱吞吐量 2279 万 TEU，同比增长 16.1%。其他水泥、非金属矿石、粮食等亦保持较大幅度增长，危化品吞吐量总体小幅增长。

总结长江干线货物运输的主要特点，发现长江干线货流密度总体呈自上游向下逐渐增大的趋势，货流量密集带主要集中在南京以下河段。2018 年至 2021 年长江干线各区段货运量分布相对稳定，南京以下、南京至芜湖、芜湖至安庆、安庆至武汉、武汉至宜昌、宜昌以上各区段的货运量占比分别为 74.2%、4.7%、2.2%、7.0%、3.5%、8.5%。长江中下游地区沿江临海，区位优势明显、经济发达，江海交流量保持持续稳定发展态势；长江上游地区随着经济快速发展以及长江干线航道条件的不断改善，货运量快速增长，2021 年安庆至武汉、武汉至宜昌、宜昌以上区段的货运量增速均在 17% 以上。

2. 旅客运输

随着铁路、公路、航空等交通基础设施的快速扩张和人民生活水平的不断提高，人们的出行方式发生了根本性的变化，传统水上客运逐步萎缩，中长途水路旅客运输逐步退出市场，以旅游观光为目的的水上旅游客运快速发展。目前，长江干线水上客运以省际旅游客运、省内都市旅游客运为主。2018 年长江游轮完成游客接待量约 760 万人次，约为 2009 年的 2.5 倍，年均增长 10.6%，其中省际旅游客运量近 100 万人次，约为 2009 年的 5.5 倍，年均增长 20.8%。旅游客运主要集中在重庆、湖北两地，以长江三峡及沿线景点为主。

综上可知，持续大力发展长江内河航运，依托黄金水道推动长江经济带发展，打造中国经济新支撑带，是主动适应把握引领经济发展新常态、科学谋划中国经济新棋局做出的重大决策部署，具有重大现实意义和深远历史意义。

第三节　长江上游航运基础

一、航道条件

向家坝（上游航道里程 1074.0km）至宜昌九码头（上游航道里程 0.0km）为长江上游航道，总长 1074.0km，是典型的山区河流航道，主要流经云南、四川、重庆和贵州三省一市。三峡水库 175m 蓄水运行后，宜昌至重庆段成为库区，回水末端至重庆江津红花碛。宜宾合江门至江津红花碛为山区天然航道，江津红花碛至重庆涪陵为三峡水库变动回水区航道，重庆涪陵至三峡大坝为常年库区航道。

各航道段的水流条件具体如下：

（1）水富—宜宾段。长江上游水富（上游航道里程 1074.0km）至宜宾段（上游航道里程 1044.0km），地跨四川、云南两省，涉及宜宾、水富两市，西起向家坝水电站，东止宜宾合江门，全长约 30km。具有滩多水浅、航道狭窄等特点，航道条件复杂，是典型的近坝段山区河流，也是水富及其上游船舶通往长江的唯一水道。

（2）宜宾—重庆段。宜宾合江门（上游航道里程 1044.0km）至重庆羊角滩（上游航道里程 660.0km）段航道，全长约 384km，航道技术等级为Ⅲ级，航道养护类别为一类航道养护，航标配布类别为一类航标配布，可通航 1500t 级船舶。

该段流经峡谷、丘陵和山地，河床多为卵石，间有基岩，航槽相对稳定，航道弯曲狭窄，滩多流急，流态紊乱[18]。峡谷河段航道弯窄急险，丘陵地带河谷开阔，洪水期河宽为 500～1000m，枯水期一般为 300～400m。枯水期水流流速一般为 1.5～3.0m/s，个别滩险河段最大流速可达 4.2m/s，洪水期流速一般为 3.0～5.0m/s，部分礁石处最大流速达 6.0m/s。根据李庄水文站统计资料显示，该段年径流量达 2060 亿 m³，该河段碍航滩险以卵石浅滩为主。

（3）重庆—宜昌段。重庆羊角滩（上游航道里程 660.0km）至宜昌九码头（上游航道里程 0.0km），全长约 660km。航道技术等级为 II 级，航道养护类别为一类航道养护，航标配布类别为一类航标配布。

三峡水库蓄水后，三峡大坝至重庆段形成了库区航道，175m 蓄水后，库尾回水抵达重庆江津红花碛，江津至涪陵段为变动回水区，约 140km，通航条件得到显著改善，可通航 3000t 级内河船、千吨级驳船组成的万吨级船队。处于常年库区航道约 520km，三峡大坝至丰都段航道水流平缓，航道条件根本改善；处于常年库区的丰都至涪陵段航道因存在多处礁石，汛期水流条件仍呈现天然状态的特征，航道条件较丰都以下河段差，航道维护难度更大；涪陵以上段航道处于变动回水区，随着三峡水库在 175～145m 调度运行，航道条件呈现库区航道和天然航道的特征。三峡大坝至涪陵段已实施船舶定线制，两坝间已实施分道航行规则。目前，该段航道面临的主要问题是三峡水库变动回水区累积性淤积、碍航问题以及礁石碍航问题。

目前，水富至宜宾段航道尺度（主航道实际维护的最小航道尺度）为 1.8m×40m×320m（水深×直线段宽度×弯曲半径，下同）；宜宾合至重庆段航道尺度为 2.9m×50m×560m；重庆至涪陵段航道尺度 3.5m×100m×800m；涪陵至宜昌段航道尺度为 4.5m×150m×1000m。各航道段航道维护水深年保证率达 98%。至 2035 年，长江上游航道宜宾至重庆段，航道水深需由 2.9m 逐步提高至 3.5m，实现 2000t 级船舶可常年通航至宜宾。重庆至宜昌段，重庆至涪陵段航道水深由 3.5m 提升至 4.5m，涪陵至宜昌段航道水深维持 4.5m。具体航道尺度目标如表 1-1 所示。

表 1-1   2035 年长江上游航道尺度目标

河段		里程（km）	航道尺度		通航代表船舶
			水深×航宽×弯曲半径（m×m×m）	保证率（%）	
重庆（朝天门）以上	水富—宜宾	30	3.5×60×800	98%	2000t 级内河船单向通航
	宜宾—九龙坡	384	3.5×80×800	98%	2000t 级内河船双向通航
	九龙坡—朝天门		3.5×150×1000		
重庆（朝天门）—宜昌	朝天门—宜昌	660	4.5×150×1000	98%	5000t 级内河船双向通航

需要指出的是，为了排除新冠疫情对国内水运经济和长江内河航运的干扰，本节的航运基础数据主要统计截止到 2019 年，后续货运量、客运量及 GDP 数据等亦同。表 1-2 展示了 2019 年长江上游三省一市的航道里程[19]。从表中可以看出，云南省内通航里程为 4366.8km，四川省内通航里程 10540km，贵州省内通航里程为 3755.3km，

重庆市内通航里程为 4467.8km，总计为 23129.9km；长江上游干流等级航道通航里程为929.1km，占上游总里程的4.02%；支流及其他水系等级航道通航里程为11346km，占上游总里程的49.05%；等级外航道通航里程10855km。可见，在未来很长一段时间内，仍需持续加大水运投资建设长江上游等级航道。

表 1-2   2019 年长江上游航道里程   （单位：km）

省市	总计	长江干流				支流及其他水系							等外航道
		Ⅰ级	Ⅱ级	Ⅲ级	Ⅳ级	Ⅰ级	Ⅱ级	Ⅲ级	Ⅳ级	Ⅵ级	Ⅶ级	Ⅷ级	
重庆市	4467.8		515.0	159.8			18.0	396.0	171.5	192.0	126.2	350.5	2538.8
四川省	10540.0			224.3				74.7	1233.0	535.0	415.0	1738.0	6320.0
贵州省	3755.3								988.2	277.7	812.0	440.9	1236.5
云南省	4366.8				30.0			14.0	1360.0	275.6	1037.9	889.6	759.7
合计	23129.9		515.0	384.1	30.0		18.0	484.7	3752.7	1280.3	2391.1	3419	10855

二、港口生产用码头泊位

表 1-3 为 2019 年长江上游各省市港口生产用码头泊位情况。从表中可知，长江上游三省一市拥有港口码头泊位长度共计 151365m，泊位个数 3041 个。其中，重庆市作为长江上游航运中心，拥有重庆港、寸滩港、果园港、涪陵港、新田港等优良港口，泊位长度达 61659m，泊位个数为 632 个，泊位设计年通过散装件杂货物 15306 万 t，集装箱 481 万 TEU；四川省拥有宜宾、泸州两个大型港口，泊位长度为 56527m，泊位个数 1774 个，泊位设计年通过散装件杂货物 6223 万 t，集装箱 233 万 TEU；贵州省内乌江流域有贵阳港等港口，泊位长度为 24379m，泊位个数为 441 个，泊位设计年通过散装件杂货物 3303 万 t；截至 2016 年底，云南省共有 12 个港口，港区 28 个，192 个港口泊位，港口较多，但港口分布较为分散，且规模相比其他水运发达省份较小，省内货物吞吐量较高的港口主要包括昭通港、思茅港、景洪港、大理港、临沧港等，其余港口码头多是为解决库湖区人民的生产、生活、出行问题，规模较小，设施简易，吞吐量较少，且又布局分散[20]。2019 年，云南省新增 2 个泊位，达到 194 个泊位，泊位长度为 9060m，泊位设计年通过散装件杂货物 511 万 t。不难看出，长江上游的货物集散主要以宜宾港、泸州港和重庆港、寸滩港、果园港为主，承担了约 90%的货运量。

表 1-3　　　　　　　2019 年长江上游各省市港口生产用码头泊位情况

省市	泊位长度（m）	泊位个数（个）	泊位设计年通过能力					
			散装件杂货物	集装箱		旅客	滚装汽车	
			（万 t）	（万 TEU）	（万 t）	（万人）	（万标辆）	（万 t）
重庆市	61659	632	15306	481	3848	5287	124	1995
四川省	56267	1774	6223	233	2264	5255	30	38
贵州省	24379	441	3303			4261	21	500
云南省	9060	194	511			1549		
合计	151365	3041						

三、运输船舶拥有量、运力情况及运输船型

表 1-4 展示了 2019 年长江上游航道运输船舶拥有量。从表中可以看出，2019 年长江上游三省一市共拥有船舶 10509 艘，机动船 9614 艘，驳船 895 艘。其中，重庆市拥有船舶 2818 艘，占总量的 26.82%，机动船 2783 艘，驳船 35 艘；四川省拥有船舶 5160 艘，占总量的 49%，机动船 4307 艘，驳船 853 艘；贵州省和云南省共拥有船舶 2531 艘，占总量的 24.08%，这与四川、重庆的航运量和航道里程息息相关。

表 1-4　　　　　　　　2019 年长江上游运输船舶拥有量

省市	船舶数（艘）	其中		载客量（客位）	净载重量（t）	标准箱位（TEU）	总功率（kW）
		机动船	驳船				
重庆市	2818	2783	35	42765	7569902	111482	1964243
四川省	5160	4307	853	45878	1322171	4358	549539
贵州省	1287	1285	2	31172	116524		117949
云南省	1244	1239	5	30181	173257		131962
合计	10509	9614	895	149996	9181854	115840	2763693

表 1-5~表 1-7 分别为 2019 年长江上游客运船舶、货运船舶和集装箱船舶运力情况。从表 1-5~表 1-7 中可以看出，2019 年，长江上游客运船舶共计 3960 艘，载客量共 149163 客位，重庆市客运船舶 502 艘，载客量 42765 客位，四川省客运船舶 1512 艘，载客量 45878 客位，四川和重庆的载客量约占总量的 60%。同时，长江上游货运船舶共计 6297 艘，净载重量 9162352t，平均净载重量吨位为 229 万 t。其中，重庆市货运船舶 2289 艘，四川省货运船舶 3466 艘，共计 5755 艘，占货运船舶总量的 91.4%；重庆市净载重

量 7569741t，四川省净载重量 1322171t，共计 8891912t，占总重量的 97%以上。2019
年，重庆市拥有集装箱运输船舶 101 艘，标准箱位 31259 TEU，四川省拥有集装箱运输
船舶 19 艘，标准箱位 2512 TEU，平均箱位 1.7 万 TEU。

表 1-5   2019 年长江上游客运船舶运力情况

省市	船舶数 （艘）	载客量 （客位）
重庆市	502	42765
四川省	1512	45878
贵州省	910	31172
云南省	1036	29348
合计	3960	149163

表 1-6   2019 年长江上游货运船舶运力情况

省市	船舶数 （艘）	净载重量 （t）
重庆市	2289	7569741
四川省	3466	1322171
贵州省	375	111189
云南省	167	159251
合计	6297	9162352

表 1-7   2019 年长江上游集装箱运输船舶运力情况

省市	船舶数 （艘）	标准箱位 （TEU）	净载重量 （t）	总功率 （kW）
重庆市	101	31259	484838	110124
四川省	19	2512	56729	12948

近几年来，交通运输部、长江航道局等根据"深下游、畅中游、延上游、通支流"
的建设方针，投资数亿元对长江上游宜宾—重庆、九龙坡—朝天门、朝天门—涪陵等
重点航道段进行整治建设，对长江上游航道提档升级，货运能力翻番。根据《宜宾港
总体规划》《泸州港总体规划》以及《重庆市港口布局规划》，落实国家内河船型标准
化政策，积极争取政策支持和资金补助，共同推进船型标准化。宜昌"130m 三峡船型"
正式享受国家内河船型标准化财政补贴。重庆推动内河船型标准化大长宽比示范船新
建工作，新开工示范船 25 艘、10 艘拟开工船舶处于图纸审核阶段，投入营运示范船达

151 艘。四川建立船舶退出市场机制，清理取缔各类船舶 1320 艘，817 艘客货船舶退出运输市场，研究推出适合嘉陵江、岷江等符合川江特点的标准船型及主尺度系列 11 型，过三峡船闸船舶标准化率 89%。云南制定 6 套船舶标准化改造图纸，选定 2 种应急搜救小型船艇船型。结合当地船舶发展特点和 2035 年长江上游航道规划维护尺度，预测 2035 年长江宜宾至重庆段通航代表船型见表 1-8 [18]。

表 1-8　　　　　　　　　2035 年长江上游航道通航船型预测

船舶等级（吨级/TEU/车位）		船舶主要尺度			设计载货量（t/TEU/车位）
		船长（m）	船宽（m）	设计吃水（m）	
集装箱船（TEU）	300	105～112	17.2	3.5～4.0	260～310
	250	105～112	16.2	3.5～4.0	240～260
	200	85～90	14.8	2.8～3.2	135～170
	150	85～90	13.6	2.8～3.2	120～157
	100	72～75	13	2.6～3.0	90～110
	60	67～70	13	2.0～2.6	60～70
	50	62～64	10.8	2.0～2.4	45～55
干散货船（吨级）	5000	105～112	19.2	4.2～4.3	4800～5400
	4000	105～112	17.2	3.5～3.6	3600～4100
	3000	88～95	16.2	3.3～3.5	2800～3300
	2000	82～87	14.2	2.8～3.0	1900～2200
	1500	75	13.6	2.6	1530
	1000	65～68	12.8	2.4～2.6	1000～1200
	800	55～28	10.8	2.4～2.6	1000～1200
油船（吨级）	2000	82～87	14.8	2.6～3.2	1800～2500
	1500	72～75	13.6	2.6～3.0	1350～1700
	1000	72	12.8	2.4	1000
化学品船（吨级）	2000	82～87	14	2.8～3.3	1700～2200
	1500	72～75	1.36	2.6～3.0	1300～1600
	1000	73	12.8	2.6	1000
	800	68～68	12.8	2.0～2.4	900～1050
自卸船（吨级）	1000	67	10.8	2.6	1000
驳船（吨级）	1000	67.5	10.8	2	1000

续表

船舶等级（吨级/TEU/车位）		船舶主要尺度			设计载货量（t/TEU/车位）
		船长（m）	船宽（m）	设计吃水（m）	
重大件货船（吨级）	1200	80	13.6	1.6	1000
	800	67.8	12.8	1.8	800
滚装货船（车位）	60	108～114	22.2	2.6	60
	50	108～114	19.2	2.6	50
	40	85～88	19.2	2.6	40
	30	85～88	16.2	2.6	30
	300	85～87	14.8	2.0～2.2	300
	400	92～95	15.8	2.2～2.4	400
	600	99～101	15.8	2.4～2.6	600
	800	105～110	17.8	2.6～2.8	800

第四节　长江上游水上运输发展现状

一、船舶流量

（一）长江上游船舶流量

2019 年，长江干线航道宜宾至长江口段年平均日船舶流量 598 艘，其中，上游航道朝天门航道段年平均日船舶流量 230 艘，万州航道段年平均日船舶流量 229 艘，巫山航道段年平均日船舶流量 193 艘，江津至三峡大坝段年平均日船舶流量 234 艘，较之去年增长 1.7%。"十二五"至"十三五"期间，重庆至三峡大坝年平均船舶流量呈现稳步上升趋势，各航道断面总体平稳，朝天门段年平均船舶流量 8 万艘左右，万州段基本与朝天门段持平，巫山段年平均船舶流量约 6 万艘[21]。

表 1-9 统计了长江上游航道重庆段主要断面分航向比例。从表中可以看出，重庆江津、朝天门、万州、巫山航道段上行和下行的船舶流量基本一致，且货运船舶的比例均在 50% 左右，江津段则 80% 以上通行的是货运船舶。同时，集装箱船舶主要在朝天门和万州段通行，平均比例达到 15%，而 70% 的大型船舶（长度为 90～180m）集中在朝天门航道段，直接反映了重庆市作为长江上游航运枢纽的地位，也充分体现了长江上游航运中心重庆市对周围区域的经济带动和辐射能力[22]。

表 1-9 长江上游航道重庆段主要断面分航向比例统计

航道断面	航向	船舶种类					船舶大小				合计
		货船（%）	集装箱船（%）	客船（%）	危化品船（%）	非营运船舶（%）	<30m	30～50m	50～90m	90～180m	
江津	上行	81.6	3.5	0	6.1	8.8	22.8	23.7	36.8	16.7	53.3
	下行	91.0	2.0	0	3.0	4.0	18.0	31.0	38.0	13.0	46.7
朝天门	上行	59.6	15.0	5.8	11.9	7.7	5.9	4.2	15.8	74.1	50.1
	下行	57.0	16.6	6.7	12.7	7.0	4.9	3.9	15.1	76.1	49.9
万州	上行	46.4	12.0	6.7	10.6	24.4	26.3	24.2	32.1	17.4	49.0
	下行	48.8	15.1	4.5	10.9	20.6	22.2	22.5	34.8	20.6	51.0
巫山	上行	60.8	3.8	23.1	9.3	3.0	7.8	0	35.2	57.0	45.4
	下行	71.3	2.3	13.8	11.5	1.0	5.4	0	38.9	55.6	54.6

（二）长江上游重要支流船舶流量

上游地区重要支流主要包括金沙江、岷江、嘉陵江、乌江等，金沙江流域建有向家坝升船机，嘉陵江拥有草街船闸，乌江流域自上而下建有彭水航电枢纽（船闸＋中间渠道＋升船机）、银盘船闸、白马船闸（正建中）、构皮滩升船机、思林升船机和沙沱升船机。表 1-10 统计了 2019 年长江上游地区主要支流主要通航建筑物船舶通过量。需要说明的是，由于近年乌江水电梯级开发，导致乌江断航，船舶流量较小，在此重点讨论金沙江和嘉陵江的船舶流量。从表中可以看出，2019 年，金沙江、嘉陵江上行和下行船舶流量虽基本一致，各占 50% 左右，但下行船舶却承担了 90% 以上的货运量。其中，金沙江年平均船舶流量 2365 艘，通过能力为 83 万 t，嘉陵江年平均船舶流量 1000 艘，通过能力为 209.3 万 t。这说明，支流沿线三四线城市的货物通过长江干线实现通江达海，凸显长江黄金水道的价值，与长江中下游城市发生经济互动，产生原始的货物需求，从而促进三四线城市的经济发展。

表 1-10 2019 年长江上游地区主要支流主要通航建筑物船舶通过量

航道	通航建筑物	通过船舶数量（艘次）			船舶通过量（万 t）		
		合计	上行	下行	合计	上行	下行
金沙江	向家坝升船机	2365	1184	1181	83.0	16.3	66.7
嘉陵江	草街船闸	1000	538	462	209.3	0.1	209.2
乌江	彭水船闸	29	15	14			
	银盘船闸	29	15	14			
	思林升船机	24					
	沙沱升船机	16					

二、港口吞吐量

2019 年，云南省水富港全年吞吐能力为 669 万 t，四川省积极推动泸、宜、乐三港资源整合，落实并践行《深化川渝合作深入推动长江经济带发展行动计划》，全年完成港口货物吞吐量 1909 万 t，长江干线宜宾港货物吞吐量为 909.3 万 t，完成港口集装箱吞吐量 44 万 TEU。

重庆是中国中西部地区唯一直辖市，处在"一带一路"与长江经济带的联结点，依托长江黄金水道，"十三五"期间，重庆将利用四个现代化的枢纽港口和九个重点规划港口布局，确立长江上游航运中心的地位。四个现代化枢纽港口分别为重庆主城果园、江津珞璜、涪陵龙头、万州新田，其中江津珞璜位于重庆朝天门以上，处于三峡水库变动回水区上段，按照停靠 5000t 级船舶标准设计；果园港、龙头山港位于朝天门与涪陵之间，处于三峡水库变动回水区中下段；万州新田位于常年回水区[23]。从重庆市港区规划布置看，在三峡库区上中下沿线均布置了重要港口节点，满足不同区间货物运输需求。2019 年，全市港口货物吞吐能力达到 17127 万 t，集装箱运输量 125.1 万标箱，增长 7.1%。其中，煤炭及制品 2128 万 t，石油、天然气及制品 840 万 t，金属矿石 1654 万 t，矿建材料为 4384 万 t，粮食 495 万 t。不难看出，长江上游干线航道主要运输矿建材料和煤炭及制品，占比约 40%。

图 1-1 显示了 2010～2019 年重庆港口吞吐量的变化情况。从图中可以看出，近 10 年来，长江上游航运处于高速发展的快车道，整体呈现快速增长的趋势，从 2010 年 9668.42 万 t 至 2019 年的 17126.77 万 t，同比增长了近一倍。

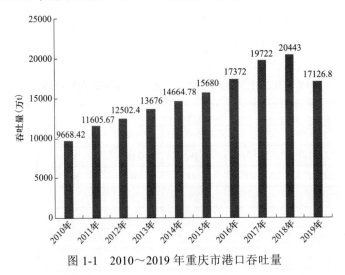

图 1-1　2010～2019 年重庆市港口吞吐量

三、长江上游水运客运量及货运量

（一）长江上游干线客运量及货运量

以长江上游航运中心重庆市为例，表 1-11、图 1-2 分别统计了 2010～2019 年重庆市水运客运量和货运量的变化情况。不难看出：①客运量方面，近 10 年来，重庆市客运量整体呈现下降态势，2010～2013 年客运量大约 1200 万人/年，2013 年以后，客运量呈现下降态势，2014～2019 年基本维持在 750 万人/年，这表明 2014 年以后，随着重庆市交通设施的进一步完善，人们更多选择铁路、航空和公路方式出行，客运量主要以长江上游干线的旅游观光为主；②2010～2019 年重庆市的水运货运量逐年上升，每年同期增长稳定在 1.1 倍左右，表明长江经济带旺盛的货运需求，体现了内河航运成本低、运能大、能耗低等优势，极大促进了重庆市区域经济的发展，这也是重庆市 GDP 保持快速增长的原因之一。

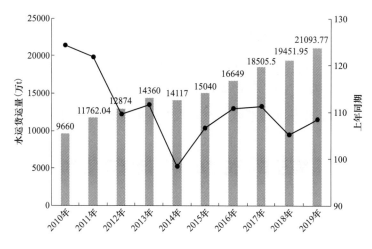

图 1-2　2010～2019 年重庆市水运货运量

表 1-11　　　　　　　　2010～2019 年重庆市水运客运量及货运量

年份	客运量 （万人）	旅客周转量 （亿人·km）	货运量 （万 t）	货物周转量 （亿 t·km）
2010 年	1277	10.21	9660	1219.27
2011 年	1102	11.07	11762.04	1557.67
2012 年	1256	11.32	12874	1739.95
2013 年	1230	10.60	14360	1982.91
2014 年	712	7.57	14117	1631.33

续表

年份	客运量 （万人）	旅客周转量 （亿人·km）	货运量 （万 t）	货物周转量 （亿 t·km）
2015 年	732	6.08	15040	1700.08
2016 年	750	5.10	16649	1876.10
2017 年	866	5.68	18505.50	2125.72
2018 年	731	5.59	19451.95	2237.85
2019 年	756	5.73	21093.77	2453.38

（二）长江上游重要支流货运量及客运量

2019 年，金沙江云南境内完成货运量 306 万 t，同比增长 9.3%，集装箱 6364TEU，翻坝转运 428 万 t；四川境内完成货运量 226 万 t、货物周转量 68678 万 t·km，同比分别增长 9.81%、33.32%。岷江完成货运量 44 万 t、货物周转量 17459 万 t·km，同比分别下降 25.46%、0.91%；完成大件运输 89 批次、19724.24t；完成客运量 238 万人、旅客周转量 1422 万人 km。嘉陵江四川境内完成货运量 1972 万 t、货物周转量 26174 万 t·km，同比分别下降 6.11% 和 6.87%；完成客运量 684 万人、旅客周转量 5848 万人 km；支流渠江完成货运量 525 万 t、货物周转量 23339 万 t·km，同比分别增长 2.86% 和下降 6.93%；亭子口以下船闸实现联合运行，过闸船舶累计 1600 艘。

第五节　长江上游航运建设意义

一、产业政策环境

（一）加快推进交通强国建设

2019 年 9 月，中共中央、国务院印发《交通强国建设纲要》，明确以"四个一流"为标准要求，打造一流设施、一流技术、一流管理、一流服务；以"安全、便捷、高效、绿色、经济"为价值取向，构建现代化综合交通体系；以"人民满意、保障有力、世界前列"为总体目标，分两个阶段建设交通强国，到 2035 年基本建成交通强国，到 21 世纪中叶全面建成交通强国。

2019 年 11 月，交通运输部、发展改革委、财政部、自然资源部、生态环境部、应急部、海关总署、市场监管总局、国家铁路集团联合印发《关于建设世界一流港口的指导意见》，明确到 2025 年，世界一流港口建设取得重要进展；到 2035 年，全国港口发展水平整体跃升，引领全球港口绿色发展、智慧发展；到 2050 年，全面建成世界一流港口，形成若干个世界级港口群，发展水平位居世界前列。

国家发展改革委、交通运输部联合印发《关于做好 2019 年国家物流枢纽建设工作的通知》（发改经贸〔2019〕1475 号），共有 23 个物流枢纽入选 2019 年国家物流枢纽建设名单。其中，南京、宁波—舟山、宜昌、重庆入选港口型国家物流枢纽。

（二）推进数字化智能化发展

2019 年 7 月，交通运输部印发《数字交通发展规划纲要》，明确到 2025 年，交通运输基础设施和运载装备全要素、全周期的数字化升级迈出新步伐，数字化采集体系和网络化传输体系基本形成。交通运输成为北斗导航的民用主行业，5G 等公网和新一代卫星通信系统初步实现行业应用；到 2035 年，交通基础设施完成全要素、全周期数字化，天地一体的交通控制网基本形成，按需获取的即时出行服务广泛应用。

2019 年 12 月，交通运输部印发《推进综合交通运输大数据发展行动纲要（2020～2025 年）》，明确到 2025 年，综合交通运输大数据标准体系更加完善，基础设施、运载工具等成规模、成体系的大数据集基本建成。政务大数据有效支撑综合交通运输体系建设，交通运输行业数字化水平显著提升。综合交通运输信息资源深入共享开放。大数据在综合交通运输各业务领域应用更加广泛。大数据安全得到有力保障。符合新时代信息化发展规律的大数据体制机制取得突破。综合交通大数据中心体系基本构建。

2019 年 5 月，交通运输部、中央网信办、国家发展改革委、教育部、科技部、工业和信息化部、财政部联合印发《智能航运发展指导意见》，明确了到 2020 年、2025 年、2035 年和 2050 年的战略目标。

（三）推进长江航运高质量发展

2019 年 7 月，交通运输部印发《关于推进长江航运高质量发展的意见》，提出将长江航运打造成交通强国建设先行区、内河水运绿色发展示范区和高质量发展样板区，为推动长江经济带高质量发展提供坚实支撑和有力保障。明确到 2025 年，基本建立发展绿色化、设施网络化、船舶标准化、服务品质化、治理现代化的长江航运高质量发展体系；到 2035 年，建成长江航运高质量发展体系，长江航运发展水平进入世界内河先进行列，在综合运输体系中的优势和作用充分发挥，为长江经济带提供坚实支撑。

2019 年 6 月，交通运输部办公厅、国家发展改革委办公厅联合印发关于严格管控长江干线港口岸线资源利用的通知，从严防非法码头现象反弹、优化已有港口岸线使用效率、严格管控新增港口岸线、保障集约绿色港口发展岸线和推进港口岸线精细化管理等方面提出了具体意见。2019 年 9 月，交通运输部、自然资源部、生态环境部、水利部联合下发关于做好长江主要支流非法码头整治工作的通知，明确 2020 年年底前全面清理取缔以岷江、沱江、赤水河、嘉陵江、乌江、清江、湘江、汉江、赣江等为重点的支流非法码头。

（四）共建长江上游航运中心实施方案

2022 年 7 月 17 日，重庆市人民政府办公厅、四川省人民政府办公厅联合发布《关于印发共建长江上游航运中心实施方案》的通知（渝府办发〔2022〕82 号）。方案中指出，按照"紧扣国家战略、彰显上游特色、示范引领带动"的总体思路，加快建设以长江干线为主通道、重要支流为骨架的航道网络，打造分工协作、结构合理、功能完善的港口集群，形成以重庆长江上游航运中心为核心，以泸州港、宜宾港等为骨干，其他港口共同发展的总体格局，构建要素集聚、功能完善的港航服务体系。到 2025 年，基本建成航运产业要素聚集、航运服务功能健全、航运市场繁荣规范、具有国际和区域航运资源配置能力的长江上游航运中心，成为"一带一路"、长江经济带、西部陆海新通道联动发展的战略性枢纽。到 2025 年，改善成渝地区双城经济圈三级及以上航道700km，实现 5000 吨级单船可常年满载上行通达重庆中心城区，港口货物吞吐能力达到 3.2 亿 t，船舶运力规模达到 1100 万载重吨。

二、重庆市产业结构特征

以长江上游航运中心重庆市的产业结构特征为例，表 1-12 统计了长江上游航运中心重庆市 2010～2019 年的主要经济指标。观察近 10 年来重庆市的 GDP 变化情况，2010 年全年 GDP 为 8065.26 亿元，2019 年达到 23605.77 亿元，翻了近 3 倍，占全国GDP 的 2.4%，年增长率为 8%～9%，保持高速增长，增速在长江中下游省市排名前列。可见，成渝区域已成为引领西部地区加快发展、提升内陆开放水平的领先区域，也是西部与其他省份物资交流最活跃的地区。

表 1-12　　　　　　　　2010～2019 年重庆市主要经济指标表

指标	年份									
	2010 年	2011 年	2012 年	2013 年	2014 年	2015 年	2016 年	2017 年	2018 年	2019 年
GDP（亿元）	8065.26	10161.17	11595.37	13027.60	14623.78	16040.54	18023.04	20066.29	21558.8	23605.77

指标	年份									
	2010 年	2011 年	2012 年	2013 年	2014 年	2015 年	2016 年	2017 年	2018 年	2019 年
第一产业（亿元）	649.48	794.14	879.67	941.24	990.75	1067.72	1236.98	1276.09	1378.68	1511.59
第二产业（亿元）	3624.12	4571.26	5308.14	5988.62	6774.58	7208.01	7765.38	8455.02	8842.23	9391.93
第三产业（亿元）	3791.66	4795.77	5407.56	6097.74	6858.45	7764.81	9020.68	10335.18	11367.89	12662.22
人均（元）	28084	34864	39178	43528	48307	52476	58327	64176	68464	74337

图 1-3 显示了 2010～2019 年重庆市经济产业结构。从整体上来看，第一产业 GDP 所占比重呈逐年下降趋势，2010 年第一产业占比 8.1%，2019 年第一产业占比 6.6%，第二产业和第三产业始终处于主导地位，占比均在 40% 以上。但是，2014 年以后，重庆市产业结构调整进程加快，第二产业所占比重急速下降，2014 年第二产业占比 46.3%，2019 年只占 39.8%，下降 6.5 个百分点。而第三产业的比重一直保持上升趋势，2019 年占比 53.6%，这离不开长江上游黄金水道的建设。

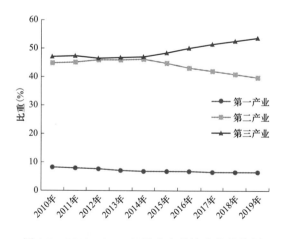

图 1-3 2010～2019 年重庆市经济产业结构图

综合分析长江上游的航运基础和运输现状，不难得出，近十几年来，在西部大开发、长江经济带、成渝双城经济圈、西部陆海新通道等国家战略驱动下，长江上游航道建设取得了令人瞩目的成绩，不仅促进了长江上游流域沿线产业的发展，而且优化了沿岸的自然环境，推进了城市化进程，促使沿江土地增值，发挥了显著的经济效益和社会效益。据中国交通部统计 10 年来长江航运发展资料，发现长江航运对流域经济增长的贡献率为 0.36，铁路为 0.33，公路为 0.20，这足以表明长江航运对流域经济的贡献已经超过了铁路和公路，而长江航道建设投资每千米只相当于高速公路的1/4，相当于铁路的 1/9[24]。因此，未来应着力建设长江上游航道，不仅是贯彻国家建设资源节约型、环境友好型社会的迫切需要，而且对于优化供给侧结构，改革现代交通运输方式，推进公铁水多式联运，践行交通强国、双碳战略等均具有重要的现实意义。同时，对建设打造长江上游航运物流中心，激活区域发展潜力，促进中西部地区有序承接沿海产业转移，打造中国经济的新支撑带，形成西部地区新的经济增长极等具有重要的经济意义。

第二章

长江上游航道航标维护关键技术

水运工具的载体——江河、湖泊、水库、港湾和海洋，大都处于自然状态。在茫茫的水面上，不知深浅和障碍，焉能行船[25]。为保障船舶在内河安全、经济和便利航行，人们通常在相对稳定的水面上或水中、岛礁和岸上设置助航系统，揭示有关航道信息，包括航道、水深、障碍物或危险区域[26]。广义的船舶助航系统主要包括自然物标、船舶导航设施、港口与岸基助航设施、空间定位助航设施以及航道助航设施，其中最典型的航道助航设施当属航标。根据国际航标协会（International Association of Lighthouse Authorities，IALA）制定的《助航指南》，航标具有四项功能，即定位、危险警告、确认和指示交通[27]。具体如下：①定位就是能确定船舶所在的位置；②危险警告就是能标示航道中的危险物和碍航物；③确认就是能确认船舶相对航标的距离和方位；④指示交通就是能指示船舶遵循某些交通规则，如指示船舶分道通航制、指示深水航道和装载危险货物船舶的航道等。航标指示交通的功能，除能帮助船舶安全航行外，还具有防止污染、保护环境的作用。

现代航标学是一门综合性学科，它涉及光学、声学、水道测量学、建筑与构造、电子技术、自动化技术、计算机技术、网络技术、通信技术、航海技术和无线电导航技术等多学科知识[28]，导致航标种类繁多。航标按配布的水域分类，有海区航标和内河航标；按配布位置的可靠性分类，有固定航标和浮动航标；按工作原理分为视觉航标、无线电航标和虚拟航标等[29]。其中，视觉航标是国内外通航航道中最普遍、最重要的一种助航设施。

所谓视觉航标，又称目视航标，广泛设置于沿海及内河上，是供直接目视观测的固定或者浮动的助航标志。国际航标协会将其亦称为传统航标（Traditional Aids），具有易辨认的形状与颜色、维护方便、使用直观、投资少等特点，可安装灯器及其他附加设备，用其标身的形状、颜色和顶标供船舶操纵人员白昼观察；而用灯质，即用灯光颜色、灯光节奏作为夜间识别的特征。它包括有灯塔、灯桩、立标、灯浮标、浮标、灯船、系碇设备和导标等。在我国内河航道中，视觉航标一般分为岸标和浮标（见图2-1），

图2-1　我国内河航道中典型视觉航标

长江干线航道航标中以浮标为主，占比达 80%以上。本节将从航标的设计、配布及维护方面，对其国内外研究现状进行梳理，旨在提出长江上游航道航标维护存在的关键技术问题。

第一节　国内外研究现状

一、浮标研究现状

（一）国外研究现状

航标设计方面，本节以世界著名河流——美国密西西比河为例，介绍国外视觉航标（主要是浮标，以下同）的设计。20 世纪六七十年代，文献［30-31］依托美国密西西比河干流航道，详细介绍了密西西比河的通航系统及航道图，给出了早期密西西比河上游和中游航道的航标标志的型号、形状、类别、灯质等。基于此，文献［32］进一步总结了密西西比河航标的设计情况，研究指出密西西比河基于各段航道特点，采用了不同的航标系统，其中巴吞鲁日以下深水航段采用美国标准航标系统，巴吞鲁日以上航段采用西部河流航标系统。美国标准航标系统以侧面标志系统为主，符合国际航标协会（IALA）的海上浮标系统 B 区域要求，当按浮标传统方向航行时，遵循"3R"规则：红色、右侧、返回，该规则含义为当从海上返回时，红色标志位于船舶右舷侧。其主要包括采用侧面标、孤立危险物标志、安全水域标志、专用标志、信息标志、导标等。西部河流航标系统是在美国标准航标系统的基础上演变而来，在以下方面存在些许差异：①浮标和立标没有编号；②在过河航段两端岸上分别设置菱形过河日标，标牌为红白或绿白方格，指示航道从一岸转到对岸；③传统浮标的走向是向上游方向，但西部河流左右岸是基于面向下游方向定义；④绿色航标上的航标灯灯质为绿色或白色单闪，红色航标上的航标灯灯质为红色或白色双闪光；⑤不使用孤立危险物标志或安全水域标志。

受篇幅所限，此处仅介绍美国标准航标系统中的左右侧面标（浮标）。当按照浮标传统方向航行时，左侧标指示航道的左侧边界。立标的顶标为绿色正方形日标，浮标是绿色罐状或柱状标体。左侧标灯质为各种节奏闪烁的绿色灯光；右侧标指示航道的右侧边界。立标的顶标为红色三角形日标，浮标采用红色锥形或柱状标体。灯光闪烁频率均在 2.5～6s 内变化。

航标配布方面，文献［32］总结了美国密西西比河航标配布的一些特点：①航标制式符合国际航标协会海上浮标系统 B 区域要求，航标种类较少，便于船舶引用；②除下游深水航道外，侧面航标无编号，在立标上设置里程碑，以供船舶定位；③由于浮标易受环境影响发生走失、移位，可靠性较低，浮标大多不设标灯，标灯通常设在立标上；④侧面灯标配布密度较低，难以锁链式标示航道界限，船舶夜间航行需借助电子导航图及电子海图系统；⑤为避免与船舶号灯混淆，侧面灯标不使用定光。文献［28］报道了国外学者 Peter.Bill 的研究成果《基于航海者的要求论助航设备的系统方法》，总结了航标配布的基本原则，要从满足航海者的要求的角度来系统地论述助航设备，最终得出基于航海者需求的系统方法是"使用简便、不费时间和已知准确度范围的用于接近陆地的助航设备网"。文献［27］基于风险管理的理论，阐述了视觉航标的配布方法，即在具体航道助航系统设计时，多数采用计算机模拟装置系统进行模拟分析，以确定设置航标的位置、种类和灯光特性。基于此，国外学者米歇尔和卡尔均采用计算机模拟装置系统进行模拟分析后，进行航标设计和配布[28, 33]。

航标维护方面，早在 20 世纪 90 年代初，挪威就建立了水道地理信息系统，该系统是通过人工方式获取航标和船舶航行的动态信息，并结通航环境气象信息以及岸基等信息汇聚成大型数据库网络，从而局域网形式的航道管理信息系统建立，减轻了人工维护强度[34]。20 世纪末，国外学者在第十三届国际航标大会上提出航标信息管理系统，进一步优化了视觉航标的维护。随着无线电技术和导航技术的发展，国外学者研发了远程助航系统，该系统包含了 GPS 系统和远距离无线电导航系统，广泛布设应用于内河航道中[35-36]，能够较为精确地提供航标的信息，便于实时进行调整和维护。文献［37］在航标维护中引入风险管理的概念，结合以往航标技术改造的经验，探讨了改造中的风险类型及相应的评价指标体系，并初步总结了这方面的经验。

（二）国内研究现状

航标设计方面，在我国古代，人们以自然物作为船舶航行的标示，一块礁石，一座山头，一片树林都可能成为"航标"，谓之"自然航标"。上古之书《尚书·禹贡》篇有"岛夷皮服，夹右碣石入于河"的记载。随着船舶数量的增加，船只触礁、搁浅、翻沉的事故也随之增长，自然航标已不能满足水运经济发展的需要。于是人们通过在水域中刻石示警、立标指浅、烽火引航以及修建宝塔或灯塔等作为航行标志，这些人工设置的航标，被称之为"人工航标"[38]。在古时候的川江航道中，巴渝水文题刻十分罕见，其中最著名的有涪陵白鹤梁、江津莲花石、重庆丰年碑、云阳龙脊石、奉节夔沱记水碑、合川洪水石刻题记等，这些均体现了古人超高的智慧，具有重要的文物价值和参考价值。

20世纪90年代，《内河助航标志》（GB 5863—1993）将助航标志分为航行标志、信号标志及专用标志3类共18种[26]。发展至今，《内河航标技术规范》（JTS/T 181-1—2020）将视觉航标按功能分为航行标志、信号标志、专用标志、警示标志4类23种[40]，具体为：①航行标志是用来标示航道方向、边缘界限、礁石、沙滩或其他碍航物所在地及通航桥孔等，包括过河标、沿岸标、导标、过渡导标、首尾导标、间接导标、侧面标、左右通航标、示位标、泛滥标和桥涵标11种；②信号标志是用来揭示有关航道信息，采用信号控制船舶单线航行、标示控制河段界限，揭示航道水深及航道中存在的横流等，包括通行信号标、鸣笛标、界限标、水深信号标、横流标、节制闸标、航道信息标、航道整治建筑物提示标8种；③专用标志是用来标示临河、沿河、跨河建筑物位置，或为标示特定水域所设置的标志，包括管线标和专用标2种；④根据船舶安全航行需求，必须设置警示标志，包含禁止抛锚标和危险水域标2种。禁止抛锚标主要是用于航道整治建筑物水域，警示船舶在航道整治建筑物保护水域范围内不能有抛锚、拖锚航行或垂放重物等可能危害整治建筑物安全的行为。危险水域标用于揭示沉船、水工构筑物等船舶驶入存在特别危险的水域，警示船舶在航行至危险水域时提前采取避让措施，防止误入造成危险。受篇幅所限，这里着重从功能、形状、颜色和灯质方面介绍侧面标（浮标）。功能方面，侧面标是指设在浅滩、礁石、沉船或其他碍航物靠近航道一侧，标示航道的侧面界限，若设在水网地区优良航道两岸时，则标示岸形、突嘴或不通航的汊港，指示船舶在航道内航行。形状方面，浮标可采用柱形、锥形、罐形、杆形或桅顶装有球形顶标的灯船。通常，左岸一侧浮标为锥形或加装锥形顶标，右岸一侧浮标为罐形或加装罐形顶标，也可只在左岸一侧浮标加装球形顶标。固定设置在岸上或水中的侧面标（灯桩）可采用杆形或柱形。颜色方面，左岸一侧，白色（黑色），杆形灯桩的标杆为白、黑色相间横纹；浮标加装的锥形或球形顶标为黑色（白色）。右岸一侧，红色，杆形灯桩的标杆为红、白色相间横纹；浮标加装的罐形顶标为红色。灯船的球形顶标均为黑色。灯质方面，左岸一侧，绿色（白色），单闪光、双闪光或定光。右岸一侧，红色，单闪光、双闪光或定光。我国侧面标（浮标）如图2-2所示。各标志具体尺寸可参考《内河助航标志的主要外形尺寸》（GB 5864—1993）[41]和《长江干线桥区和航道整治建筑物助航标志》（JTS 196-10—2015）[42]。

图 2-2　我国内河航道侧面标（浮标）

刘怀汉等[40]、李学祥等[43]分别从航标灯器、材质结构和外观尺寸上对视觉航标（主要是浮标，以下同）设计的发展历程进行了系统的总结：①从航标灯器上看，先后经历了煤油灯光源、白炽灯光源、发光二极管（LED）光源航标灯、集成光源太阳能航标灯，提出了一体式和分体式两种太阳能航标灯结构，2009 年实现了太阳能航标灯的全面推广应用；②从材质结构上看，塔形岸标根据建设条件采用了玻璃钢、钢筋混凝土、钢或高强铝合金等新材料，浮标在传统钢制的基础上，采用了具有较好抗撞性的 PE 塑胶标志船和密封性、防水性较好的航空材料。其余新材料还有进口 LLDPE 材料、天然橡胶材料、FRP 复合材料等；③从外观尺寸上看，在传统 6.7m 标志船的基础上研制了稳性更好的 10m、12m、15m 新型标志船，在长江下游全面推广并应用 ϕ1800mm、ϕ2400mm、ϕ3050mm 和 ϕ6000mm 的浮鼓，逐步取代了传统的标志船结构。此外，在航标设计其他新技术方面，国内学者借助 GPS 技术授时实现了航标同步闪，推广应用了锂电池、硅胶电池、基于航标载体的多传感器集成技术，实现了航标轻型化和多功能化。文献［44］提出了一种新型的适应三峡库区大水位变幅的自浮升降式航标，旨在解决岸标布置和高度调整等问题，并对其运动特性展开了数值计算。

航标配布方面，目前长江航道内的航道设置和航标配布的研究成果较为全面。李昕[45]在《内河助航标志》标准体系下，探讨了内河航道船舶定线制条件下的航标配布的特点，研究了内河航道船舶定线制与航标配布之间的相互影响。魏志刚[46]以长江下游南京至浏河口航段航标配布建设工程为研究对象，根据航标工作技术标准规范，提出该河段航标配布技术要求和南京至浏河口航段航标工程的建设方案。史卿等[47-48]分别针对长江下游安庆航道和长江下游上巢湖至浏河口河段，研究了上述航道段在枯水期和洪水期的航标配布方案。吴锡荣[49]根据三峡 145～175～145m 水位变动期，制定了三峡库区上游的航标配布方案。杨会来[50]依托长江上游明月峡炸礁二期工程，对其施工期的航标配布进行了详细研究，并提出了维护对策。刘作飞[51]结合三峡库区深水航道航标配布实例工程，从浮具、系缆设施、钢缆、锚石形状、尺寸等方面研究了库区深水航道中航标配布方案。李洪奇等[52]、李波等[53]分析了长江上游母猪碛控制河段的航道条件，制定了航标配布方案并进行了相关优化。文献［54-56］对长江航道桥区施工期和运营期通航水域的浮标配布展开研究，提出了航行区域不同时期的航标配布方案。

航标维护方面，杨昊等[57]提出了新形势下航标维护管理的原则，并建构了航标维护管理模式，包括年度维护计划、月度维护计划、物料需求计划、物料采购计划等。张文等[58]考虑到长江上游宜宾航道段洪水期的水文特征，制定了四级应急响应的对策措施，减小航标失常带来的安全隐患。文献［59-61］分别对适合航标维护作业的小型航标船、长江上游和下游航标维护基地进行了总体设计。姜雅乔[62]根据长江航道航标维护船设备的特点，建立了基于长江航标维护船能效评估指标的航标船能效评估方法，实现了航标维护船的状态评估。黄林生[63]结合武汉港区航道航标管理的实际情况，基于北斗卫星导航定位技术，研发了一种航标无线监控系统。该系统能自动监控航标的运行参数和位置信息，帮助航道管理部门快速地掌握航标的工作状态，及时发现航标的故障，提高了航标的可靠性。徐奥[64]依托江津兰家沱至巫山鳊鱼溪航段，对该段航标配布过程中的航标位置校核技术进行研究，设计水深动态修正方法校正图示水深，设计基于 Delaunay 三角网的边界提取算法获取可航区域边界，实现航标位置的自动校核，为航标维护提供决策分析。王垒[34]针对长江中游襄阳航道，设计了以 ARM 处理器为核心，ZigBee 无线通信自组网技术，搭载 GPS 定位模块和无线通信模块的航标监管设备，该套监管系统能够实时获取航标的位置信息以及航道的通航环境信息。文献［65-67］提出了航标遥测遥控系统，该系统实现了航标位置信息、状态信息等数据的实时获取和存储，为航标维护提供了极大的便利。

二、岸标研究现状

由于国外对于岸标部分的研究成果较少，本节主要针对长江干线岸标的类型、材质、结构等进行概述。长江干线岸标有塔形、杆形、简易平台标等[40-41]。塔形岸标采用玻璃钢、混凝土、铝合金等材料，杆形岸标采用钢质、铝合金等材料，简易锥罐体及杆形、塔形岸标上的顶标为铁质、铝合金、复合材料等。按照各区域航道局统计情况，目前各区域局采用的杆形岸标高度有 5m、5.5m、6.7m、7.0m、7.5m、8.7m、9.0m、10m 等 8 种。塔形岸标高度从 3m 至 40.6m 共 20 余种，直径从 1m 至 9m 不等。长江干线岸标数量统计见

表2-1。从统计分析来看，长江上游杆形标数量明显多于塔形标数量，长江下游塔形标数量明显多于杆形标数量，上游地区（宜昌以上）建设需求明显大于中下游地区（宜昌以下）。

表 2-1 长江干线岸标统计情况

单位	杆形岸标（座）	塔形岸标（座）	岸标总数（座）	塔形占比（%）	可建塔形岸标数量（座）
宜宾航道局	62	39	101	38.6	15
泸州航道局	124	31	155	20.0	9
重庆航道局	241	132	373	35.4	67
宜昌航道局	99	46	155	29.7	49
武汉航道局	93	86	179	48.1	28
南京航道局	11	446	457	97.6	28
合计	630	780	1410	55.3	168

表 2-2 统计了长江干线岸标的规格尺寸。可见，塔形岸标上游地区主要以铝合金、混凝土材质，高度 10m、15m 为主，中游地区主要以铝合金、混凝土、玻璃钢材质，高度 8.5m、10m、15m 为主，下游地区以铝合金、玻璃钢材质，高度 4.5m、8m、10m、10.5m、14m 为主。杆形岸标上游地区主要以钢质、铝合金材质，高度 5.5m、7.5m 为主，中下游地区主要以铝合金、钢材质，高度 7.5m、10m 为主。

表 2-2 长江干线岸标规格尺寸

单位	塔形岸标				杆形岸标			
	材质	数量	高度	数量	材质	数量	高度	数量
宜宾局	铝合金	12	10m	12	铝合金	62	5.5m	62
	混凝土	27	10m	25				
			20.4m	1				
			30m	1				
	小计	39		39		62		62
泸州局	铝合金	4	10m	4	铝合金	124	5.5m	124
	混凝土	27	10m	26				
			22m	1				
	小计	31		31		124		124
重庆局	铝合金	69	5.0m	1	钢质	21	5.5m	31
	玻璃钢	6	10m	98	铝合金	220	7.5m	210
	混凝土	57	15m	32				
			26.6m	1				
	小计	132		132		241		241

单位	塔形岸标				杆形岸标			
	材质	数量	高度	数量	材质	数量	高度	数量
宜昌局	铝合金	20	8.5m	1	钢质	99	7.5m	99
			10m	19				
	玻璃钢	9	8.5m	9				
	混凝土	17	10m	9				
			15m	8				
	小计	46		46		99		99
武汉局	铝合金	45	10m	82	钢质	81	7.5m	78
	玻璃钢	25	8.5m	4	铝合金	6	10m	15
	砖混	16			铁质	6		
	小计	86		86		93		93
南京局	铝合金	165	3m	3	钢质	11	5m	2
	玻璃钢	198	4.5m	114	铝合金		7.5m	9
	砖混	18	8m	38				
	钢混	45	8.5m	22				
	钢质	20	10m	65				
			10.5m	93				
			12m	35				
			12.5m	25				
			13m	6				
			13.5m	5				
			14m	36				
			17.5m	1				
			18m	1				
			24m	1				
			40.6m	1				
	小计	446		446		11		11
合计		780		780		622		622

按照内河助航标志分类及各区域航道局统计情况，长江干线岸标涉及三大类：航标标志类中的过河标、沿岸标、侧面标、左右通航标、示位标；信号标志类中的界限标、鸣笛标、横流标、航道整治建筑物提示标；专用标志类中的管线标、整治建筑物

专用标等，其中航行标志类岸标 982 座。岸标顶标尺寸基本符合《内河助航标志的主要外形尺寸》（GB 5864—1993）、长江航道局《航标工作规定》的技术要求，例如高度 5.5m、7.5m、10m 的过河岸标、沿岸标、侧面岸标等。目前存在差异的情况主要有两个方面：一是 2003 年三峡库区复建，宜昌、重庆所辖库区河段 7.5m 杆标上的锥形顶标按标准中对应的 5.5m 杆标的尺寸配备；二是随着长江航道建设发展，各区域局在岸标大型化、景观化方面作了大胆的尝试和创新，由于高度增加，原标准规范存在局限性，在高度超过 15m 的塔形岸标配备顶标时，没有具体的标准尺寸可以引用，多数按照标准规范中的最大尺寸配置。

（1）5.5m 升降式杆标：设计采用 $\phi110\times6mm$ 和 $\phi90\times6mm$ 两种冷拔高强铝合金管制成，其中 $\phi90\times6mm$ 管作为升降杆件，其上升和下降靠安装于管内的螺杆和涡轮组共同作用。航标灯架和顶标标体分别固定于升降杆上及其顶部，航标标体及标灯安装维护时只需摇下升降杆即可。由于 5.5m 杆形标采用螺旋式升降标杆容易锈蚀，建议改进为整体式结构。

（2）7.5m 整体式杆标：为轻型铝合金（钛合金）结构，总高度 7.5m，由标杆、顶标标体、基础及稳固设施三部分组成。标杆采用 $\phi133\times6mm$ 的冷拔高强铝合金（钛合金）管，并设置不锈钢扇形平台，用于安放太阳能电池板及数字化航道设备；标杆上段设置不锈钢灯架，安装航标灯器；顶端设法兰盘，安装顶标标体。杆形岸标的基座通过基础法兰与上部结构牢固安装连接，根据不同的地质条件，新建杆标采用不同的基础及稳固结构形式。对于土质地基采用尺寸为 1m×1m×1.7m 的现浇 C25 混凝土基础，基础内预埋法兰底座，基坑开挖后采用浆砌块石回填整平。稳固设施由三对地牛和稳绳组成，地牛尺寸 0.5m×0.5m×0.5m，稳绳为 $\phi8$ 不锈钢丝绳和 $\phi12$ 花兰螺栓连接。对于岩石地基采用砂浆锚杆基础形式并固定法兰底座，锚杆钻孔深度不小于 1.5m，采用 $\phi20$ 锚筋、M30 砂浆灌孔，并用 C15 细石混凝土找平和嵌缝。

（3）10m 铝合金塔标：采用工厂加工、现场组装的方式实施。塔体材质为防锈铝合金（LF21），筒体壁厚 10mm，结构总高度 10m，分别由围栏节、上锥节、中节、门节和下锥节组成，节间通过法兰和不锈钢螺栓连接，上锥节顶部设安装维护平台，平台直径 1.8m，中节直径 1m，内设不锈钢爬梯。塔体立面喷涂氟炭烤漆。塔标基座可设圆台或方台，圆台平面直径 2m，平面尺寸为 3.2m×3.2m 的倒角方形，地面以上高度不小于 1.0m，并采用白色防滑瓷砖贴面。新建基座对于土基采用扩大筏板基础，平面尺寸 4.5m×4.5m，埋深不小于 1.0m，且要求地基承载力不小于 100kPa；对于岩基采用锚杆基础，锚深不小于 1.5m。顶标包括标体和标杆两部分。标杆拟采用 $\phi80\times5mm$ 的冷拔高强铝合金管材制成，并通过法兰固定于塔体顶平台上。其上通过抱箍固定安装太阳能电池板，并在顶端通过法兰安装标体。

（4）15m 铝合金塔标：主体结构组成与 10m 铝合金类似，塔身高度 15m，塔体上沿至顶标最上沿高度 3m，塔身由围栏节、中节、门节共 9 节组成，节间通过法兰和不锈钢螺栓连接，顶部为直径 3.2m，高 1m 的工作平台，中节、门节每节外径 2.0m，高 1.75m，内部设旋转楼梯。采用工厂加工、现场组装的方式实施。

（5）10m 混凝土塔标：由底部护脚台阶、下部塔身、上部维护平台组成。塔体总高 10m，下部塔身外径 1.5m、内径 1.1m。上部圆形维护平台外径 3.0m，平台四周采用不锈钢栏杆。平台主要用于安放顶标、航标灯、太阳能电池等部件。航标灯固定在围栏上端外边缘靠航道一侧。塔体结构采用现浇钢筋混凝土的筒体结构，内部设钢爬梯及中间休息转换平台，供工作人员更换标灯和进行日常的维护检查工作用。塔身外间隔 1.5m 贴红（黑）白相间的外墙砖，窗洞采用铁花工艺窗，塔门采用钢质室外防盗门，窗洞及塔门背（侧）向航道一侧。

（6）15m 混凝土塔标：由底部护脚台阶、下端方形、中部圆形塔身、上方维护平台组成。塔体底部的护脚平台采用正方形，底边长 6.8m，阶梯布置可灵活调整，塔身净高 15m，下端方体塔身底边长 3.2m、高 3m，中部圆形塔身外径按 2.1m、1.8m，内径 1.4m 错落布置，每节高 1.5m，共 7 节。上方维护平台为外径 4.0m、高 1.2m 的圆形平台，平台四周现浇围栏，平台用于安放顶标、航标灯、太阳能电池及维护场所等。航标灯固定在围栏上端外边缘靠航道一侧。塔体内部设钢爬梯和转换平台，塔身外间隔 1.5m 粘贴红（黑）白相间的外墙砖，窗洞采用铁花工艺窗，塔门采用钢质室外防盗门，窗洞及塔门背（侧）向航道一侧。

（7）简易平台标：用于大型航标难以设置的陡峭位置或随水位涨落变化而显露的礁石上，由底座和标体两部分组成，标体放置于底座，标体上放置航标灯。底座随设置位置的大小而尺寸不等，一般借助天然地形或简易混凝土浇筑。礁石上的简易平台标随水位变化调整。

岸标标名标识方面，目前，库区河段以上在用的杆形标都未标注航标名称和标识，中游河段用于过河岸标的杆形标在顶标标注数字（例如，马家店过河岸标在顶标上标"79"），其他类未标注。部分河段在塔标航标名称标注进行尝试，存在三种标识形式：一是在塔身中节面向航道方向自上而下喷涂；二是 15m 混凝土塔标命名牌设置于下端方形塔身正面中部，采用黑色瓷砖雕刻标名，字面涂金色漆，但标识并未标注；三是重庆航道局于 2017 年建造的铝合金塔标，标名及 LOGO 标识建在塔标基础平台上。

三、长江上游航道航标维护存在的技术难题

综上所述，国内外关于目前航标的设计、配布以及维护方面已经取得了较为丰硕的研究成果，对于长江上游航道航标的维护管理具有一定的参考和借鉴价值，但仍存在以下三个方面的技术难题：

（1）长江上游航道浮标缠绕物的清除技术尚不明朗。

长江上游航道为典型的山区航道，水沙条件复杂，且三峡库区水位陡涨陡落，尤其是洪水期，国外通航河流流经多为平原地区，如欧洲莱茵河、美国密西西比河、英国泰晤士河等，航道条件存在明显差异，水流平缓，漂浮物较少，且不易堆积和缠绕视觉航标的浮体锚链，漂浮物对侧面标基本不会造成实质损害，依靠航标信息管理系统，监测航标位置和周围漂浮物等信息，开展定期清理即可，但这显然不适用于长江上游航道。

国内目前虽已经建立了航标遥测遥控系统对侧面标信息进行实时监管，受工艺、成本、技术稳定性等影响，只在流速平缓的下游地区有相关应用，并未在长江上游航道中普及。而且，现有维护管理平台重点关注航标的位置是否正确、工作是否正常、漂浮物是否缠绕等信息，对于提前发现问题并提醒及时处理方面可以发挥较大功效，但在自动清除和主动预防缠绕等方面仍存在较大局限。

（2）新型浮标——浮鼓在长江上游航道中应用极少。

浮鼓具有重量轻、强度高、耐腐蚀性强、颜色鲜明等特点，并且浮体采用刚柔结合式结构，能够保证具有良好的抗撞击能力，同时便于安装灯架、航标灯和锚链。目前，浮鼓主要集中于长江下游南京航道水域，荆州航道有 1 座，而在长江上游航道浮标中并未推广。因此，考虑到长江上游的航道条件，研究智能浮鼓在长江上游库区航道的推广应用可行性及维护对策显得尤为迫切。

（3）长江干线岸标配布的标准并未统一。

通过分析长江上游、中游、下游的岸标规格尺寸，发现塔形岸标和杆形岸标均普遍存在其材质、高度、颜色、标名标识等并不统一，为了后续干线岸标建设和更新提供参考标准，最大程度的发挥岸标的助航效能，提高养护管理水平，亟需开展长江干线岸标标体及顶标外形尺寸、颜色等的规范研究。

第二节　长江上游航道浮标缠绕物清除技术

航标维护是航道维护管理工作的重要方面，对维持航道畅通，保证船舶航行安全有着非常重要的作用。近年来，长江航道局辖区航标浮具大多为标志船。如前所述，随着航标新技术、新设备、新材料、新工艺的不断涌现和推广应用，内河航标智能化技术快速发展，研发了航标遥测遥控系统，可快速准确地获取航标信息，在长江下游逐步建设了航标维护智能化平台。但是，受覆盖范围和水流条件等因素的影响，在长江上游航道航标维护中依然存在深刻而亟待解决的问题，浮标锚缆缠绕物清除问题就是其中之一。原因在于，长江南京航道局辖区由于河道宽、水流缓且浮具以柱形浮鼓为主，很少出现浮标锚缆缠绕物导致浮标失常事故，而长江上游山区河道狭窄、水流湍急，水位变幅大，导致浮标锚缆缠绕物问题更频繁且更难处理。

三峡工程175m蓄水运行期，库区水位抬升，流速减缓，航道条件得到明显改善，但在汛前坝前水位消落至145m运行时，丰都以上河段恢复天然航道特征，遇干、支流水位陡涨或洪峰过境，江中水草、浮木、塑料袋、芦苇、楠竹等漂浮物很多，有时成堆成片。标志船一般采用钢丝绳牵引定位在航道沿线，在水流作用下经常缠绕浮标缆绳（见图2-3），若不及时清除，标志船就会有走锚、断绳的可能，一旦浮标流失就会对下游的行船造成巨大威胁。加之三峡库区水位幅大，上游库区浮标锚缆缠绕物问题危害尤其严重。2006年，三峡水库156m蓄水后，三峡库区江面杂草剧增，频繁袭击航标，使航标遭受重创。随着水位的升高，库区两岸被淹河床上原生草木的根、茎被江水冲刷掉后顺流下飘，航标就受到杂草等漂浮物的频繁袭击。当漂浮物缠绕达到一定的程度，将导致标志船移位；而随着缠绕的漂浮物增多，钢丝绳难以限制标志船，则将导致标志船漂流；或者标志船的浮态或排水量难以支持漂浮物缠绕导致的负荷变化，则将导致标志船翻沉。如此使航标功能不能正常发挥，从而影响船舶的航行安全，甚至引发船舶交通事故，严重影响航道安全畅通。为确保水上浮标正常运营，需及时对缠绕物予以清除。长期以来，航道管理部门采用人工方式来清除悬挂缠绕在水上浮标锚缆上的漂浮物，清除的工具主要有铁钩、砍刀、高枝油锯，或直接用手，清除效率很低，劳动强度非常大，而且对作业人员的生命安全构成严重威胁。因此，减少水上浮标维护劳动时间，研究避免缠绕物缠绕水上浮标锚缆或易于清除缠绕物的技术装备成为航道维护最迫切的问题。

图 2-3　长江上游航道浮标锚缆缠绕物与清除

一、浮标设置概况及航道水流条件

（一）浮标设置概况

长江干线各辖区 2016 年在用浮标分布统计情况如表 2-3 所示。根据该表统计情况可知，截至 2016 年末，浮鼓只在长江下游南京航道局辖区使用（其他局仅有 1 座浮鼓在用，南京局浮鼓占浮标总数 52.8%），长江中上游绝大部分使用 10m 标志船（占标志船总数的 92.6%），同时也有少量 6.7m 标志船在用。

表 2-3　　　　　　　　　长江干线 2016 年在用浮具数量统计表

单位	合计			标志船			浮鼓（mm）			
	总计	标志船	浮鼓	6.7m	10m	灯船	1800	2400	3050	6000
合计	5831	4565	1266	184	4225	156	28	925	299	14
一、南京局	2396	1131	1265		1033	98	27	925	299	14
上海处	580	0	580				16	430	126	8
镇江处	528	147	381		138	9	10	301	70	
南京处	279	105	174		103	2		65	103	6
芜湖处	757	627	130		553	74	1	129		
九江处	252	252			239	13				
二、武汉局	1139	1138	1	46	1055	37	1			
黄石处	200	200		10	175	15				
武汉处	373	373		14	346	13				
岳阳处	294	294		4	283	7	1			
荆州处	272	271	1	18	251	2				
三、宜昌局	264	264			260	4				

单位	合计			标志船			浮鼓（mm）			
	总计	标志船	浮鼓	6.7m	10m	灯船	1800	2400	3050	6000
枝江处	72	72			71	1				
宜都处	66	66			64	2				
宜昌处	61	61			60	1				
秭归处	28	28			28					
巴东处	37	37			37					
四、重庆局	1289	1289		8	1264	17				
万州	403	403			390	13				
涪陵	485	485			481	4				
重庆	238	238		8	230					
巴南	163	163			163					
五、泸州局	519	519		67	452					
江津处	50	50			50					
白沙处	56	56		2	54					
永川处		67		15	52					
榕山处		62		5	57					
合江处		58		5	53					
江阳处	83	83		18	65					
泸州处	82	82		15	67					
纳溪处	61	61		7	54					
六、宜宾局	224	224		63	161					
江安处	76	76		21	55					
南溪处	77	77		25	52					
宜宾处	71	71		17	54					

　　针对长江上游浮标配套锚缆、锚石基本情况，对宜宾局、泸州局和重庆局开展了调研统计，各辖区根据自身航道特点不同所配置的锚缆和锚石规格均有所不同，其中锚缆直径包括 9.1mm 和 13mm 两类，锚石材质以天然石料和预制混凝土块为主，单个重量从 1000kg 到 1300kg 不等。详细参数统计情况如表 2-4 所示。锚缆、锚石及锚缆在浮标上的连接示意见图 2-4。

表 2-4　　　　　　　　　长江上游浮标配套锚缆基本参数统计表

区域局	锚缆	锚石
宜宾局	D-13，6×37＋FC	天然石头，1.0t×1 个
泸州局	D-13	天然或开采石料，（1.0～1.3）t×1 个
重庆局	D-9.1，1×37	天然石头或预制混凝土块，1.0t×（1～2）个

图 2-4　锚缆、锚石及锚缆在浮标上的连接示意

（二）航道水流条件

长江上游各辖区河段水流速统计情况如表 2-5 所示。长江宜宾航道局负责宜宾合江门至泸州纳溪 91km 长江干线航道（简称叙泸段航道）的规划建设和航道维护，辖区内枯水期流速为 0.8～3.5m/s，洪水期流速为 1.5～4.7m/s。长江泸州航道局担负长江上游重庆兰家沱至泸州王爷庙共计 210.8km 的航道维护工作，辖区内枯水期流速为 0.3～4.0m/s，洪水期流速为 1.0～6.0m/s。长江重庆航道局主要职责是管理和维护重庆市境内长江干线江津兰家沱至巫山鳊鱼溪共 605.4km 的长江上游航道，辖区内巫山至丰都段水流平缓，为常年库区航道，枯水期流速为 0.2～1.4m/s，洪水期流速为 0.3～1.8m/s；丰都至涪陵段汛期水流条件仍呈现天然状态特征，流速为 1.2～3.9m/s；涪陵以上航道处于变动汇水区，航道条件呈现库区航道和天然航道的特征，枯水期流速为 1.0～2.7m/s，洪水期流速为 1.2～3.3m/s。

表 2-5　　　　　　　　　长江上游河段水流速度统计表

河段	水流速度（m/s）		
	枯水期	中洪期	洪水期
宜宾局辖区	0.8～3.5	0.6～4.6	1.5～4.7
泸州局辖区	0.3～4.0	0.5～4.5	1.0～6.0

河段		水流速度（m/s）		
		枯水期	中洪期	洪水期
重庆局辖区	天然航道	1.1～3.2	—	1.2～3.9
	回水变动区	1.0～2.7	—	1.2～3.3
	库区	0.2～1.4	—	0.3～1.8

二、浮标缠绕物特征

（一）缠绕物来源、发生时间及类别

长江航道水上浮标缠绕物主要是长江江面上处于漂浮或半沉半浮的漂浮物。漂浮物的来源大体分为以下 4 个方面：①洪水期随雨水冲刷带进江中的植物根、枝、叶、杂草等；②沿江城镇流入长江的垃圾；③三峡库区淹没地区多年堆积的生活垃圾、天然杂物和工业垃圾；④过往船舶倾倒入江的垃圾。

长江上游漂浮物的发生时间与水位变化关系密切。漂浮物一般集中在汛期，枯水期较少，而且一般每年的第一次洪水期到来漂浮物量较大，如遇大暴雨时的来漂浮物量也明显增加。枯水期时（10 月～次年 5 月），水流流量较小、流速较慢，水位涨幅小，因此江水夹带两岸的杂草漂浮物较少；汛期（6～9 月）时，水流流量大、流速快，江水位陡涨期间夹带漂浮物较多。第一次洪峰漂浮物较多主要是因为枯水期间工厂固弃、生活垃圾以及农作物秸秆等堆放江边，水位涨高后夹带着垃圾顺江而下；流域内发生大暴雨或山洪暴发时，则漂浮物以树木、家具、木排、竹排、船板及动物残骸等大型漂浮物居多。此外，漂浮物数量的多少与降雨强度、历时关系密切，凡是能产生地面径流的降雨就有可能形成河流漂浮物，降雨强度越大，历时越长，产生的漂浮物就越多。长江上游各时期漂浮物如图 2-5～图 2-8 所示。

图 2-5　长江上游枯水期缠绕物现场图

图 2-6　长江上游中洪期缠绕物现场图

图 2-7　长江上游洪水期漂浮物现场图

图 2-8　长江上游洪水期缠绕物现场图

　　长江上游漂浮物的组成主要分为三类，如图 2-9 所示：①农作物秸秆、原木、稻草、麦草、树根、竹子等；②包装用泡沫、废旧塑料制品、食品塑料袋和包装盒等；③意外事故漂浮污物，如少量动物尸体、脱锚航标船等。上述漂浮物中以①、②类居多，往往几种漂浮物相互混杂、交织在一起，随着季节和水位的变化，漂浮物的种类和数量亦随之发生变化，各种漂浮物所占比例难以确定。经调研统计，长江上游树枝水草最多，而含钢丝的地笼、缠绕紧密的渔网和塑料编织袋等缠绕物最难处理。

图2-9　长江重庆段水上漂浮物

（二）漂浮物的运动特点

漂浮物根据杂物的种类和密度不同，其在水中的悬浮深度也不尽相同。在水中主要呈现如下2种漂浮状态：①上层水漂浮物（水面漂浮物），主要为较轻的杂物，如竹子、枯草、干树枝、船用篷布等杂物；②二层水漂浮物（水中漂浮物即悬浮物），主要为密度较大的杂物，如编织袋、塑料袋、生活垃圾、青草、湿树枝等。

漂浮物悬挂在锚缆上的分布情况与漂浮物密度和漂浮状态有直接关系。水流较慢时，航标船锚缆在水中基本上保持竖直状态。此时漂浮物受水流流速影响较小，缠绕在钢缆上较松，随着漂浮物的累积，分布在水下较深的地方，水面上相对较少；水流较急时，锚缆在水中为倾斜状态，和水面有一个夹角。此时漂浮物受水流流速影响较大，缠绕在钢缆上较紧，随着漂浮物的累积，在锚缆水面上的较多，而水面下相对较少。

（三）漂浮物厚度及缠绕过程

在缠绕物厚度方面，洪水期缠绕物厚度一般在0.5～3m（其中水面以下一般0.1～2m），重庆局辖区最大厚度可达20m（其中水面以下8m），其他辖区则最大在3m左右（其中水面以下1～3m）。

在缠绕过程方面，洪水期大部分是少量长期的累积导致浮标锚缆逐渐缠绕，该情况下基层航道维护管理人员在日常巡检中即可处理；当遇到暴雨时，因水位上涨从支汊河口和岸坡洲滩上带来大量漂浮物，会成片成团缠绕浮标锚缆，该情况下处理难度非常大。表2-6统计了长江上游各辖区浮标锚链缠绕特点，包括缠绕物种类、缠绕物厚度和缠绕过程。

表 2-6　　　　　　　　　长江上游各辖区浮标锚缆缠绕特点统计表

区域局	缠绕物种类		缠绕物厚度（m）				缠绕过程
	最多三类	最难处理一类	一般厚	其中水下厚	最厚	其中水下厚	
宜宾	竹子、浮萍、地笼	地笼，内含钢丝，难以切割清理	2～3	1.5～2	3.5	3	大部分是少量长期的累积，日常巡检处理即可；小部分是暴雨大量突发，成片成团缠绕，处理难度大
泸州	树枝、竹子、塑料袋	塑料袋、渔网，缠绕较紧	0.5～1.5	0.1～1	3	1～1.5	
重庆	竹子树枝、杂草、渔网编织袋	树枝	0.7	0.3	6	4	

（四）漂浮物的危害

1. 影响航道公共安全

渣草随长江水流由上至下漂浮流动在江面，当飘至标志船附近时挂在用于固定标志船的钢丝绳，随着标志船固定钢丝绳上挂的渣草、树枝、渔网、垃圾等越来越多时，标志船会被压倾甚至压沉，在洪水期间该现象尤为突出。比如在 2010 年 7 月中旬，几天的洪水高峰期间就因渣草堆积掀翻和掀沉航标 20 余座，严重影响了长江航道的航行安全。

2. 造成公共资源和经济损失

在每年的洪水季节，均出现杂草堆积掀翻和掀沉航标的情况。日积月累，这些航标和标志船的损失造成巨大的公共资源和经济损失。据统计，沉没和流失的标志每座将带来 6 万元左右的损失。同时，航道维护人员不仅要清理尚存的标志船，更要安排船艇和人员沿江搜寻并拖回流失的标志船，防止对航线上往来船舶造船危害。如此高频率出动工作船艇将耗费大量燃油，维护方式经济成本高，船舶尾气也对环境造成一定污染，不符合长江生态航道发展方向。

3. 加大航道维护工作量，影响作业人员安全

在洪水期间，长江上游大量的标志船上会不同程度的挂积渣草，如不及时清理就会导致标志翻沉损毁。而清理这些渣草又只能完全依靠人工，这大大地增加了航道维护工作人员的工作量，据数据统计，清除漂浮物占汛期航道维护工作量的 80%以上。以长江重庆航道局万州航道处为例，在洪水期间万州的航道职工每天将花去差不多 16 个小时的时间专门清除悬挂在航标上的渣草，恢复被渣草掀翻的航标。另外，在清理

渣草作业过程中，由于无法依靠机械作业，基本靠人工，并且是在水流较急、作业环境恶劣条件下开展作业，存在较大的人员安全隐患。

4. 存在航道安全隐患

目前标志船的渣草清理采用人工作业方式，通常是用斧头、柴刀劈砍钢丝绳上的渣草，在利于作业的环境下会用到打草机、手提式粉碎机等设备，但是清理不佳且效率低。在航道维护生产任务紧张时，由于人手短缺，没有太多时间去清理渣草，因此，航道维护人员只有重新抛锚石来固定标志船来提高效率，但之前固定标志船用的锚石和钢丝绳只能舍弃，抛入江中。但有部分钢丝绳上由于挂积了大量渣草而导致钢丝绳不会沉入江底，而是半浮于水中，从而造成航行安全隐患。另外，锚石的舍弃也造成了洪水季节航道维护锚石短缺的现象。

三、缠绕导致失常的浮标统计

目前，各区域局没有单独统计锚缆缠绕物导致出现问题的浮标问题，但洪水期损坏的浮标中大部分是因漂浮物缠绕导致的，因此统计洪水期浮标损坏情况可以基本反映缠绕物问题的严重性，如表 2-7 所示。

表 2-7　　　　　　　　　　因锚缆缠绕导致发生问题的浮标统计表　　　　　　　　（单位：座）

区域局		2017 年		2016 年		2015 年		2014 年		2013 年		合计	
		漂移/侧翻	损坏/沉没	漂移/侧翻	损坏/沉没	漂移/侧翻	损坏/沉没	漂移/侧翻	损坏/沉没	漂移/侧翻	损坏/沉没	漂移/侧翻	损坏/沉没
宜宾局	全年小计	205	67	318	68	108	105	121	62	144	87	896	389
	其中 6～9 月	192	31	305	17	107	31	116	16	134	21	854	116
	6～9 月占比	93.7%	46.3%	95.9%	25.0%	99.1%	29.5%	95.9%	25.8%	93.1%	24.1%	95.3%	29.8%
泸州局	全年小计	98	71	107	213	100	230	205	206	81	104	591	824
	其中 6～9 月	79	41	99	98	60	109	179	109	54	41	471	398
	6～9 月占比	80.6%	57.7%	92.5%	46.0%	60.0%	47.4%	87.3%	52.9%	66.7%	39.4%	79.7%	48.3%

根据表 2-7 中 2013～2017 年近五年的统计，宜宾局浮标漂移或侧翻数量中洪水期占比平均为 95.3%，浮标损坏或沉没占比平均为 29.8%；泸州局分别为 79.7% 和 48.3%。由此可见，洪水期浮标漂移或侧翻占比非常高，超过 70%，导致浮标损坏或沉没的超过 30%，带来的损失十分巨大。除了行轮擦碰以外，因水面漂浮物缠绕压迫锚缆导致浮标移位或侧翻也占相当比例，特别是上游发大洪水的短暂时段，甚至成为主要因素。因缠绕物发生严重问题的浮标现场如图 2-10 所示。

图 2-10　长江上游洪水期因缠绕物发生严重问题的浮标现场图

四、常见清除方法

经调研，各区域局针对浮标锚缆缠绕物问题最常用的清除方法包括：铁钩勾除、刀具切割、手工清除、抛弃锚缆和双缆法等方式，其中双缆法在武汉局辖区应用较广。此处介绍武汉局的清除技术，原因在于，长江中游河道蜿蜒曲折，局部河段主流摆动频繁，航槽演变剧烈，枯水期流速一般为 1～1.7m/s；洪水期流速一般为 2～3m/s，在洪水期漂浮物缠绕浮标缆绳问题也很突出（据 2013～2017 年统计，武汉局浮标漂移或侧翻数量中洪水期占比平均为 70.4%，浮标损坏或沉没占比平均为 75.9%），漂浮物多为芦苇、树枝、浮萍、编织袋等，其中最难处理的为编织袋。漂浮物一般厚度为 1～1.5m，其中水下厚度为 0.7～1.2m，洪水期最厚可达到 2～3m。各区域局最常用的几种清除方法统计情况如表 2-8 所示。

表 2-8 各区域局最常用的几种清除方法统计

区域局	铁钩勾除	刀具切割	手工清除	抛弃锚缆	双缆法
宜宾局	√		√	√	
泸州局	√	√		√	
重庆局	√	√		√	
武汉局	√			√	√

具体如下：

（1）手工清除。手工清除是指通过职工用手去抓除，该方式劳动强度大、效率低且非常危险，只适用于缠绕物非常少、缠绕不紧且无清除工具的情况下，一般不建议采用该方式。

（2）工具清除法。铁钩和刀锯等工具清除方法是指应用工具勾除或切断缠绕物进行清理，该处理方式在处理大量缠绕物时存在劳动强度大、效率低且安全性差等问题，但处理少量缠绕不紧的缠绕物时一般一人就可以快速清理。因此，该方法各区域局应用最广泛的方式，如图 2-11 所示。

（3）抛弃锚缆法。砍断缆绳丢弃被缠绕的锚缆以恢复浮具，该方法在处理大量缠绕物时相对而言劳动强度低、耗时短、操作人员少、安全性较高，是各区域局面对非常多缠绕物时最常采用的方式之一。但该方式会损失锚石和缆绳，经济成本较高，因此还需进一步深入分析制定管理规定以明确使用具体条件，确保该方式经济科学合理。

图 2-11　工具清除法

（4）双缆法。在浮具两头均系接缆绳（一主一副），当上游主缆绳被缠绕后，通过松绑该缆绳将主副缆绳自动换位，进而利用水流冲刷主缆绳达到清除缠绕物目的。该方法在武汉局应用较广泛，针对大量漂浮物缠绕问题具有良好效果，但由于安装操作流程相对复杂，对操作人员要求较高，且浮具调头时安全性较差，尚未在上游推广应用。

各种清除方法优劣对比如表 2-9 所示。当锚缆被大量漂浮物缠绕且常规清除方法难度较大时，为确保航标尽快恢复，各区域局多采用抛弃锚缆法。

表 2-9　　　　　　　　　　　常用清除方法优劣对比及适用条件分析

方法	操作人数	耗费时间	劳动强度	安全性	适用条件
手工清除	2 人	0.5h 以上	非常累	非常危险	无工具，缠绕物非常少，缠绕不紧
铁钩勾除	1～3 人	最多达数小时	非常累	比较危险	缠绕物少，缠绕不紧
刀锯切割	2～3 人	最多达数小时	非常累	比较危险	缠绕物较少且大部分在水面以上，无钢丝、渔网等难以切割物
抛弃锚缆	2 人及以上	0.5h 以内	比较轻松	比较安全	缠绕物非常多，缠绕很紧
双缆法	2～3 人	10min	比较累	比较危险	缠绕物较多，配置双缆的浮具，维护人员操作技术熟练

五、现有研究基础

前期，各区域局针对自身辖区内浮标锚缆缠绕物问题开展过大量研究和试验，总结起来，主要可以分为五大类[68]：第一类是在缆绳上加装旋转装置，防止漂浮物缠绕；

第二类是采用工具清除法；第三类是在浮标前端加装阻挡装置，避免漂浮物漂至缆绳上；第四类为多缆绳法；第五类是借助信息化手段对锚缆积存物进行监测并实现自动清除。

（一）旋转类装置

（1）在浮标钢缆前端加装翻滚装置。即在浮标钢缆前端加装翻滚装置，通过水流作用使装置不断旋转，漂浮物接触装置后，即被转走。因装置尺寸有限，漂浮物构成复杂，很容易将装置卡死。

（2）系留绳的浮筒式渣草清理装置。该装置（见图2-12）原理是在锚缆与水面相接处安装一小型浮筒，浮筒上设置导流槽，使浮筒能在水流作用下不断旋转，减少缠绕物与锚缆的接触，若渣草过多仍堆积在浮筒或钢缆上，可将标志船与浮筒的连接解掉，按下浮筒，使漂浮物即随水流流走。

（3）自动清除标志船系缆绳杂物的旋转装置。该装置（见图2-13）将缆绳包裹在内部中心，利用自然水流冲击装置上的叶片旋转，从而使上游漂浮物从缆绳上旋转甩脱，达到防止缆绳被漂浮物缠绕的效果。经试验，该装置存在无法应对大堆积量的漂浮物、整体结构稳固性不足、下端易堆积缠绕物和不便于日常调标作业等问题。

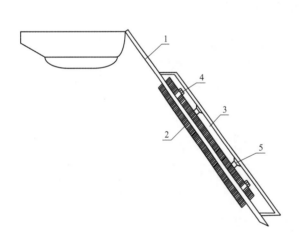

图 2-12　系留绳的旋转式防渣草装置结构图
1—系留绳；2—套管；3—护板；4—紧定螺钉；
5—球形铰链

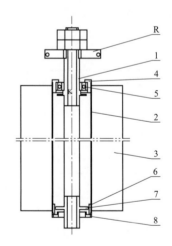

图 2-13　自动清除标志船系缆绳杂物的
旋转装置结构图
1—定子；2—转筒；3—弧形叶片；4—滚动轴承外套；
5—滚动轴承；6—滑动轴承轴瓦；7—滑动轴承轴颈；
8—外挡板；R—吊耳

（4）钢丝绳防缠绕法。主要是通过对浮标钢丝绳的防护来清除漂浮物。其方法是在钢丝绳上套一个浮筒围住钢丝绳，让浮筒自转或借助水力旋转来避免钢丝绳直接被漂浮物缠绕。这种方式对少量的漂浮物有一定的防缠绕效果，但对大量堆集的漂浮物，效果较差，同时，安装及调移航标不方便。

（二）工具清除

（1）在钢缆上安装刀片。即在钢缆上安装一定长度的刀片，通过水流作用使漂浮物与刀片摩擦，割断缠挂的漂浮物。但对大型漂浮物不起作用，加上长期与水接触刀片很容易生锈，而失去作用。

（2）除草机。即购置手持除草机进行机械清除漂浮物，但存在以下问题：一是电源不好解决；二是浮具上作业面积小，存在安全隐患；三是漂浮物构成复杂，很容易被缠死无法运转。

（3）背负式高枝油锯装置。该装置依靠汽油发动机、离合装置、软、硬输出轴等，通过长杆一端的电动锯齿或锯片来切割钢缆上的渣草等附着物。该装置采取背负方式软连接，便于单人操作，可以在较远距离实施清理，避免了人员在浮标上落水的危险，且电动方式清理速度较快，省时省力。但在使用过程中由于锯链易被杂草卡住使负荷加重，导致汽油机自动熄火，易损部件特殊购买不方便。

（三）阻挡类装置

与旋转类装置以系缆绳为转轴不同，阻挡类装置一般置于缆绳外，在上游端对漂浮物提前阻挡。该装置主要形式包括两种：一种是在系缆绳上游端抛设一个浮筒或小浮鼓对漂浮物进行阻挡，另一种是在浮标船前端固定一个外伸悬挂挡板进行阻挡。浮筒阻挡法一方面易增加维护人员日常工作量，另一方面无法完全阻挡漂浮物避免系缆绳被缠绕，因此该方法应用的局限性较大。

徐浩钟[69]于2010年研制了卸存积装置（见图2-14），该装置利用挡板阻挡漂浮物缠绕系缆绳，当渣草存积到一定量导致回位弹

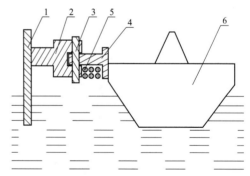

图2-14　卸存积装置结构图
1—挡板；2—支撑；3—轴；4—坐体；
5—回位弹簧；6—航标船

簧的力不能稳定挡板时，挡板会绕轴转动，进而利用水流冲击力去除漂浮物，清除后挡板复位。该装置发挥功效的关键在于挡板偏转后漂浮物必须顺水流清除，否则挡板无法复位，无法起到保护系缆绳面缠绕的作用。该装置后续又进行了多个版本的改进

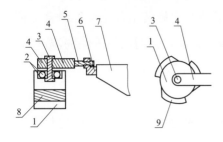

图 2-15　卸存积装置改进结构图

1—圆柱体；2—轴承；3—轴销；4—支架；

5—支架轴销；6—轴销座；7—航标船；

8—惯性轮；9—V形截流导向片

设计，主要是将挡板变为可旋转圆筒或旋转叶片（见图 2-15），进一步避免挡板自身被缠绕。

长江宜宾航道局提出了一种长臂叉阻挡装置。即在标志船船首安装活动长臂叉，长臂叉向前斜伸到水面与钢缆平行，尾端安装一个回位弹簧，漂浮物先触长臂叉，不缠挂钢缆，当漂浮物积累到一定程度后，自然会向一边偏转，达到将漂浮物清除的目的。装置尺寸有限，漂浮物多的时候效果不好，并影响调标作业。

（四）多缆绳法

（1）多缆绳。即一个浮标采用多缆绳连接。但不管采用多少根钢缆，钢缆始终要连接到锚石和浮具上，不管是否受力，每根钢缆同样都会缠挂漂浮物。

（2）双缆法，即在锚缆接近水面处，设置双缆，当漂浮物堆积时，一根受力，拎住漂浮物，另一根从漂浮物的上部连接水上浮标，受力之后解掉下面一根，漂浮物即冲走。

（3）替缆法。主要通过在水下一定位置安装两根钢缆，均系于标志船上，一根主缆，一根副缆，当主缆挂满漂浮物时，把主缆抛入水中，借助水力将主缆上漂浮物冲走，同时启用副缆，循环使用。其优点是操作简单，缺点是安装及调移航标不方便，副缆在水中也易缠挂漂浮物，有些缠挂较多的漂浮物也不易顺水流漂走。

（五）信息化方法

随着长江干线航道信息化发展，相关感知技术也逐步应用在航标传统业务中，重庆大学梁山等[70]于 2015 年提出了"一种系缆绳杂物积存量的检测与卸积存方法"，该方法系统框架如图 2-16 所示。

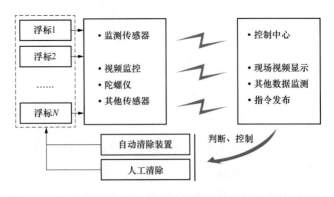

图 2-16　一种系缆绳杂物积存量的检测与卸积存方法系统图

该系统由两大部分组成，第一部分为航标船上的装置，这部分负责航标船倾斜角度与系缆绳缠绕物图像的获得、无线数据的收发与除杂动作的执行。第二部分为控制中心部分，负责接收、显示航标船发送的监测数据和执行结果。该方法丰富了传统浮标锚缆缠绕信息获取的手段，但在自动清除装置或防缠绕装置方面并没有新的方案，且对电源配置等没有详细设计，缺乏现场应用测试数据，检测和卸积存效果还有待进一步检验。

分析现有的浮标锚缆防缠绕方法，得到以下认识：

（1）长江干线航道在用船型浮具数量多，由于该类型浮具的缆绳置于浮具外且在上游，洪水期大量漂浮物来临时极易被缠绕堆积导致浮具漂移、侧翻甚至沉没损坏，浮标经济损失和维护人力成本较大。传统人工清除方法劳动量大、安全性差且效率低，在问题高峰期恢复周期较长，因此针对长江上游特点系统研究浮标锚缆缠绕物解决综合方案，确保维护人员安全和浮标功能持续正常发挥十分迫切而必要。

（2）前期各单位已开展相关探索研究，例如翻滚装置、多缆绳、双缆法、高枝油锯切割法和旋转装置等，但由于缠绕物种类复杂（如：硬质的竹子、树干、芦苇、橡胶，含钢筋的地笼，软质的渔网、塑料袋、编织袋），且各河段条件不同（上游山区天然河段水流速和水位变化幅度大，库区水流速较小但水很深），已探索研究的方法都存在一定的问题和不适应性，不能系统解决缠绕物问题，需进一步拓展深化研究。

（3）与下游维护浮鼓工作船配置了吊机相比，长江上游航标维护工作船除配置了绞关外并没有其他大型机械化设备，而且部分小型工作船舶供电负荷富余小，改造难度大，不仅实现机械清除浮标缠绕物难度较大，而且还在一定程度上制约了上游浮标维护机械化发展。

六、解决方案

根据解决思路，本书提出长江上游航道浮标缠绕物清除解决方案，主要包括止缆钩清除工艺、浮筒防缠绕装置、机械臂抓手清除装备和高压水切割清除装备。现将各方案分述如下：

（一）止缆钩清除工艺

1. 工作原理

通过研制一种便于稳定抓取系标锚缆的止缆钩，通过该装置抓取位于缠绕物水下一端的缆绳，并将另一端系在浮具上的缆绳松绑后抛入水中，利用水流的冲力清理钢缆上的缠绕物，达到整体除掉浮标钢缆上缠绕物的目的。其工作原理如图 2-17 所示。这种方法避免了在水上使用电力机械装置操作复杂、有安全隐患的弊端，利用水流作用力自然清除，具有节能环保、安全性高、减轻劳动强度等优点。

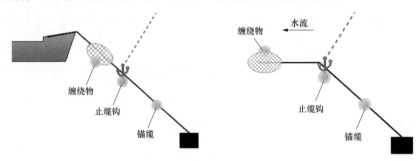

图 2-17 止缆钩工作原理图

2. 结构构造

止缆钩装置结构简单、重量轻且强度高，结实耐用，主要结构包括：内筒、外筒、爪钩、卡钩、连接座、定滑轮、牵引钢绳、套筒、螺栓、滑槽和尾筒。内筒外侧对称的四点焊接爪钩，起到钩取钢缆的作用；外筒外侧与爪钩交叉对应且同样对称的四点焊接卡钩，起到与爪钩配合夹住钢缆；内筒前端焊接连接座，连接座中焊接定滑轮；外筒分别连接两根牵引钢绳，一根直接通过尾筒延伸向外，另一根穿过内筒前端的定滑轮后再通过尾筒延伸向外，通过分别向外拉动两根钢绳，使外筒在内筒上往复运动，起到卡紧和松脱设标钢缆的目的。爪钩较长，增大抛出后勾住钢缆的命中率，卡钩较短，便于牢牢卡住钢缆，使之不能随意滑动。止缆钩装置基本构造如图 2-18 所示。

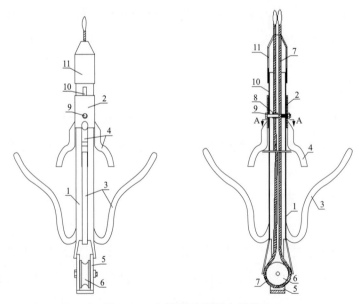

图 2-18 止缆钩装置基本结构

1—内筒；2—外筒；3—爪钩；4—卡钩；5—连接座；6—定滑轮；7—牵引钢绳；8—套筒；9—螺栓；10—滑槽；11—尾筒

3. 操作规程

使用止缆钩清除缠绕物时，应按照以下规程进行操作：

（1）将止缆钩尾部的收紧钢缆连接到系泊钢缆上，使钢缆延长以便上电绞关使用。

（2）航标艇驶近浮标，一名操作人员将标志船系套于航标艇一舷第二个缆桩上，系套时缆绳不宜收得太紧。

（3）驾驶员稳住船身，另一名操作人员站在第一个缆桩附近，对准设标钢缆前端水下 0.3～0.5m 处，抛下止缆钩，使止缆钩一爪或两爪抓住设标钢缆，渣草尽量沿设标钢缆留在止缆钩后端。

（4）将收紧钢缆上关施绞，同时驾驶员停车稳舵。待止缆钩完全卡住设标钢缆时停止施绞。

（5）操作人员解开标志船上的设标钢缆，并将其抛入标志船外舷水中。

（6）此时大部分漂浮物受水流作用已被冲走，但部分漂浮物被夹在航标艇与标志船之间，驾驶员通过左右用舵使船身摆动，或采用爪钩等工具清理，使漂浮物全部被水流冲走。

（7）勾回水中的设标钢缆系套于标志船缆桩上。

（8）车舵配合不使船身上移或下移。慢慢松开绞关直至止缆钩卡压力完全消失，拉住松开钢缆使其受力致止缆钩复位，收回止缆钩。

（9）解开航标艇一舷系套标志船的钢缆，收捡好操作钢缆、缆绳等，航标艇驶离。

4. 试验效果以及适用条件

长江泸州航道局开展了固定钢缆试验和现场止缆钩试验，如图 2-19 所示，并与使用铁钩、钢锯等传统清理方式相比较，缠绕物的多少和清除难度按照平均值计算，发现使用止缆钩清除工艺具有以下效果：

图 2-19　固定钢缆试验和现场止缆钩试验

（1）人工投入由 5 人减少为 3 人。传统清理方式中，为尽快完成清理，需要 2~3 名职工直接作用于渣草，船上 1 人和驾驶人员配合协作。而使用止缆钩后，除驾驶人员外，只需 2 人，就可轻松完成清理工作。

（2）工时由平均 60min 减少为平均 10min。根据相关统计，清除一座水上浮标锚缆上的缠绕物一般需要 1~2h，有的甚至达到 3h。使用止缆钩工艺后，清理一座浮标缠绕物最快一次仅 3min 左右。

总结止缆钩的技术特征，具有较强的适用性，具体适用条件如下：9mm 和 13mm 钢缆均可使用；水流流速在 6m/s 以下时正常使用，超过 6m/s 时需在装置卡住锚缆期间注意与驾驶人员的配合，避免锚石位移；装置使用不受气温限制，风力大小和雨量在不影响行船安全和舱面操作人员视线的情况下均可使用；适用于树枝、竹子、生活垃圾等或缠绕较松的编织袋、篷布等缠绕物，堆积区域在锚缆入水处起、水下 2m 以内，均可轻松抓取和清理，缠绕物数量不限。若缠绕较紧时，还需借助铁钩等工具协助清理。

（二）浮筒防缠绕装置

1. 工作原理

在航标锚缆与浮具之间安装一个可旋转的浮筒装置，增加锚缆过水面积，在漂浮物较少时，小型缠绕物从浮筒装置两边通过，稍大的缠绕物则在浮筒旋转作用下，从浮筒两边掉落漂走，不缠挂在锚缆上，达到主动"防"的功能。而在洪峰期间，漂浮物较多的时候，装置不能完全清除缠绕物，则发挥"领水浮"的功能，将操作缆解开使浮筒与浮具脱离，缠挂物在水流的冲刷下脱离，再将操作缆捞起系在浮标上，快速清除缠绕物，达到"治"的目的。其工作原理如图 2-20 所示。

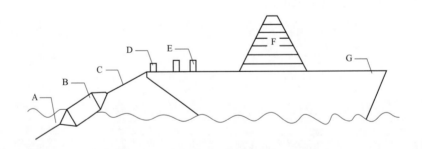

图 2-20　浮筒装置清除缠绕物方案示意图

A—航标锚缆；B—浮筒装置；C—操作缆；D—系缆桩；E—导缆钳；F—航标标体；G—航标船

2．结构构造

本装置主要由滚筒、轴管、锥螺帽、轴承、锥套、密封盖组成。现对各部分构件简述如下：

（1）滚筒：由2mm厚的钢板焊接成型，外刷白色间红色油漆，与浮筒内壁管共同构成密闭空腔，是提供装置浮力的主要结构。

（2）轴管：贯穿浮筒装置中心轴线，通过锥螺帽固定于锚缆之上，使浮筒装置围绕轴管旋转，主要功能是提高浮筒旋转的稳定性，防止发生浮筒装置磨损锚缆和轴承卡死情况。

（3）锥螺帽：设置于轴管后端，可松开和锁紧，主要功能是调整和固定轴管在锚缆上的位置。

（4）轴承：在浮筒装置的前端和后端进口处各设置一个轴承，主要功能是维持浮筒旋转，承担装置旋转时的轴向受力，采用油封密闭。

（5）锥套：设置在浮筒装置前端轴承外，主要功能是形状过渡，防止漂浮物缠挂在浮筒前端凸起处。

（6）密封盖：设置在轴承与外部结构之间，主要功能是密封保护轴承，防止轴承因为细小渣草和水的进入而失效。

3．操作规程

当需要进行清除作业时，首先驾驶航标工作船靠上浮标，用系缆将浮标与工作船连接好，然后松开浮标锚缆，将其抛入水中。缠绕物在水流的作用下冲走后，浮筒装置浮出水面，再操作工作船接近浮筒，将浮筒尾部浮标锚缆捞起系于浮具缆桩，解开工作船与浮标之间系缆，结束清除作业。

当需要进行航标调整作业时，首先驾驶航标工作船靠上浮标，用系缆将浮标与工作船连接好；再将浮标锚缆从系缆桩上解开，拿到工作船绞盘上施绞，当浮筒绞抵工作船导缆钳时暂停施绞，这时安排一人松开止缆器上的止缆扣，浮筒会自由在浮标锚缆上滑动，继续施绞至锚石抵到浮筒装置处停止；留足系浮具的操作缆长度，将锚缆头系在浮具缆桩上，到达标位后，抛下锚石和浮筒装置，浮筒装置会在水流的作用下沿锚缆滑动浮出水面；最后锁紧止缆器固定浮筒装置，完成浮标调整作业。如果需要回收，在目前情况下，需要将绞起的浮筒抵岸进行操作。

4．试验效果及适用条件

该装置由长江宜宾航道局在本辖区宜宾航道处、南溪航道处和江安航道处辖区的多个浮标上进行了实地测试及试用（见图 2-21），根据现场试验情况，最终该装置浮态良好，旋转稳定，对航标锚缆的磨损较小，能够满足防治漂浮物的功能要求。

图 2-21　浮筒防缠绕装置现场试验

通过现场测试浮筒防缠绕装置的耗时，发现"防"的功能不增加操作耗时，"治"的功能即解锚缆清除缠绕物，视缠绕物数量及结构情况为 3～5min。因浮筒会给浮标锚缆带来一定阻力，而且水流速越大阻力也越大，为确保浮标不发生漂移，本装置应在适用流速较小的水域中使用，大致为 2～4m/s 的河段。此外，本装置无法防止大量堆积漂浮物的缠绕。

（三）高压水射流切割清除装备

1. 工作原理

基于水射流技术的切割清除装置主要由增压器（高压泵）、混合器和喷嘴（枪头）三大部分组成，由柴油机或电动机对其供电，在航标艇上可直接由辅机进行供电。超高压水形成的关键在于高压泵，从油泵出来的低压油，推动增压器的大活塞，使其往复运动。大活塞的运动方向由换向阀自动控制。另外，供水系统先经过净化处理，然后由水泵打出低压水，进入增压器的低压水被小活塞增压后，压力升高。由于高压水是经过增压器不断往复压缩后产生的，而增压器的活塞又需要换向，因而从喷嘴所发出的水射流压力是脉动的。作业过程中，装置为获得稳定的高压水射流，使产生的高压水进入一个蓄能器（混合器），与磨料（砂）进行充分混合，然后再流向喷嘴，从而达到稳定压力的目的，之后稳定的高压水通过一个极细小的喷嘴，产生一道夹带着磨料的水箭，这道水箭就像一把切削加工的利剑，对所需要清除的缠绕物进行切割清除。

2. 结构构造

该装置主要由变频柜、变频电动机、增压泵、储水箱、混合罐及手持切割枪等关键部分组成。试验阶段增压泵、变频电动机、储水箱和混合罐放置在航标艇的甲板上，在后期整合后，可将变频电动机和增加泵安置在船舱中，高压软管从甲板开孔处引出并与其手持水枪相连，变频控制柜可接入船电系统，安置在驾驶室进行控制。高压软管其长度可达 50m，增大了手持水枪的移动范围和便携性，可以满足 360°无死角位置的切割需要。

3. 操作规程

高压水射流切割清除装置主要进行切割作业、除锈作业和清洗作业。进行切割作业时，将手持切割枪头靠近缠绕物，距离缠绕物距离 5cm 左右较佳，沿锚缆方向，采用上下滑动（或前后滑动）的方式进行切割，可根据实际情况确定切割方向和切割角度；进行除锈作业时，将手持切割枪头靠近锈蚀表面，距离 10cm 左右较佳，按蛇形移动方式对锈蚀表面进行除锈作业，可根据实际情况确定蛇形移动路线；进行清洗作业时，将枪头对准清洗表面，距离以 50cm 左右较佳，按蛇形移动方式对表面进行清洗作业，可根据实际情况确定蛇形移动路线。

4. 试验效果及适用条件

2017 年 5～10 月，针对高压水射流切割清除装置，在望龙门航道、李家沱航道等处开展了相关航道基地现场试验，对浮标锚缆缠绕物进行现场切割试验及船体钢板表面除锈试验，如图 2-22 所示。

现场试验结果表明，该套装置可有效切割不同类型缠绕物，能够达到快速高效清除缠绕物的目的，其效果优越主要表现为以下几点：

（1）对于各种类型的川江航标锚缆缠绕物，如水草，树枝、竹枝、玉米秆、编织袋、塑料制品、渔网及动物残骸等，均可进行有效的不同方向切割。

（2）当锚缆上缠绕中等数量缠绕物，以树枝、木块、杂草、编织袋等物质组成时，装置启动作业后约 3min 清除。如锚缆上缠绕较多缠绕物，以竹竿、树枝、编织袋、皮革等物质组成时，装置启动作业后约 8min 清除。

（3）不需要更换切割机装置，通过一个喷嘴就可以切割不同类型的材料和形状，节约成本和时间。

（4）通过降低水压，还可达到除锈和清洗功能，为航标艇和航标的维护保养提供便利。

（5）安置方便、灵活度高：该装置设备简单，体积小，重量轻，可快速方便的安置在航标艇上。每个航道站仅需配备一套该装置，便可对其管辖的所有浮标船进行作业，灵活度高。

（a）

（b）

（c）

图 2-22　高压水射流切割清除装置现场试验

（a）李家沱航道站现场切割试验；（b）望龙门航道站现场除锈试验；（c）李家沱航道站现场清洗试验

通过测试，该装置对缠绕紧密、缠绕物种类复杂的缠绕情况具有良好效果，适用于大量缠绕物情形，不适用于少量未紧密缠绕的缠绕物。

（四）机械臂抓手清除装备

1. 工作原理

以现有标志船维护作业船艇为基础载体，研制并安装基于遥控作业和程序化作业的机械手作为标志船钢丝绳漂浮缠绕物清除装置。可遥控的电动液压驱动机械手，抓力大、动作灵活、传动平稳、结构紧凑，能够实现快速清除漂浮物、快速清除大面积漂浮物、机械化、程序化、安全可靠的总体目标，并通过机械臂和夹具的通用性设计，实现起吊、搬运物资等辅助功能的总体目标要求。其工作原理示意如图 2-23 所示。

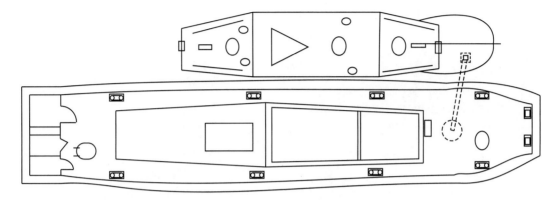

图 2-23　机械手工作原理示意图（虚线部分为机械手）

2. 结构构造

以机械手规格 3kN×6m，安装于船舶中纵剖面处的方案为基础，进行详细设计。机械手设计时设定七个基本动作，分别为回转、变幅、折臂一、折臂二、两瓣抓手开闭、抓手转动、抓手摆动。装置总体结构主要由基座、回转机座、折臂式臂架系统、机械手、液压泵站、电控箱、无线遥控器等组成。各部分构件详细参数参考文献 [68]，此处不再赘述。

3. 操作规程

该装置缠绕物清除作业操作规程如下：

（1）启动控制箱开关及遥控器开关，检查系统压力是否正常。

（2）待航标船与标志船停靠牢固后，将机械手展开并旋转机械手底座，使臂架位于缠绕物上方。

（3）张开抓手后操作三段折臂动作使抓手对准缠绕物下落。

（4）合拢抓手后上提臂架抓起缠绕物。

（5）收回机械手，张开抓手将缠绕物放至甲板上。

（6）重复以上操作直到缠绕物清除完毕。

（7）机械手回位。

4. 试验效果及适用条件

该装置在杨泗港基地及大沙航道处进行多次漂浮物清除作业（见图 2-24），过程中机械手工作平稳、动作迅速，对草渣及其间的树枝、水管、编织袋等漂浮物起到了良好的清除作用。同时，抓头齿隙满足钢丝绳在其自身重力作用下自然脱离的要求。通过测试，发现该装备适用于各类缠绕物清除作业，可快速清除大面积、大量堆积的缠绕物，对钢丝绳粗细、水流水深及气象条件均无要求。

图 2-24　机械臂抓手清除装备清除缠绕漂浮物试验

七、方案综合分析

表 2-10 为各解决方案成本及优缺点。现对各解决方案分析如下：

表 2-10　　　　　　　　　各解决方案成本及其优缺点汇总

解决方案	成本	优点	缺点
止缆钩清除工艺	约 2800 元	大量缠绕物清除简便；无明显限制条件；成本低；不影响浮标日常维护；自身养护量极少	需辅助人工船舷抛投及解除作业
浮筒防缠绕装置	约 3500 元	防清两用，可防零散非堆积漂浮物；防为主，人工作业安全；成本低；自身养护量较少	水流速过大时会增加浮具阻力，对浮标日常维护有影响
高压水射流切割清除装备	约 48 万元	可快速切割各类缠绕物，兼顾除锈功能；不影响浮标日常维护	需辅助人工船舷操作，水下切割效果稍差，改造安装成本较高，且需占用一部分船舶空间
机械臂抓手清除装备	约 44 万元	可快速抓起大量缠绕物，兼顾搬运锚石功能；机械化操作，无人工作业；不影响浮标日常维护	渔网等紧密缠绕时无法与锚缆分开，改造安装成本较高，且需占用一部分船舶空间

在"防"方面，浮筒具有良好的防缠绕效果，成本低廉，单个装置约 3500 元，浮筒在结构上简单稳固，而且兼顾防和清浮和转，具有推广优势。因此，建议在缠绕物

来量不大的航道浮标上推广应用浮筒。

在"清"方面，止缆钩清除工艺不影响传统浮标维护，不增加需经常维护的装置和装备，只需配置简单的操作工具，成本低廉，单个装置约 2800 元，效果显著，具备全面推广条件，可作为长江上游航道维护工具加以配置，并对基层维护人员进行止缆钩工艺使用方法培训。

在"除"方面，由于止缆钩只适用于流速较快水域且需要辅助人工操作，为确保各水域条件下均有解决方案，建议近期对缠绕物来量大的重点河段进行高压水射流切割清除装备或者机械臂抓手清除装备，自动化程度高，安全可靠，处理大量缠绕物效果良好。但是，二者涉及船舶改造和精密机械仪器，成本较高，改造安装费用在 40 万～50 万元之间，建议在中远期长江上游航道航标维护中作为标准装备在新建船舶时加以配置，同时利用大修等机会对现有重点河段维护船舶进行改造。

此外，鉴于长江上游洪水期浮标锚缆缠绕物成分复杂，时空分布突发性强，缠绕情况多样，单一的清除方法不足以解决长江不同航段快速、高效、安全地清除浮标锚缆缠绕物的难题，仍需不断改进完善，需要采用多种技术措施综合处置。

第三节　智能浮鼓在长江上游航道推广应用可行性及维护对策

一、传统浮标存在的问题

长期以来，长江上游地区受水流、河床等条件制约，一般采用钢质船形浮标，三峡航电枢纽采取 145～175m 蓄水调度运行以来，全年水位落差最大可达 30m，航道水深富足，流速较缓，航道条件优越。航道条件改善的同时，也给传统浮标带来许多新的实际问题，具体如下：

（1）传统的航标采用首尾锚缆，浮标系泊设备用量较大，且一般锚固在河床上，不可移动，抗风浪能力较弱，渣草极易缠绕在锚缆上，导致锚缆断裂、标志船流失等情况。本书前面虽提出了 4 种解决方案，但均是从被动层面，去解决缠绕物的问题。

（2）由于峡谷河段地势陡峭和年变幅 30m 落差的影响，航标移动非常频繁，根据水位变幅收撤航标、调整航标布设水深、清除航标渣草、维护保养标志船等工作将成为航道维护人员的日常，维护船舶需要频繁出航维护，这将耗费大量的人力、物力、能源及精力。

（3）传统钢质标志船抗腐蚀能力较差，每 3 年需要重新油漆保养一次，整体吊运上岸维护，以确保标志船颜色鲜明和环保要求。目前长江重庆航道局万州辖区常年库区河段共有各类浮标 400 余座，不但工作量大，而且维护成本高。

如前所述，长江下游南京航道局辖区全面推广浮鼓，从主动层面上避开了渣草问题，然而，浮鼓并未在长江上游航道中应用。因此，及时开展智能浮鼓在长江上游库区航道推广应用可行性及维护对策研究显得尤为迫切。不仅对有效解决传统航标汛期渣草缠绕，频繁移位，减少汛期维护船舶出航调整和维护航标次数，节约燃油，提高维护人员工作效率等具有重要的实际意义，而且为开展"擦亮行轮眼睛"航标专项行动，建设"畅通、平安、优质、智能、美丽"的现代化航道体系提供重要支撑，亦可为构建绿色环保的长江内河航运、数字化航道等提供技术储备，具有重要的工程应用价值。

二、依托航道概况

（一）航道条件

本书依托长江万州航道处负责建设养护管理长江干流巫山编鱼溪（长江上游航道里程 145.0km）至忠县复兴场（410.0km）计 265km 的航道开展研究，该航道等级 II 级，共有 21 个水道，为船舶定线制分边航行河段。航道计划维护尺度 6 月至 9 月为 4.5m×150m×1000m，10 月至次年 5 月为 5.5m×150m×1000m（实际维护尺度一般为 6.0m×150m×1000m），航道维护类别为一类航道维护，航标配布类别为一类航标配布，共配布航标 425 座，其中岸标 151 座、浮标 274 座，年航标维护工作量为 17 万余座天。年航道测量工作量约 1500 换算平方公里。辖区共有桥梁 11 座（已建 8 座、在建 1 座、拟建 2 座），重点港区 5 处（新田港、万州港、云阳港、奉节港、巫山港），规划采砂区 22 处。该航段全年水位落差最大可达 30m，航道条件比较优越，但汛期受到坝前水位和天然来水双重影响，泥沙呈现累积性淤积，在一些弯道和宽谷段泥沙淤积更为严重；峡谷河段地势陡峭和年变幅 30m 落差的影响，航标移动频繁，桥区航标众多，浮标首尾锚设置，航标维护的难度比较大；大流量丰水年或汛期杂草众多时会给航标的正常维护带来极大影响。

（二）船艇设备现状

航道船艇是航道部门加强航道维护，提供公益服务、应急抢险最主要的作业工具和交通工具，特别是遇到大洪水、杂草众多的季节，船舶一旦出现故障，因船舶配备不足，就给航道的正常维护带来紧张局面，危及航运安全和桥梁安全等。

目前辖区共有各类船舶 43 艘：

（1）机动船。共计 18 艘，包括：库区航道维护主力船艇，30m 级 324kWB 型航标船 9 艘，8 个航道维护基地各配备 1 艘，1 艘作为应急打替船；测量船 1 艘；118kW 双机航标艇 1 艘，未成库前配置的航标艇，已达到报废年限，即将淘汰；18m 钢质快艇 5 艘，用于航道巡查，不具备设标移标能力，使用率较低。

（2）趸船。共计 25 艘，包括：24m 钢质趸船 13 艘，40m 钢质趸船 7 艘，65m 钢质趸船 2 艘，40m 浮吊趸船 1 艘，绞滩船 2 艘。24m 钢质船和绞滩船，使用年限已久，将逐步被报废。

三、智能浮鼓在长江上游推广应用可能性

（一）智能浮鼓结构设计

智能浮鼓的结构由密封仓、锚泊装置、控制系统、辅助装置、灯架构成。按照库区水道环境，将浮鼓标身形状设计成两部分：塑料密封仓和金属密封仓（金属骨架）。塑料密封仓为 PE 高分子材料，采用滚塑工艺，可有效耐低温以及耐腐蚀。外部的金属密封仓则采用 304 不锈钢材质板卷制成直径 1.5m 圆筒焊接而成，具有良好的耐蚀性、耐热性，低温强度和机械特性。密封仓浮于水面，主要受力面为下表面，所受力为水面反作用力，也就是自身重力及大气压力。下表面积设有分布筋，所以下表面受力较小。侧表面由于吃水浅，侧面积大，所受力较小。密封仓的合理设置对内部的机械装置有着很好的保护性，大大延长了浮鼓的寿命。

锚泊装置主要用来固定智能浮鼓，由钢丝绳和沉石构成。锚泊装置在浮鼓自动收放功能的实施中具有重要意义，钢丝绳的长度以及锚石的重量选择需依据浮鼓所需移动距离、水流拉力、重心力、泥石堆积等因素，水越深，钢索铰链在水中悬浮的长度加大，垂直拉力就增加。反之，水越浅，钢索铰链在水中悬浮的长度减少，垂直拉力就降低。

控制系统是智能浮鼓运行的重要组成部分，由终端通信检测系统、航标灯控制、升降机控制、传感信息检测、蓄电瓶电源及太阳能充电电路构成（见图 2-25）。实际状态下，如果浮鼓的钢索足够长，由于水流风力和杂物的阻挡等外来的因素，会将浮鼓不断地向一方向运动，钢索将倾斜拉住浮鼓已达到静止平衡位置，这一位置会因为钢索的"足够长"而使得浮鼓偏离设定的位置范围。当钢索的长度小于水深的深度时，

钢索将浮鼓向下拉，这个向下拉的力由基石承受并产生新的平衡。恶劣的情况下，有可能将浮鼓淹没水下或将钢索拉断。因此，根据水深变化，随时调整钢索悬浮在水中的长度是控制智能浮鼓保持正确的位置的关键。整个系统由太阳能充电电路提供电源支持，并通过传感信息检测系统实时检测周边环境以及浮鼓自身状态，判断水位状态以及自身拉力系统、定位、钢缆倾斜角度是否合理，从而升降机控制自动升降钢缆，达到在不同水位情况自动调整浮鼓标位。

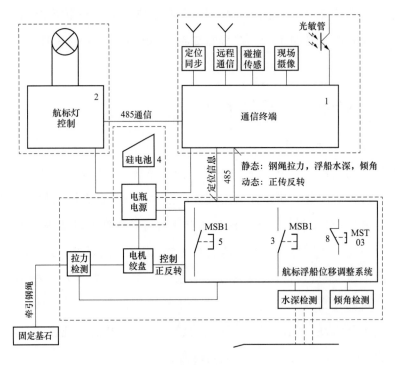

图 2-25　智能浮鼓控制系统结构框图

终端通信检测和航标灯控制系统为浮鼓的航标灯夜间引航以及航道数字平台监测提供数据。辅助装置和灯架是浮鼓的基础结构设计，辅助装置主要由吊具和耐磨装置构成，吊具为两个直径为 50mm 的圆钢，为自动收放缆提供硬件支撑。灯架为 40×3 的角钢焊接成四棱锥体，用于支撑航标灯，为船舶夜航提供指引。

（二）智能浮鼓工作原理

智能浮鼓主要通过实时检测模块、智能调节和报警模块、遥控遥测智能化模块、远程实时视频观测模块和自动收放缆绳模块进行工作，工作原理如图 2-26 所示。具体阐述如下：

智能浮鼓在长江上游库区航道应用时，首先通过实时检测模块对航标灯船的位置、航标灯设备的电气参数（电压电流）、船体机械性能（倾斜角度和碰撞）、环境的水深及气象参数进行检测。当浮鼓自身或者水位情况有关参数偏离系统预设正常范围时，智能调整和报警模块会做出反应：按规定程序自动调节，自动收放缆绳模块按照相应的参数设定规则自动收紧或放松浮鼓的牵引绳索，使之位置偏差回归正常。与此同时实时检测的参数数据远程传输至服务器控制终端，系统自动比较、分析并做出判断，通过远程控制和终端界面的显示报警，完整的反映浮鼓实时工作状态及性能，从而减少工作人员外出巡视的出航次数，降低工作人员的劳动强度、节约维护成本以及保证航标正常工作。除此之外工作人员还可以通过远程实时观测模块对发生疑虑情况（如：碰撞、倾斜和航标灯未能正常工作的报警）进行远程视频监视，详细的了解浮鼓的周边环境以及核实报警事件的真实性，及时迅速应对突发事件和有效掌握浮鼓数据，实现航标维护的智能化管理模式。

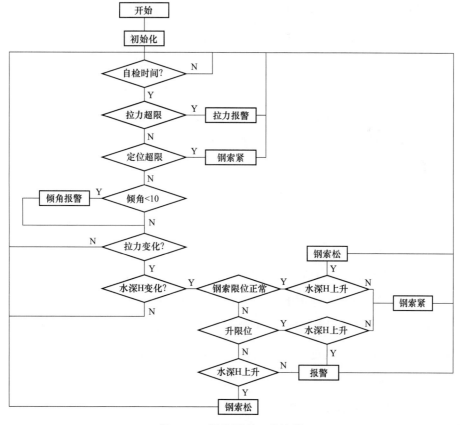

图 2-26 智能浮鼓工作流程

（三）智能浮鼓的功能

（1）浮鼓标身采用 PE 高分子材料，抗冲击、耐腐蚀，在无重大碰撞或事故的情况下，可在五年内免维护，仅需日常清洁保养。

（2）圆盘底座形设计，遇大量漂浮物可自动旋转方向，同时钢缆从浮鼓中心底座设置于水下，可显著减少漂浮物的缠挂。"双重保险"的设计，确保浮鼓始终处于设计的位置区间内。

（3）集成的自动测深仪可以实时探测标位处的水深，接入数字航道系统后，可将数据同步回传，为航标优化调整及水情信息的分析、决策提供依据。

（4）通过建立钢缆长度与水深变化、GPS 定位漂移值变量、钢缆受力感应值的参数模型，可根据水位变化实现自动收放钢缆，随水位自动调整标志位置的功能。

（5）加载的视频监控设备，可对周边气候及水文环境信息进行实时采集传输，可用于航道监测及航道保护取证。

（四）智能浮鼓的性能

智能浮鼓直径为 3.5m，直径偏差±1%，其平衡性能较强，正常运行时其倾斜角度不超过 10°，水密性在连续加压 20kPa 下维持 10min 无泄漏，压力不下降；浮鼓适应水深为 35～65m，可根据水深情况自动收放钢缆，回旋半径≤30m，缆绳收放速度≥0.5m/min；配备的供电电源能满足连续阴雨 60 天的天气条件下，电机连续运行次数≥120 次；配备的太阳能充电系统在正常光照情况下，太阳能充电系统日充电量大于浮鼓上设备运行用电量，且预留外接充电接口。

（五）智能浮鼓适应条件

经研究试验，在海拔 175m，全年气温在－5～＋40℃库区航道条件时，智能浮鼓的可靠性极高，可在通视条件、气象条件很差的情况下正常工作，防水、防风、防浪、防碰、防雷等级达到要求。

此外，在软件层面，其兼容性、扩展性较强，终端设备数据传输准确、完整、及时；所采用的软件、硬件及数据的传输方式符合行业的相关标准；预留了软、硬件接口，可与数字航道系统及其配套设备相融合。同时，在使用时，智能浮鼓可实现机电一体化控制，通过预设浮鼓旋回半径阈值、航标水深阈值、钢缆受力阈值等多项运行参数，让浮鼓自适应水情变化，自动进行收放缆，该项功能的实现，保障了浮鼓在大水位落差条件下库区航道的适用性。

（六）现场试验

在万州航道处开展了智能浮鼓相关的研究与试验应用工作，截至 2020 年 12 月，在库区示范段共建设应用了两座智能浮鼓（见图 2-27）：通过 231 天前期智能浮鼓试验性设置，确认其各项技术指标满足上标使用要求后，浮鼓于 2020 年 8 月 5 日设置在关刀峡水道口前标位上（长江上游航道里程 216.7km，左岸），发挥其助航功能，8 月 22 日在关刀峡水道光武嘴标位（长江上游航道里程 217.6km，右岸）上正式使用。

图 2-27　智能浮鼓在长江上游库区航道的现场试验

通过应用情况分析，在经受了 2020 年长江 4 号、5 号洪水的冲击，特别是面临百年一遇的长江 5 号洪水时，大量的杂草、竹竿、生活垃圾等漂浮物对航道造成较大影响，长江安坪航道处对其加大监视、观察反映：浮鼓浮态正常，倾斜角度小，漂移最大值基本控制在 30m 范围内，各类传感器、自动升降电机运行良好。通过数字航道动态监测平台数据进行分析，从 8 月 5 日至 9 月 7 日，共调取漂移值数据 460 个，漂移值在 10m 以内共计 236 次，10～20m 以内共计 187 次，20～30m 以内共计 27 次，未有超过 30m 的情况。

因此，智能浮鼓在库区不同水位期助航效能可得到有效保障，满足库区航道的适用条件，可有效解决库区浮标受漂浮物影响、不能自动收放缆调整标志位置的难题。

（七）智能浮鼓在长江上游库区航道推广应用可行性分析

智能浮鼓采用 PE 高分子材料，具有免油漆保养，抗江水腐蚀等特点，其集成有 GPS 定位、360°监控、测深仪等信息监测传感器，并采用自动收放缆工作模式，可根据水位的变化实现钢缆的自动收放或远程遥控收放，同时，其圆盘标身及内置钢缆设计，遇到漂浮物冲击可显著减少漂浮物的缠挂，可有效减轻库区航道漂浮物缠绕浮标锚索具的问题，提高库区航道维护效率。现场试验表明，智能浮鼓能较好地适应库区航道条件，实际应用效果表现较好。然而，在上游航道中作进一步推广应用还需解决维护硬件及管理上的不足，主要如下：

（1）现有的库区维护船艇不能满足智能浮鼓的设、撤维护工作需要。

（2）智能浮鼓维护标准较高，浮鼓的内部结构复杂，维护时需要严格按照维护保养手册进行操作。

（3）管理手段不足，没有与之匹配的操作指南。

若解决上述问题，则完全具备在库区航道推广应用的可行性。因此，下面将提出解决上述问题的维护对策。

四、智能浮鼓养护的维护船艇及设备选型

（一）关键技术指标

1. 维护浮鼓能力

航标船须配备有船用起重器械、机械吊臂等起吊 10m 标志船、15m 标志船（非必须）、ϕ2400mm 浮鼓、ϕ3050mm 浮鼓、ϕ3500mm 浮鼓（非必须）的能力。同时配有适应上述起吊能力的液压系缆绞盘。

2. 日常养护能力

航标船除满足浮鼓维护的需要外，还需满足库区维护船艇日常巡查航、航道测量、维护传统航标的能力及需要。

3. 抗风抗浪等级

在遇极端恶劣天气及汛期航道条件下，达到要求的船舶抗风抗浪等级。

（二）维护船艇及设备选型

根据选型原则、依据和关键技术指标，按照"厉行节约、注重实效"的原则，本书通过多方问询和走访调研，初步确定了四款船型，针对他们适应上述关键指标的能力进行了评价（很好、较好、一般、较差）。具体型号如表 2-11 所示。

表 2-11　　　　　　　　　　　　维护船艇及设备型号

序号	设计单位	船艇型号	设备型号	维护浮鼓能力	日常养护能力	抗风浪等级
1	武汉长江船舶设计院	长江 50m 级航标船	10t×12m，吊臂（前甲板）	较好	一般	较好
2	长江船舶设计院	长江 40m 级 A 型航标船	7t×12m，吊臂（前甲板）	较好	很好	较好
3	长江船舶设计院	长江 50m 级航标船	10t×12m，吊臂（前、后甲板）	很好	一般	较好

序号	设计单位	船艇型号	设备型号	维护浮鼓能力	日常养护能力	抗风浪等级
4	中国船舶工业集团公司第七〇八研究所	长江 70m 级航标船	13（10）t×20（13）m，伸缩吊臂（前甲板）	很好	较差	很好

经分析探讨，上述四种维护船艇都可用于库区标志船（10m、15m 标志船）、浮鼓（ϕ2400mm、ϕ3050mm 浮鼓）、灯架及船用物资的吊装、转运以及应急套标等，完全满足库区浮鼓维护所需。但序号为 1、3、4 的各型船艇，由于存在干舷较高，不易进行普通标志船的日常维护；操作流程复杂，对船员综合素质要求较高；船型较大需配置较多船员进行操作等问题，故不推荐作为目前万州航道处智能浮鼓维护选型船艇。

序号为 2 的"长江 40m 级 A 型航标船"可用于航标的设置、调整、撤除、恢复、巡检和日常维护管理等，船舶是单底、单甲板、全焊接的钢质船舶，纵流首宽甲板双尾船型，干舷较低，且甲板高度距浮鼓和标志船高度均为宜，方便船员进行维护。船舶主尺度约为 36.02m×7.5m×1.5m（船体总长×型宽×设计吃水），航速约为 24km/h，航区为内河 A、B 级。双机、双桨、双舵，柴油机推进，主机额定功率 243kW×2，船首部主甲板设置了一台 7t×12m 的克林吊，能将 10m、15m 标志船和ϕ2400mm、ϕ3050mm 浮鼓进行起吊维护。该船配备一台 10kN 液压系缆绞盘、一台 150kN 液压绞盘（主缆绞盘）、一台 20kN 液压绞盘（过手绞盘）及其液压驱动和控制系统，用于绞缆操作。

综上所述，长江船舶设计院设计的"长江 40m 级 A 型航标船"及其配套设备可作为库区智能浮鼓维护船艇的主要参考，有效解决了维护硬件的问题。

五、智能浮鼓维护对策

（一）浮鼓维护操作

以"长江 40m 级 A 型航标船"为例，各船舶维护操作ϕ3050mm 浮鼓所需船用材料如表 2-12 所示。

表 2-12　　　　　　　　各船舶维护ϕ3050mm 浮鼓所需船用材料

序号	名称	规格	数量
1	钢丝	ϕ22mm	50m
2		ϕ24mm	50m

序号	名称	规格	数量
3	卸扣	ϕ50mm	10 个
4		ϕ60mm	10 个
5	吊钩	7t	2 个
6		2t	4 个
7	吊带	7t	4 根
8		2t	2 根
9	四爪锚	30kg	2 口

1. 浮鼓设置规程

（1）浮标安装：①浮架应与浮鼓底脚用螺栓固定，每脚固定应不少于 2 个螺栓；②灯器和天线应牢固安装在浮架的灯盘上；③电池、航标遥测遥控终端摆放在电池箱中并固定，确保不移动或晃动；④太阳能板应安装两块，高度不应低于浮架护身圈；⑤连接太阳能板、天线、电池、航标遥测遥控终端及灯器，并测试航标灯和终端是否正常工作；⑥浮架四面按标准印刷标名及长江航道局的 LOGO，在电池箱盖上印刷水道名称，在浮鼓鼓面印制浮具编号和联系方式标识。

（2）抛设浮标：①根据所抛水域水文情况，确定锚链的数量及沉石的规格；②起吊并整齐排放锚链；③锚链末端用卸扣正确牢固地连接于沉石；④用相应的吊带，吊起沉石，缓慢移至舷外侧马口位置后，用止链器固定；⑤起吊浮鼓移至舷侧，进行锚链与短链的连接，上止链器固定后，放入水中，收起主钩；⑥到达抛设点时，在船长发出抛设指令后，为避免锚链缠绕，甲板人员应立即先敲掉沉石锚链止链器，待甲板锚链快抛完时再敲浮鼓锚链止链器，完成抛设。

（3）复测：①待浮标稳定后，驾驶员应操纵船舶对设置浮标进行定位，收集坐标信息；②如果实测位置超过规范要求，需对浮标进行调整，直至满足要求为止；③将浮标设置的位置信息报处监控中心。

2. 浮鼓撤除规程

（1）在套绞作业前，作业人员应拉好套绞钢丝，当套绞钢丝挂上吊臂挂钩后，套绞钢丝在吊臂的牵引下，向舷外侧移动升高至合适位置。

（2）套绞钢丝在沉石绞盘上，圈数为 6 圈以上。

（3）使用ϕ22mm 回手钢丝连接套绞卸扣。

（4）船长将船舶平稳地靠上浮鼓。

（5）在舱面指挥人员指挥下，拉脱套绞钢丝并起绞。

（6）马鞍链出水至甲板时，利用锚链夹头夹住马鞍链固定，然后在短链处卸下锚链上的连接卸扣，绞余下的锚链及沉石。

（7）绞起锚链进行清理，重新排列或移至合适区域。

（8）沉石绞起后，利用吊机将沉石吊上船、将浮鼓固定在船舷或船艏，即完成撤标任务。

3．浮鼓调整规程

①套绞；②抛设；③检测。

（1）待浮标稳定后，驾驶员应操纵船舶靠泊浮标进行定位。

（2）打开电瓶箱检查电池、终端安装是否稳固。

（3）用万用表检测航标灯工作电压、工作电流，确保灯器与电源系统处于正常工作状态。

（4）检查连接线是否绑扎牢固、不晃动，接头处是否松动。

（5）检查太阳能板、灯器、浮架安装是否牢固。

（6）如果实测位置超过规范要求，需对浮标进行调整，直至满足要求为止。

在进行智能浮鼓维护操作时，安全作业事项和维护管理规定详见文献［71］，受篇幅所限，此处不再详述。

（二）维护保养手册

（1）每月视察浮鼓内舱内是否干燥。减速机周边是否有油渍（无论干或湿），并检查减速机油杯油位是否正常。

（2）禁止杂物特别是导电体物质掉入电池舱内。

（3）每季度检查减速机绞龙限位开关是否正常。

（4）每15天后遇阳光天气检查充电电流是否大于10A。检查太阳能充电板感光面是否有灰层及污渍覆盖，并及时清理干净。

（5）每15天连阴后需要检查电池电压是否在22～28V范围内。

（6）每30天检查GPS定位，水深仪监测数据是否正常。

（7）每天测试视频效果，雨雾天后，注意视频镜头清洁。

（8）随时满足通信卡的资费要求，避免通信故障误判。

（9）减速机绞龙钢丝槽应清洁明亮，可以稍有锈点，但锈蚀加多说明环境潮湿并需要检查原因。

（10）随时观察浮鼓吃水深度及基本倾角在正常范围内，并由此判断检查浮鼓塑料腔体是否溢水现象。

六、经济效益分析

（1）智能浮鼓在长江上游库区航道应用可进一步解决传统标志船存在的渣草缠绕、抗风浪强度低、抗腐蚀能力弱、维护成本高、系泊设备多等实际问题，亦可减少航道维护人员的出航次数，减少汛期重新布设航标的工作，能够节约许多人力、物力和财力，具有较高的经济效益。

现以三年为一个维护保养周期，期间每年经历一个枯、洪水期，从航标优化调整次数、维护人员工时消耗、航标器材损失等方面，对比分析传统标志船和智能浮鼓的相关经济指标，如表 2-13 所示。其中，维护人员的工作内容包括日常检查、清除渣草、调整位置、收撤航标等，传统标志船每三年平均维护 12 次，智能浮鼓维护 2 次，维护人员费用按照每人每时 100 元计。由于传统标志船维护次数较多，维护船舶及设备燃油消耗柴油 1.2t，智能浮鼓的维护则消耗柴油 0.2t，每吨柴油约为 6000 元。通过实际观测，传统标志船每三年平均失常 2 次，航标器材（主要是锚石、钢缆等）损失 2 次，每次按 2000 元计，而智能浮鼓在洪、枯水期运行稳定，失常 1 次，航标器材（主要损耗钢缆）损失 1 次，每次按 500 元计，传统标志船每三年进行油漆保养，每次 3000 元。通过计算表明，在一个周期内，传统标志船的维护保养费用为 50200 元，约为智能浮鼓维护费用的 14 倍。

表 2-13　　　　　　　传统标志船和智能浮鼓的相关经济指标对比

类型	航标调整维护次数	维护人员工时消耗（h/次）	航标失常次数	航标器材损失（元/次）	维护船舶及设备燃油消耗（t）	油漆保养次数	维护保养费用（元）
传统标志船	12	5人×6	2	2000	1.2	1	50200
智能浮鼓	2	5人×2	1	500	0.2	0	3700

（2）促进长江万州航道航标实现智能化，为"擦亮行轮眼睛"航标专项行动，构建"畅通、平安、优质、智能、美丽"的现代化航道体系提供重要支撑，具有重要的社会效益。

（3）进一步减少维护船舶的出航次数，节约燃油，且智能浮鼓防腐蚀能力较强，油漆保养的次数少，对减少碳排放、构建绿色长江内河航运、建设生态航道具有重要的生态环境效益。

（4）智能浮鼓具有长江上游库区航道推广应用的广阔前景，主要应用于水位变幅在 30m 以内的大水位落差库区航道，后续可在涪陵、丰都、忠县、万州、云阳、奉节、巫山等常年三峡库区航道段广泛应用，从而更好地发挥智能浮鼓的使用价值和效果。

第四节　长江干线岸标规范方案研究

一、岸标选型及技术要求

长江干线上、中、下游各河段面临的两岸地形地貌、航道条件、维护技术等级差异较大。通过对比分析各河段特点，岸标选型基于以下几方面确定：

（1）遵照标准规范，依据现有岸标实际情况，求同存异，保持岸标结构、尺寸的连贯性。

（2）随着长江航道建设发展及船舶用户需求，杆形标的使用缩量，塔形标的使用需求量明显增加。

（3）除上游非库区及三峡库区回水变动区河段岸标移动频繁，其他河段岸标位置相对固定。对移动频繁的杆形标需首先考虑重量轻，结构简单，便于移动的要求。

（4）长江干线航道从上至下技术等级越高，河面宽度从长流域及分上、中、下游短河段来看，基本都呈现越来越宽形态，岸标的辨识要求从上至下越来越高。

（5）岸标的结构和部件设计考虑功能齐全、维护方便、作业安全的要求。

（6）岸标标名标识设计考虑既要展现行业形象，又要结合实际、简单一致、整体协调，便于实施的要求。

本书从各河段航道技术等级、航道条件、现配置使用情况等因素综合考虑，杆形岸标按照上游非库区河段、上游库区河段、中下游河段三个区段确定运用类型及技术要求；塔形岸标全线确定主要运用类型及技术要求；简易平台标由上游非库区河段根据航道情况和边界条件自行确定。

二、杆形岸标

（一）杆形岸标规格

1. 主体尺寸

上游非库区河段杆形岸标采用 5.5m 整体式结构（含标体总长度）。上游库区河段采用 7.5m 整体式结构（含标体总长度），配套建设 1.5m 移动灯桩。中下游河段采用 7.5m 整体式结构（含标体总长度）。

2. 材质

杆形岸标主体材料铝合金、钛合金，移动灯桩选钛合金、铝合金材料。

3. 颜色

依据文献［41］规定执行，须涂横纹或斜纹的标杆，涂色的纹宽为 350mm，斜纹角度 45°。

4. 标名标识

航标标名：标名字数不宜超过 4 个。

标名牌尺寸：标名牌采用长方形，材质与灯架一致，长 80cm，高 40cm。

字体与颜色：黑体字，左岸白底黑字，右岸白底红字。

字体尺寸：文字高 25cm、数字高 20cm，数字与文字间距 5cm；LOGO 高 5cm，下底边与标名牌下底重合，上底边与文字间距 5cm；标名文字上沿至标名牌上底间距 5cm。

中游河段 1～96 号过河标使用杆形岸标时，需在顶标面向航道方向上下面板标注过河标数字序号，单个数字高度按正方形标牌边长的 80%，宽度按正方形标牌边长的 40% 控制。

（二）杆形岸标主要技术要求

1. 5.5m 整体式杆标

设计高度：5.5m（包括标杆和顶标标体）。由基础平台（不算高度）、标杆和顶标标体组成。

根据不同的地质条件，基础平台可采用不同的稳固结构形式。对于土质地基可采用现浇 C25 混凝土基础；对于岩石地基采用砂浆锚杆基础形式并固定法兰底座，锚杆钻孔深度不小于 1.0m，采用 ϕ20mm 锚筋、M30 砂浆灌孔，并用 C15 细石混凝土找平和嵌缝。

标杆采用外径 ϕ110mm 的高强金属管制作，纹宽 350mm，标杆上下端分别安装直径 250mm、260mm 的法兰盘，连接上端顶标标体、下端基础平台法兰底座，下端面可采用套筒式结构，将标杆下端嵌入基础平台。

标名牌、航标灯架用抱箍固定，标名牌下沿距标杆下端面 3.5m，面向航道方向。航标灯架距标杆下端面 2.5m。

2. 7.5m 整体式杆标

设计高度：7.5m（包括标杆和顶标标体）。由基础平台（不算高度）、标杆、扇形平台和顶标标体组成。采用内置航标遥测遥控终端及一体化航标灯时可不安装扇形平台。

基础平台可根据不同的地质条件采用不同的稳固结构形式。对于土质地基采用现浇 C25 混凝土基础，基坑开挖后采用浆砌块石回填整平。稳固设施由三对地牛和稳绳组成，地牛尺寸 0.5m×0.5m×0.5m，稳绳为 ϕ8mm 不锈钢丝绳和 ϕ12mm 花兰螺栓连接。对于岩石地基采用砂浆锚杆基础形式并固定法兰底座，锚杆钻孔深度不小于 1.5m，采用 ϕ20 锚筋、M30 砂浆灌孔，并用 C15 细石混凝土找平和嵌缝。

采用外径 ϕ133mm 的高强金属管制作，纹宽 350mm，设置组合式不锈钢扇形平台，用于安放太阳能电池板及遥测监控终端设备，用抱箍固定。扇形平台上沿距标杆下端面 2.5m；标杆上下端面设置 250mm、300mm 法兰盘，连接顶标标体和基础平台法兰底座，下端面可采用套筒式结构，将标杆下端嵌入基础平台。

标名牌、航标灯架用抱箍固定，标名牌下沿距标杆下端面 4.5m，面向航道方向；航标灯架距标杆下端面 3.5m。

上述两种杆形岸标主要技术要求统计如表 2-14 所示。

表 2-14 　　　　　　　　　　杆形岸标主要技术方案

种类	5.5m 整体式	7.5m 整体式
设计高度	5.5m（含顶标标体）	7.5m（含顶标标体）
颜色	按国家相关标准执行	
标名标识	字数：不宜超过 4 个字。 标名牌尺寸：长 80cm，高 40cm。 字体：黑体字；左岸白底黑字，右岸白底红字。 字体尺寸：文字高 25cm，数字高 20cm，间距 5cm，LOGO 高 5cm	
材质	铝合金、钛合金	铝合金、钛合金
主要部件	基础平台、标杆和顶标标体	基础平台、标杆（扇形平台）和顶标标体
标杆直径	ϕ110mm	ϕ133mm
纹宽	350mm	350mm
部件连接	上下法兰	上下法兰
标铭牌安装	抱箍固定、距标杆下端面 3.5m	抱箍固定、距标杆下端面 4.5m
航标灯安装	抱箍固定、距标杆下端面 2.5m	抱箍固定、距标杆下端面 3.5m

三、塔形岸标

（一）塔形岸标规格

1. 主体尺寸

结合各河段航道条件、现配置使用情况、选型意见建议等因素，本方案推荐长江全线塔形岸标选型为 10m、15m（不含基础承台和顶标高度）。若需要建设大型景观塔形岸标，需报长江航道局批准方可实施，建议高度 20m、30m、40m 三种。

2. 材质

主要材质推荐：防锈铝合金。

主要类型推荐：10m 铝合金、15m 铝合金；库区河段配套建设 1.5m 移动式灯桩。

3. 颜色

依据文献［41］规定执行。须显示横纹或斜纹的，纹宽为：高度 10m，纹宽为 1.5m；高度 15m，纹宽为 1.75m，高度 20m 以上（含 20m），纹宽按塔体高度的 1/10 控制。

4. 标名标识

航标标名标注于塔身之上。标名不宜超过 4 个汉字，在塔身中节面向航道方向自上而下喷涂，一节一字。标名为 2 个字时标注于第 3、5 节，标名为 3 个字时标注于第 3、4、5 节，标名为 4 个字时标注于第 3、4、5、6 节。

航标标名字体尺寸：喷涂单个字体边长按塔身中节直径的 80% 控制。中游河段 1～96 号过河标使用塔型岸标时，需在顶标面向航道方向上下面板标注过河标数字序号，单个数字高度按标牌边长的 80%、宽度按标牌边长的 40% 控制。原则上，过河标标牌用数字标识、塔身用地名标识，沿岸标塔身采用地名标识。

字体与颜色：采用黑体字，左岸白底黑字、黑底白字，右岸白底红字、红底白字。局徽图案按长江航道 VIS 标识进行比例放大，高 60cm，面向航道方向喷涂于塔身围栏节外侧。底座承台上可安装铭牌标注管理单位、建成时间，以及"航道设施、法律保护""登高危险、禁止攀爬"等警示提示语，警示提示语采用红色加大加粗字体。

（二）塔形岸标主要技术要求

1. 灯塔底座

灯塔底座包含基础和承台两部分，上部为岸标承台。基础根据实际地形地质情况确定，需确保结构牢固，受力稳定；基础位置的选择原则上应保证承台上平面高水位时不被淹没。承台分圆台和正方体两种结构形式。

长江中下游河段统一采用圆形承台，承台直径分别为 10m 灯塔 3.2m、15m 灯塔 3.4m，高度均为 1.5m；承台上加装不锈钢护栏，护栏高 1.0m；承台上安装塔体预埋件，留排水沟，外墙贴白色竖条瓷砖。

长江上游可采用正方形承台，承台边长分别为 10m 灯塔 3.2m、15m 灯塔 3.4m，高度均为 1.5m；承台上加装不锈钢护栏，护栏高 1.0m；承台上安装塔体预埋件，留排水沟，外墙贴白色横条瓷砖。

2．灯塔塔身

（1）10m 铝合金塔标。塔身高度为 10m，自上至下分别由围栏节、上锥节、中节（3 节）、门节和下锥节共 7 节组成，可依次编号为第 1、2、3、4、5、6、7 节，节间通过法兰和不锈钢螺栓连接。塔身围栏节高 1.0m，上锥节、中节、门节和下锥节高度均为 1.5m。塔身围栏节直径为 1.8m；上锥节上下端直径分别为 1.8m、1.0m；中节、门节直径 1.0m；下锥节上下端直径分别为 1.0m、1.8m。

围栏节与上锥节间、门节与下锥节间均安装同直径维护平台；上维护平台一侧开设设备检修通道、排水孔。塔身内设爬梯、排水管。塔身材料为防锈铝合金，筒体壁厚 8～10mm。塔身外立面颜色为单节黑（红）色、双节白色，采用氟碳烤漆。非库区河段围栏节上部靠航道一侧设航标灯灯座；库区河段可采用灯标分离结构，在基础平台上配套使用 1.5m 高的移动灯桩，航标灯安放在移动灯桩顶端。

（2）15m 铝合金塔标。塔身高度为 15m，自上至下分别由围栏节、中节（7 节）、门节共 9 节组成，可依次编号为第 1、2、3、4、5、6、7、8、9 节，节间通过法兰和不锈钢螺栓连接。塔身中节和门节高度均为 1.75m，直径均为 2.0m（第 2 节上部异形）；围栏节高 1m，直径 3.2m，并安装同直径维护平台。维护平台一侧开设备检修通道、排水孔。塔身内设钢结构楼梯支架及旋转楼梯、排水管。

塔身材料为防锈铝合金，筒体壁厚 8～10mm。塔身外立面颜色为单节黑（红）色、双节白色，采用氟碳烤漆。非库区河段围栏节上部靠航道一侧设航标灯灯座；库区河段可采用灯标分离结构，在基础平台上配套使用 1.5m 高的移动灯桩，航标灯安放在移动灯桩顶端。

3．顶标支架

顶标支架采用三角支架结构，三角支架高 1.6m，底边长 1.4m；支架顶部设太阳能板支架以及用于固定顶标的法兰盘和套筒；支架采用高强度角钢制成，并做防锈处理；

支架可采用法兰与塔体上维护平台固定。支架与顶标间隔 20cm。

塔型岸标主要技术要求统计如表 2-15 所示。

表 2-15   **塔形岸标主要技术要求方案**

类型		10m 铝合金	15m 铝合金
塔身高度		10m	15m
塔身壁厚		8～10mm	8～10mm
塔身材质		防锈铝合金	防锈铝合金
塔身颜色		按国家标准执行	按国家标准执行
灯塔承台	圆形承台（中下游河段）	承台直径为 10m 灯塔 3.2m、15m 灯塔 3.4m，高度均为 1.5m；承台上加装不锈钢护栏，护栏高 1.0m；承台上安装塔体预埋件，留排水沟，外墙贴白色竖条瓷砖	
	正方形承台（上游河段）	承台边长为 10m 灯塔 3.2m、15m 灯塔 3.4m，高度均为 1.5m；承台上加装不锈钢护栏，护栏高 1.0m；承台上安装塔体预埋件，留排水沟，外墙贴白色横条瓷砖	
塔身结构		自上至下分别由围栏节、上锥节、中节（3 节）、门节和下锥节共 7 节组成	从上至下分别由围栏节、中节（7 节）、门节共 9 节组成
围栏节尺寸		外径 1.8m、高 1.0m	外径 3.2m、高 1.0m
中节纹宽		1.5m	1.75m
中节尺寸		直径 1.0m	直径 2.0m（第 2 节上部异形）
塔身外墙材料		喷涂氟碳烤漆	喷涂氟碳烤漆
内爬梯结构		直爬梯	钢结构楼梯支架及旋转楼梯
标名标识		1. 黑体字；左岸白底黑字、黑底白字，右岸白底红字、红底白字；单个字体边长按塔身中节直径 80% 控制； 塔身中节面向航道方向自上而下喷涂，一节一字。标名 2 个字时间隔喷涂，标名 3～4 个字时连续喷涂。 2. LOGO 高 60cm，标注于围栏节面向航道方向。 3. 铭牌标注管理单位、建成时间，以及"航道设施、法律保护""登高危险、禁止攀爬"等警示提示语，警示提示语采用红色加大加粗字体	
顶标结构		三角支架，与标体通过法兰和套筒连接	三角支架，与标体通过法兰和套筒连接

四、岸标顶标

（一）尺寸

严格按《内河助航标志的主要外形尺寸》（GB 5864—1993）及长江航道局《航道维护管理工作规定》中的各河段岸标尺寸进行规范。各类尺寸岸标配套顶标尺寸具体如表 2-16～表 2-18 所示。

表 2-16　　　　　　　　　　　　　过河岸标顶标尺寸

序号	外形尺寸（m）			视距（km）
	岸标高度	标顶高度	顶标宽度	
1	5.5	0.9	0.9	1.5
2	7.5	1.2	1.2	2.0
3	≥10	1.5	1.5	2.5

表 2-17　　　　　　　　　　　　　侧面岸标顶标尺寸

序号	外形尺寸（m）						视距（km）
	锥形顶标			罐形顶标			
	岸标高度	顶标高度	顶标下底宽度	岸标高度	顶标高度	顶标直径	
1	5.5	1.2	1.2	5.5	1.2	0.8	1.5
2	7.5	1.5	1.5	7.5	1.5	1.0	2.0
3	≥10	1.5	1.5	10	1.5	1.0	2.5

表 2-18　　　　　　　　　　　　　沿岸标顶标尺寸

序号	外形尺寸（m）		视距（km）
	岸标高度	球体直径	
1	5.5	0.9	1.3
2	7.5	1.2	1.7
3	≥10	1.5	2.2

（二）材质

可采用钢质、铝合金、不锈钢骨架，铝塑面板贴反光膜，亦可定制高分子材料组合标体。锥体、罐体、过河标顶标采用格栅条状，沿岸标可采用条状或镂空。

（三）颜色

按国家相关标准执行。

第三章

长江上游数字航道建设关键技术

如何释放内河运输的潜力和效能，提升航运信息化、智能化水平是突破点。内河数字航道建设是实现内河航运信息化、智能化的基础性工作。"十二五"以来，长江干线航道管理部门将数字航道建设作为推进服务转型的重要工作内容，在合江门至兰家沱段、兰家沱至鳊鱼溪段、鳊鱼溪至大埠街段、大埠街至上巢湖段、上巢湖至浏河口段开展数字航道建设，构建航道动态监测平台、航道维护管理平台，实现对辖区航道内航标、水位、工作船舶的数据采集与实时监控，同时实现长江干线兰家沱至浏河口段航标维护管理、水位信息管理、船舶管理、物资器材管理、航道维护尺度管理、航道生产任务管理、控制河段船舶通行指挥等业务管理和应用的数字化，全面提升航道维护管理效能。

第一节　数字航道的概念内涵及建设基础

一、数字航道的概念内涵及总体框架

内河数字航道的思想本源可以追溯到数字地球概念。数字地球是指利用数字技术与方法将地球表面地理现象和人类活动的时空特征建模，以便人们快速、直观了解地球，从而为经济社会可持续发展提供高质量服务。在此基础上，数字城，市、数字交通、数字农业等不同行业领域、不同尺度层次上的数字化理念、工程建设不断发展。内河数字航道也正是在这样的背景下产生的。目前，专家学者对数字航道的定义与内涵还存在认知不统一、概念不明晰的问题。文献［72］中定义"数字航道"是对航道管辖区域、管理对象及管理活动的数字化、虚拟化、网络化和可视化的航道信息系统。文献［73］认为对内河数字航道的理解不应仅停留在实体航道的数字化及可视化展现上，而是以不断完善的实体航道数字模型为基础，以航道规划、建设、养护、管理、服务等业务模型为核心，以航道数据资源的融合、共享、交互为纽带，面向各类航道组织主体，以各类业务的数字化应用为手段，横向推进航道业务模式的转型升级、纵向推进航道业务与航运等涉水相关业务应用的协同，是传统的内河航道及其业务的数字化再造。

本书立足长江航道特点和内河水运需求，认为数字航道本质上可以看作是数字地球理念在航道实体的具体应用，是对航道管辖区域、管理对象（航道自然及人文要素）及管理活动（船舶货物的运输流通）的数字化表现。综合运用测绘遥感、移动互联网、

地理信息等数字化技术，对航道空间区域、管理对象、航运活动进行建模，通过观测、整合、分析以及应用各种航道信息资源，实现航道业务流程、动态监测管理和辅助决策服务的数字化、网络化，为政府管理部门、航运企业、社会公众提供高效的航道信息服务。

基于上述对内河数字航道概念的理解，形成内河数字航道总体框架，如图 3-1 所示。该总体框架构成要素包括：感知层、数据层、平台层、应用层、网络层、支撑层和标准体系。其中，感知层监测体系感知航道要素变化，汇集到数据层形成航道多尺度、多分辨率、多时态的航道资源数据，为后续航道状态监测、养护管理等应用提供决策分析依据；网络层、支撑层为不同构成元素间的通信交流、软硬件运行维护提供支撑保障；标准体系是整个框架的基石，为内河数字航道设计与实现提供标准支持。

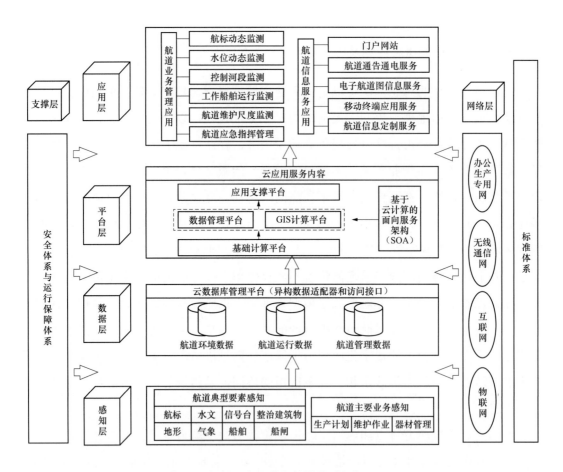

图 3-1　内河数字航道体系框架

二、数字航道建设基础

如图 3-1 所示，在内河数字航道体系框架中，感知层建设是内河数字航道工程的重要组成部分。感知层通过对内河数字航道主要业务的采集与感知，获取全面、准确、及时的航道信息，为数据的存储以及后续的一系列应用打下坚实的基础。

感知层是内河航道数字化监测体系，类似人的视觉、触觉、听觉等，包括航道典型要素感知系统和航道主要业务感知系统两部分构成。航道典型要素感知系统由一系列的感知设备构成的网络组成，实时观测航道要素与设施状态变化信息，实现水深、河床地形、水流、航标、各种标志标牌、整治建筑物、洲滩岸线等航道要素变化的快速测绘。航道主要业务感知系统负责对航道管理业务中产生的信息监测，包括各种生产计划的制定安排、航道资源设施维护作业、维护器材的管理使用以及工作船舶的分布与状态信息。其建设内容如图 3-2 所示。

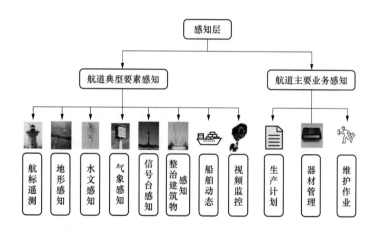

图 3-2　感知层建设内容

航道是内河航运的三大基本要素之一，航道数据是航运管理的最基础的依据。因此，航道数据采集技术是内河数字航道感知层的重中之重，包括航道水位、水流、地形、船舶定位及航标信息的采集技术。根据本书第一章长江上游航道条件以及运输服务总体情况和第二章浮标维护计划的内容，提炼长江上游数字航道感知层建设的关键技术，即航标感知、航道水位感知以及航道地形要素信息快速采集与预处理技术。同时考虑到上述航道要素存在多源异构性，本书提出航道要素多源数据自动融合与综合处理技术，并结合电子航道图，开展了航道要素信息综合应用示范。

第二节　国内外研究现状

一、航标运行信息采集技术研究现状

航标是反映航道尺度、确定航道方向、表示航行障碍物、帮助船舶安全航行的标志，主要用于船舶往来频繁、水文地理复杂的海域及港口，为船舶指示航线、转向点、浅滩、暗礁、沉船和禁航区等，对发展水上交通运输、海洋资源开发、渔业捕捞、国防建设和维护国家主权起着重要作用。航标设备运行状况的好坏，直接影响着船舶的航行安全。为适应当前海运业大流量、高安全通航的要求，使航标管理部门及时掌握航标的工作状态与相关信息，有针对性地对航标设备进行维护与检修，使维护人员从巨大工作量和艰苦工作环境中解脱出来，提高设备利用效率，降低运行维护成本，提高管理效率，建设智能化的航标遥测遥控系统极为必要。

纵观英、美、法、德等航运大国，早在 20 世纪 90 年代就利用现代电子技术和通信技术建立起了早期的航标智能化管理系统，为其海运事业提供了高效的服务。该版本系统主要检测浮标灯质以及电池是否工作正常等，但其存在造价高、体积大、耗电高、抗干扰弱等特点[74-75]。随着 GPS 技术和无线通信网络技术的发展，船舶交通服务系统（VTS）、全球导航卫星系统（GNSS）、地理信息科学系统（GIS）、船舶通用自动识别系统（AIS）等陆续投入运行，国外已经建立了成熟高效的智能航标系统[76]。

我国十分重视航标信息化的建设，交通运输部发布的《内河航道养护与管理发展纲要（2001～2010）》[77]和部水运局出版的《新理念——内河航道建设指南（2011）版》[78]均明确提出了在内河航道建设航标遥测遥控系统的要求，通过建设航标遥测遥控系统改变传统的航标维护模式，实现航标的远程监测与控制。长江上游航道在此方面尚处于初级建设阶段，缺乏技术力量支撑，依然实行重点设备（大型灯塔设备）专人职守，小型设备定期巡检、定时检测的管理方式，其基本工作流程如下：①值班人员定时人工记录航标设备的工作状态，按时报告上级航标管理部门；②航标管理部门将这些记录汇总后，再报告给上级航标主管部门。这种被动、滞后的信息传递方式，显著增大了航标管理的难度和成本，并且整个航标系统的工作状态不能及时地被检查到，需要工作人员进行定期地巡查，不能实时地监测航标工作状态。但在长江中下游航道和其他水系，航标遥测遥控系统的建设已经初具成效。文献［79］依托广州区内河航道，

基于 GIS 和 GPS 技术，设计了航标遥测遥控系统，并采用组合的通讯方式和数据存储结构，系统试运行效果良好。文献［80］详细分析了实现航标遥测遥控中数据采集、数据通信和控制技术，研发了数据采集终端，并在烟台航标处进行了工程实践。文献［81］基于黑龙江水系的航运特征，利用无线通信技术和网络互联技术，设计了航标遥测遥控系统网络结构，阐述了系统运行机制和系统功能需求。文献［82-83］依托安徽合肥境内水系，分别采用卡尔曼滤波法和伪距差分 GPS 定位技术对 GPS 数据进行修正，提高了航标遥控遥测系统的定位精度。文献［84］结合厦金航线水域航标的配布和运行特征，研究了 3G 通信原理、新一代视频编码压缩技术、高清网络摄像机以及太阳能供电系统，设计了航标遥测遥控无线视频监控系统。文献［85］针对长江航道对于远程监控航标状态的困境，提出了一种基于 ARM 芯片的航标遥测遥控系统的研制方案，并成功应用于长江航道南京辖区数字航道项目工程，取得了良好的效果。文献［63］基于武汉港区航道，利用北斗卫星导航定位技术，研发了航标无线监控系统，可实现航标位置信息和运行参数的实时监控。长江中游航道智能航标系统的研发技术在第二章已有描述，详见文献［34］，此处不再赘述。文献［64-65］依托长江上游航道，已经就航标位置智能校核技术进行了详细讨论，但其他航标信息的采集涉及较少。因此，建设完整的、适用范围广的航标遥测遥控系统仍然是长江上游数字航道当前的主要发展任务。

二、水位信息采集技术研究现状

水位是最为重要的航道要素，水位的高低决定着航道通过能力的大小，也是船舶通行安全的重要参考因素之一。在实现水文自动测报以前，一般是采用人工的方式采集水文数据，再利用电话或者电报向航运管理部门传送水文信息。在国外，美国和日本是较早探索水位自动化采集技术的国家。20 世纪 80 年代，美国 SM 公司与气象局合作，研发了一套水文自动测报设备，该设备由分立方式电子元器件组装而成，稳定性较差，应用范围较小[86-87]。随着计算机技术的发展，在美国，自报式超短波系统、卫星平台得到广泛应用。美国是唯一大面积使用流星余迹通信进行水文遥测的国家，其使用卫星系统（如极轨卫星环境数据收集系统 ARGos 系统）及大量气象同步卫星平台，均可进行水文数据传输。美国 SUTRON 公司已被美国海洋和大气局授权研制下一代水位测量系统，该系统将集成目前的海平面及大流域测量网络，用最先进的传感器、卫星传输手段，集中数据处理及接收[88-90]。日本已在全国范围内建成 26 个雷达雨量站，

2500 个地面雨量站和 2100 个水位站，这些测站采用先进的监测设备，数据通过遥测系统传输到工事事务所，收集全国的水文信息仅需 10 分钟，且每小时更新一次信息，事务所也可以通过监视器察看测站的运行情况。所有测站均实现无人值守，其监测系统集成化和综合程度极高[91]。此外，其他的一些先进国家在水文监测领域也开展了相关研究，其先进的水文监测系统除了能够自动收集、存储和传送水位数据，还可完成多种信息（流量、雨量等）参数采集和一些智能性的工作，甚至还可有效预报和监测气象和环境信息等，智能化程度相当高[92-95]。

我国水文监测系统建设已大致经历了起步、发展和网络化建设三个阶段。目前，从水利部机关到各流域、各省市已基本实现了水情、雨情信息的网络化传输，实现了信息的自动化接收、处理和分析[96]。文献［97］提出了检索式数字水位数据采集系统的设计方案，可实现对水位数据的采集与处理、电源智能控制等功能。文献［98］在单片机 MSP43OF169 控制下设计了水位监控管理系统，具有准确性高、功耗低等特点。文献［99］基于 PIC16F887 单片机技术，研发了水情自动测报终端，该产品具有可靠性、经济适用性、人机交互性和多方式存储等特点。文献［100-102］利用通用无线分组业务技术（GRPS）设计了水情自动测报系统的硬件系统和软件系统，并测试了其水文数据传输的稳定性和可靠性。文献［103］提出的无人值守水文站采用 ZigBee 网络和 GPRS 网络来分别完成水文信息短距离和远程传输，简单完成了水位数据、流量和降水量数据的测量，但目前仍处于调试阶段，其稳定性有待进一步检验。在国家防汛指挥系统工程项目的总体设计中，提出了将在全国范围内建设 224 个水情分中心、228 个雨情分中心。在水情、雨情信息的采集方面，一些流域和省市已建立了一定规模的水情、雨情信息自动测报系统，如赣江中下游流域[104]、广西龙江流域[105]、东义河流域[106]等。

经过多年的发展经验积累，我国的水文监测系统建设取得了巨大的进步。但相比较而言，国外发达国家仍处于领先地位，具体表现为：系统发展比较完善；传感器测报设备先进可靠；通信方式多样化且十分先进；分析预报技术成熟并积极采用先进的技术。在监测设备方面，国外的数据采集终端除了具有数据的自动采集、存储、处理和传输这些基本功能外，在传感器集成、多参数采集、监测设备智能化方面的技术也比较成熟。总之，我国大部分地区的水文监测系统建设还不够合理和完善，与西方发达国家还存在差距，信息采集、传输手段和技术的发展有待提升，信息时效性有待提高，还不能完全满足当今对水文数据实时、快速、准确、智能监测的要求。

三、航道地形采集与预处理技术研究现状

（一）航道地形采集设备

航道测深技术经历了直接测深、声学测深以及光学测深的发展过程，主要测量方法有杆式与测深锤的直接测深法、单波束或者多波束的声学测深法、机载激光的光学测深法[107]。早期的水深测量方法属于典型的直接测深法，主要是采用六分仪平面定位、测深杆或测深重锤同步测深，这种方法测量的水底地貌不连续，很难发现水中的航行障碍物。随着科技的迅猛发展，各种声学测深和光学测深设备应运而生，但目前主要使用的还是超声波探测设备[108-109]。对于水下碍航物的探测，根据不同探测目的，常用的声学探测设备有多波束测深系统、单波束测深系统、水声呐系统、侧扫声呐系统等。文献[110]对美国 RESON SeaBat7125 多波束测深系统的组成、操作流程进行了简要阐述，并对侯家湾、荆江河段广心洲边滩守护工程等进行了实际应用，测量效果显著。文献[111]在天津某航道疏浚工程中展开了 SEABAT8125 多波束测深系统的应用，总结了多波束测深系统安装测试方法及测量步骤。文献[112]重点比较多波束与单波束测深系统的异同，同时依托长江航道这一特定测量区域对二者的实测效果进行了对比，总结各自的优势以及适用条件。不难发现，多波束和单波束测深系统受制约的因素很多，任何一个因素都有可能影响测深结果的精确性，如安装和校准等，且抗干扰性较差，水下地形的一些特征点很可能被滤掉。文献[113]应用"水声纳"技术测量了内河浅水航道，发现该技术可以提升内河浅水航道水下地形测量的质量和效率。侧扫声呐是用于海底地形地貌调查及沉船、航行障碍物探测的一种海洋声学仪器，其声图的判读更受水下地形的影响，经常会造成声图的误判、漏判。文献[114]基于广西防城港核电建设中填海界址和面积动态监测项目，研究了侧扫声呐系统在水下界址线测量中的工作原理、影响因素以及解决方法，提出精确定位是侧扫声呐技术应用的关键。在光学测深设备方面，目前主要使用三维激光扫描仪。文献[115]描述了三维激光扫描测量技术的原理和工作流程，通过三维激光扫描测量技术在航道地形测量中的运用，总结了该技术的优势以及存在的问题。为了使航道测量更好地服务于数字航道建设，结合 GPS 技术，学者们探索了 GPS-RTK（RTK 为 real-time kinematic，实时动态载波相位差分）的现代测绘技术在内河航道测量中的应用。文献[116-118]详细介绍了 GPS-RTK 技术测量航道的工作原理、基本方法和操作流程等，并开展了相关工程实践，表明该技术能够快速、准确和高效地完成测量任务。随着长江干线北斗地基增

强系统的建成，学者开始尝试将北斗导航定位技术应用于内河航道测量。文献［119］依托长江下游张家洲水道，采用基于长江干线北斗 CORS 系统的 PPK（post processed kinematic，动态后处理）技术，进行了相关测量应用试验，发现其定位平面精度较高，但高程精度则不稳定。

近年来，学者们开始利用无人测量船和无人机航测技术对水下地形进行测量，并对相关技术作了深入研究。文献［120-121］详细阐述了无人测量船的工作原理、技术特点和需求分析，并在长江上游重庆段朝天门水道草鞋碛河段开展实测试验，总结了其优势与不足。目前，虽然国内在适宜于航道要素采集的无人遥控测量船研制与生产领域均已取得一定突破，实现了技术的产品化转换，但是大规模推广应用还需要解决要素地物空间坐标和属性数据间的关联缺失、船体位置缺乏精确定位、运行过程中存在安全隐患等技术问题。无人机航测技术方面，文献［122］报道了重庆航道测绘处首次使用无人机航测完成重庆江津兰家沱水道一红花碛水道跟踪观测两岸地形数据采集及后期处理工作。文献［123］分析了无人机的优势，可解决长江航道地形测量中存在的多项难题，并提出了无人机航测技术存在的问题。文献［124］通过试验手段，进一步研究了控制点数量、飞行方案对无人机航道测绘精度的影响，指出航道测绘精度随着控制点的增加呈现先提高后平稳的趋势。文献［125］针对新九河段整治建筑物，描述了免像控无人机技术的测图流程，基于实测结果，验证了免像控无人机航测技术应用于航道整治建筑物大比例尺地形图测绘的可行性。然而，无人机航测技术仍存在测量标准不统一、续航能力差、对操作人员要求高等技术难题，尚处于尝试探索阶段。

（二）航道地形采集信息处理技术

为了提高航道地形采集系统的可靠性，光靠硬件措施是不够的，还需要借助于信息处理来消除某些误差。如能正确地采用软件消除误差措施，与硬件抗干扰措施构成双重抑制，将大大提高航道地形采集测量数据采集的可靠性。文献［126-127］梳理了长江航道现阶段地形测量的工作流程，提出长江航道地形快速测量主要影响因素、解决思路及优化难点，并给出了系统优化方案。文献［128］总结了目前常用的地形信息采集信息处理技术，具体如下：

（1）指令复执技术。在程序执行过程中，一旦发现错误，就重新执行被错误干扰的现行指令。在水深数据采集中，信号丢失多属于瞬间性故障，即具有随机性的瞬间干扰所引起的故障，如丢失水底回波，这时需有效地利用指令复执技术。如传送定位数据时，可能由于干扰影响而出现个别数据位出现错误，数据采集程序应能识别错误并进行合理的处理，保持定位数据采集在正常工作状态。这两种现象都可以通过采用对程序进行时间和事件监视的办法及时发现。一旦发现，则强迫程序返回用户出错点重新执行。

（2）用软件消除开关的抖动。一个水深数据采集系统在开机、变换量程、倍乘等工作方式时，由于开关机械性能或电气性能的限制，可能会引起信号一定的抖动现象，经过较短的一段时间后才能稳定下来。用硬件消除抖动是很困难的，但是用软件延时的方法来消除抖动则比较容易。如回声测深仪中采用软件控制仪器开机时可以采用延时消除抖动，不过现在的很多水深测量仪器由于不能通过软件控制而使此项技术难于推广应用。用无条件采样方式采集接收机数据时，还可以用软件延时来屏蔽第一个可能错误的数据。

（3）消除水环境对测深仪声速的影响。在水深数据采集中，测深仪声速受水深温度、盐度、密度等因素的影响，可能致使实际声速与设计声速不一致，可以在测量中或测量后通过软件修正而得到所需的正确的数字水深。

（4）消除各类系统偏差的影响。在大比例尺水深测量中，采用差分技术已消除了定位多项干扰的影响。还可通过软件来消除固定偏移、天线偏移等系统偏差对测量成果的影响。采集定位数据时，还可以采用条件采样削弱定位与测深定位延时给测量成果带来的干扰。

（5）数字信息传输纠错技术。数字水深测量中，需要用到数字通信，由于噪声和干扰的影响，可能导致接收端码字序列出错。纠错编码通过编码器以一定的规律产生一附加数字，使原来不相关的或相关不强的信息序列变为相关性强的码字序列，接收端能用编码规律检查码字序列的相关性是否受到破坏，从而按照一定的译码字序列实现检错甚至纠错。常用的如数据传输中的奇偶检验。过去在水深测量数据采集系统中，还通过对无线传输的数据进行多次传送，采用多组数据或多位数据的比较进行判决。

（6）数字滤波技术。通过特定的计算程序处理，减少干扰信号在有用信号中所占比例，故实质上是一种程序滤波。程序滤波在水深测量数据采集系统中得到广泛应用。程序滤波方法主要有：算术平均值法、一阶递推数字滤波法、程序判断滤波等。

近10年是长江航道测绘科技快速发展的时期，全线整个系统开始全面装备数字化测绘设备，航道测绘数字化程度大幅提升，但航道测量模式变革不大。随着近年来无线网络、Web Service、人工智能等技术的快速发展，航道测绘亟须开展快速采集与预处理技术方案研究，围绕完善设施、改进模式、简化流程、优化方案等途径开展信息化升级改造。当前研究中存在的主要技术难点和主要问题为：

（1）水深数据粗差剔除一直以来以人工的方式处理，粗差和真实突变的判断上主要依靠内业制图人员的丰富经验进行判断。错误的粗差剔除可能导致水下地形结果的严重失真，错误的水下地形数据进而可能会引发船舶事故的危险等。要实现水深数据的自动剔除需要计算机程序较高的智能化，这对程序算法的设计是一个重大的挑战。计算机程序算法要具备智能化，同时要具有处理各类情况的稳定性，即在粗差误判的概率要尽可能的小的同时还要保证粗差的漏判要尽可能的少。

（2）水深数据的粗差剔除的自动化的前提是实时自动水位改正、数据质量自动化批量控制等技术的系统集成。考虑各类数据和硬件体系之间通信等问题，使各系统能集成稳定的工作，进而解决制约航道地形测绘数据快速融合、批量处理、一体化操作等技术难题。

第三节　航标感知技术

研究航标感知技术的关键在于航标遥测遥控系统的构建。该系统主要负责物理航标位移、航标灯状态、航标附属设备状态等工作情况的远程监测与控制，通过安装在航标上的各种探测仪，定时轮询或异常信息触发，将以上重要物理参数、指标等通过无线信号从航标终端传回监控中心，显示在电子航道图上，实现对航标的遥测。同时，航运管理部门对航标进行实时监控，及时排除航标异常报警，并根据需要对航标终端参数远程调整设置，实现对航标的遥控（见图3-3）。

一、航标遥测遥控系统功能

航运管理部门通过航标遥测遥控平台，采集航标设备运行信息，建立数据库，对航标工作状态、空间位置信息进行监控与实时维护，促进航标管理现代化，保障船舶安全航运和航道通航安全。具体功能如下：

（1）建立航标运行信息数据库。航标遥测遥控系统以定时、事件记录方式，采集航标设备运行参数，建立实时动态数据库，为航标管理部门全面掌握航标运行状态，评估航标设备状况，分析航标设备故障原因提供基础信息。

（2）确定航标设备故障，提高航标正常发光率和完好率。实现长江航道航标维护模式由目前的巡检制向监控值守制转变，系统依据航标设备运行参数的变化情况，对航标设备运行参数超限、开关动作失灵等异常情况进行自动预报及报警，提示管理人员采取相应措施。在迅速、及时确定航标设备故障报警的基础上，航标管理部门可对设备故障状况做出快速反应，从而缩短设备维修时间，提高航标设备可利用率。

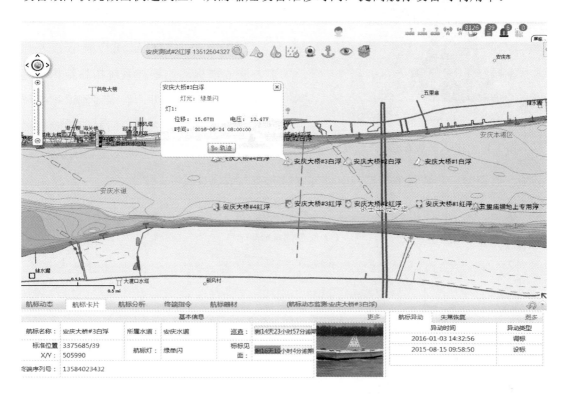

图 3-3　航标感知技术的具体应用——安庆大桥

（3）降低航标维护费用，提升航标维护的响应速度。航标管理和维护人员可以利用系统的遥测、遥控功能，对航标设备进行遥测遥控，及时掌握航标设备的实时状态数据，通过数据分析预先发现问题，预见航标的异常情况和时间，合理调配人力、物力，做到有计划、有针对性地对航标设备进行维护和检修，大幅提升了航标维护的响应速度，确保一般失常航标 2h 内恢复，重点港区、桥区航标 50min 内恢复。同时，可有效减少设备巡检次数，延长巡检周期，从而降低航标设备的维护费用，将传统定期巡标模式转变为状态巡标、故障巡标（见图 3-4）。

（4）促进航标管理现代化，发布数字化航标信息。在航标运行信息数据库的基础上，按照航标管理部门或主管部门所需的各类报表及资料汇总航标信息，通过计算机网络传送至指定用户，促进航标信息管理工作的标准化和规范化，提高航标设备的管理质量，最终实现提高船舶航行的安全保障能力。此外，以航标运行信息数据库为基

图 3-4　工作人员状态巡标、故障航标

础，为数字航道提供实时航标动态信息，实现航标信息发布的现代化。

二、航标遥测遥控系统拓扑结构

基于我国内河航道现行航标管理体制，建立航标遥测遥控系统拓扑结构（见图 3-5）。由图中可见，航标遥测遥控系统拓扑结构总共分为三层，即航标遥测遥控监控中心、监控分中心以及数据采集终端。其中，监控分中心数量可根据各航道局辖区的实际情况设置。

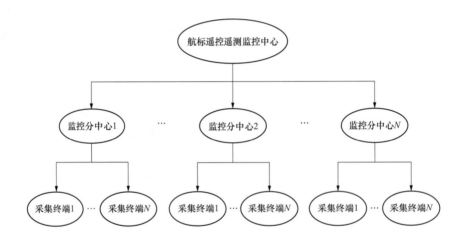

图 3-5　航标遥测遥控系统拓扑结构

现将各层结构的任务详述如下：

（1）航标遥测遥控监控中心。该层结构负责从监控分中心采集航标设备运行信息，对数据进行存储、显示、处理、报警，编辑、生成、存档、打印和报送航标管理所需的各类报表。通过监控中心数据库，实现系统与系统间的数据共享，为国家航标监测系统提供航标运行信息。

（2）监控分中心。该层结构负责从航标采集终端采集航标运行信息，对数据进行存储、显示、处理、报警，编辑、生成、存档、打印和报送航标管理所需的各种报表，并按时、按需向航标遥测遥控监控中心上报航标设备运行信息。通过监控中心的授权，在监控分中心可以通过图形化人机界面，监视、查询航标设备运行信息，并可向各航标采集终端发送遥控指令，以利检查和控制航标的运行状态。

（3）航标采集终端。该层结构是航标遥测遥控系统的基础数据采集平台与控制平台，负责采集、控制并发送航标设备的运行参数，如航标位移、航标灯状态、航标附属设备状态等，支撑航标运行信息数据库的数据同步。同时，执行监控中心下达的遥控指令。显然，航标采集终端是航标遥测遥控系统的核心。

三、航标遥测遥控系统组成

航标遥测遥控系统内容包括航标数据采集终端、通信网络系统和客户端实时监控系统，如图 3-6 所示。航标数据采集系统主要通过安装在航标（包括水上浮标、陆上岸标和桥标）上的遥测遥控终端，自动采集航标实时运行数据，并通过无线信号定时向系统服务器发送航标状态信息（其中浮标还包括定位信息），服务器对航标数据进行处理，通过网络为客户（航运管理部门）提供实时显示和查询，客户通过显示和查询结果，根据需要对航标进行远程遥控。

图 3-6　航标遥测遥控系统组成

四、航标遥测遥控系统建设关键技术

航标遥测遥控系统建设的关键技术主要涉及航标终端的部署以及软件系统的设计。其中，航标终端的部署包括航标的布设原则、航标遥测遥控终端的设计以及航标的定位技术。

（一）航标布设原则

（1）根据第一章描述的长江上游航道的通航环境，按照国家相关的航标技术标准和规范等要求，系统、合理、可靠地配布航标，充分发挥其助航效能，保障船舶航行安全和水上建筑物的安全。

（2）设置完整的视觉航标系统，无线电航标根据航行需要和具体条件设置。

（3）尽可能直线配布，标志之间尽量等距，互相衔接，构成交叉覆盖，闪光周期有规律，相邻标志有明显区别。

（4）易漂移、易被碰撞、重要性高的航标应安装航标遥测遥控终端以感知航标实时状态，其他航标在经济投入和建设条件允许时宜布设航标遥测遥控终端。

（5）布设航标的间距宜为 1km。

（二）航标遥测遥控系统终端的设计

航标遥测遥控系统终端主要包含 RTU（Remote Terminal Unit，远程终端单元）和供电系统，如图 3-7 所示。

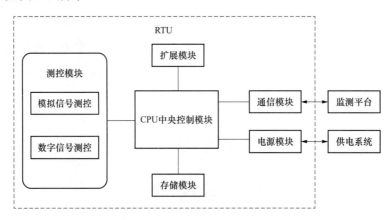

图 3-7　航标遥测遥控系统终端结构

1. RTU

航标遥测遥控系统采用的 RTU 是集 GPS、4G/3G/GSM 于一体的低功耗系统，主要由 CPU 中央控制模块、测控模块（GPS、工作状态采集）、通信模块、扩展模块、电源模块等构成。RTU 与航标灯嵌入控制器通过 RS-485 信号线连接，主要功能包括实时采集、监控航标运行参数和航标位置参数、定时回传状态信息、响应远程控制命令、自动报警等。具体模块内容如表 3-1 所示。下面重点介绍 RTU 的功能能耗设计、碰撞检测设计和通信系统组网模式设计。

表 3-1　　　　　　　　　　　　航标遥测遥控终端模块

序号	功能模块	说明
1	CPU 中央控制模块	中央处理单元，负责数据处理及控制其他模块
2	存储模块	保存系统配置数据、历史数据等

序号	功能模块	说明
3	测控模块	测控 GPS 位置信息、航灯灯质、航灯工作状态等
4	通信模块	与航标服务器进行无线通信，实现远程唤醒、远程控制、远程升级等功能
5	扩展模块	提供 RS-232/485 等其他外设通讯扩展及物联网通信模块扩展接口
6	电源模块	系统电源，控制各模块的电源供给

（1）功能能耗设计。

遥测遥控终端 RTU 通过 CPU 中央控制模块、航标灯器板内嵌控制器以及合理的软件设计，可实现正常工作和休眠省电等多种工作模式。当 RTU 处于正常工作模式时，通信模块、测控模块和 CPU 中央控制模块均处于正常工作状况。当太阳能遥测遥控一体化航标灯处于休眠省电模式时，通信模块、测控模块处于间歇停止运行的状况，但停止期处于发送周期或采集周期的间歇期，基本不会察觉 RTU 处于休眠省电的运行模式。如此设计不仅大大降低了 RTU 的能耗，也同时满足了复杂的数据采集和报警检测需求。

航标灯内嵌控制器工作模式如下：白天航标灯不需要亮时整个航标灯器板工作在 1MHz 频率下，仅当夜晚灯需要开启时才工作在 16MHz 频率，如此能有效降低整板功耗；另外在满足灯质正常运行的情况下，对 GPS 实行间歇工作管理机制，每隔 1h 开启一次 GPS 进行系统时间同步。

（2）碰撞检测设计。

通常情况下，浮标受到风力、水流等的驱动，将产生不规则的运动，一般而言，这种运动导致浮标产生的位移较小。然而，水中航行的船舶时而会由于操作不当撞击浮标，尤其是洪水期，船舶驾驶操控随意，极易撞击浮标，造成位置大幅偏移和损坏。因此，必须能够及时发现浮标受撞击的事件。

当浮标受到撞击时，由于受到某个方向的作用力其运动状态将发生变化，将产生该方向的速度和加速度。而浮标受撞击时产生的速度和加速度的大小和方向除了与撞击力的大小、方向有关之外，还应考虑锚链、水的阻力、浮标变形等，加之浮标系有沉石，这些均会改变浮标被撞击后的运动状态。可见，浮标受撞击的运动状态难以准确地用模型来描述。因此，RTU 采用以 GPS 测量浮标的速度和用一个加速度传感器测量的浮标加速度，如此联合来判断浮标的运动状态。具体来讲，RTU 通过设计两个滑窗来对测量的速度和加速度进行滤波处理，当浮标的速度和加速度均超过设定的门限

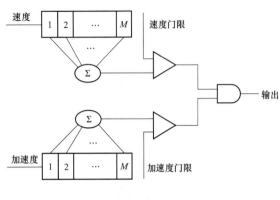

图 3-8　浮标碰撞检测设计

时，判定该浮标受到撞击，发出撞击报警信息，如图 3-8 所示。

（3）通信系统组网模式设计。

通信系统是航标遥测遥控系统的重要组成部分，采用 AIS、ZigBee、315MHz 通信模块以及 GSM/GPRS/CDMA 等多种网络联合的通信系统，充分发挥各通信网络优势取长补短，为整个系统提供一个运行安全、可靠、经济的通信系统。

在航标遥测遥控系统中，首先在小范围内（一般小于等于 10 个航标）采用 ZigBee 或 315MHz 通信方式航标组网将信息集中，然后通过 AIS 或 GSM/GPRS/CDMA 方式将信息通过陆上基站送往航标监控中心。

如上所述，RTU 通信系统组网模式包括 ZigBee 与 AIS 组合、315MHz 与 AIS 组合、ZigBee 与 GSM/GPRS/CDMA 组合以及 315MHz 与 GSM/GPRS/CDMA 组合四种模式。前两种组合方式的优势在于网络内所有航标信息均可以通过 AIS 航标采用 AIS 标准报文发送，为过往船舶与航道管理部门提供航标信息。此方案根据内河航道特点，在不需要航道内每一航标都安装 AIS 的情况下，利用少量的 AIS 航标转发周边的航标信息，极大地降低了系统投资成本与功耗。后两种组合实质上是对 GSM/GPRS/CDMA 网络的延伸，在 GSM/GPRS/CDMA 网络信号好的地区采用 GSM/GPRS/CDMA 航标，而在网络盲区或信号差的区域采用 ZigBee 或 315MHz 通信模块航标组网，将航标信息传送至网络信号较强区域再通过 GSM/GPRS/CDMA 航标转发到航标遥测遥控中心。RTU 通信网络结构如图 3-9 所示。

需要注意的是，多网络组合节点的航标终端同时选用对应通信板，如 ZigBee 与 AIS 组合时，其航标终端同时选用 ZigBee 通信板和 AIS 通信板。单一网络节点的航标终端则选用对应的通信板。

2. 供电系统

供电系统的主要功能是为 RTU 提供电力支持，采用一体化方案，包括外部供电和内部供电。RTU 外部供电模块为 RTU 的日常工作提供电力支持；RTU 内部供电模块为 RTU 提供应急状态下的工作电力；RTU 固定于一体化航标灯内部，与航标灯共用供电系统。各功能模块如图 3-10 所示。

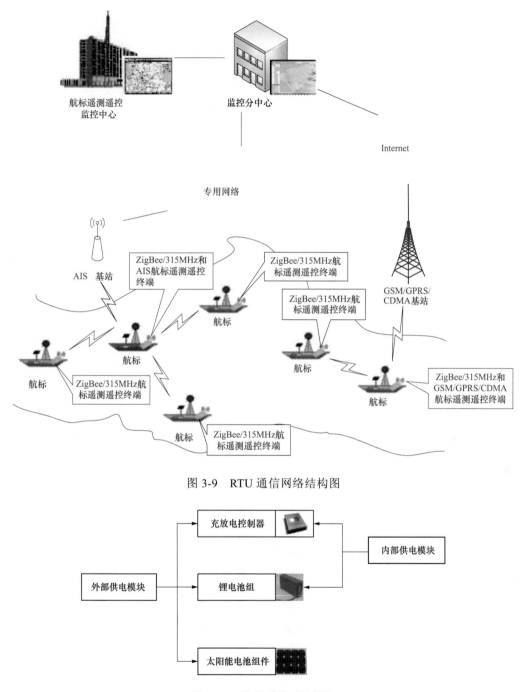

图 3-9 RTU 通信网络结构图

图 3-10 供电系统功能模块

3. 性能指标

航标遥测遥控终端系统对内部组件有如下要求：遵循内河航道信息采集与服务数据交换标准；实现 4G、3G、GPRS、GSM 等多种通信模式的自动适应和自动切换；具备抗网络干扰能力，在休眠省电时能被迅速唤醒并实时发出报警信息；终端应与航标灯一体化安装固定，能够防水，在极端环境下可正常工作。依据航标遥测遥控终端已有相关标准规范，在深入调查分析已有相关产品功能及其参数的基础上，本书提出航标遥测遥控终端基本参数如表 3-2 所示。

表 3-2　　　　　　　　　　　　　　航标遥测遥控终端的基本参数

项目	参数	
电气性能	额定电压 DC	4V、　6V、　8V、12V、24V
	正常工作电流	75～120mA（@＋12VDC）
	休眠时工作电流	19mA　（@＋12VDC）
数据接口	天线接口	GPS、AIS/GPRS/ZigBee
	串行数据接口	RS-232/RS-485
	串行数据速率	600～9600bits/s
材料及结构	外壳尺寸	不大于 15cm×10cm×5cm
	防水等级	IP67
	抗冲击度	700G
适用环境	温度	−20～＋70℃
	湿度	0～100%
数据采集	种类	航标灯、电源、遥测遥控终端工作信息及定位信息
	定位精度	1. 桥区、控制河段、施工河段：误差小于 5m。 2. 其他区域：误差小于 15m

（三）基于北斗卫星系统的航标定位技术

航标遥测遥控技术主要是利用北斗卫星导航系统进行定位，是通过双向检测导航，其系统的信息传输内部主要包括一组平行北斗卫星，地面控制系统，以及终端用户这几部分。当其运转时，系统首先计算出第一颗卫星到用户之间的距离，再得到两颗卫星到用户的距离；其次，计算卫星双向检测的最佳弧线，同时地面控制系统对应建立三维空间坐标。最后，卫星、用户、地面控制系统同时进行信号交换，实现信号定位。

航标智能化监控管理技术中，已经逐步从传统的 GPS 系统模糊虚拟定位，转变为精准化定位，而北斗卫星系统在当前航标遥测遥控体系中的应用，也是实现航标遥测遥控定位优化的主要技术。如图 3-11 所示为基于北斗的航标遥测遥控技术单元设计规划图。

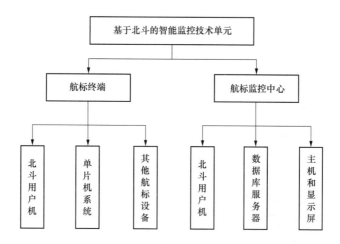

图 3-11　基于北斗的航标遥测遥控技术单元设计规划图

基于北斗卫星定位的遥测遥控技术单元可以切分为航标终端部分和航标监控中心两部分。航标中心部分，主要是对航标遥测遥控进行跟踪检测，确保实际运用的坐标需求。例如：航标遥测遥控运行过程中的信号报文接收、传输等，都是通过该程序运作实现的；而遥控检测中心，则是对航标遥测遥控过程中，系统运作的电压、电流以及位置处理等方面进行信息分析。图 3-12 为长江上游江安航道处单北斗高精度定位应用。

图 3-12　长江上游江安航道处单北斗高精度定位应用

（四）软件系统的设计

航标遥测遥控系统软件功能主要实现对采集的数据的管理，如存储、显示、处理、报警，编辑、生成、存档、打印和生成报表。航标遥测遥控监控中心可对各监控分中心的数据进行统一存储、处理、显示，及对各分中心发送授权指令。航标遥测遥控监控中心数据库能够实现系统与系统间的数据共享，可以为 AIS、VTS、船舶动态监控以及船舶自动导航等系统提供航标信息服务。监控分中心可以通过图形化人机界面实现对航标设备的监视、查询遥控，并按时、按需向航标遥测遥控监控中心上报航标设备运行信息。软件系统整体包括业务管理系统、电子航道图显示管理系统、数据融合与处理系统和通信伺服系统等，且该系统允许根据实际需要，添加或删除相应的子系统。航标遥测遥控监控中心系统软件结构如图 3-13 所示，而监控分中心系统软件结构如图 3-14 所示。

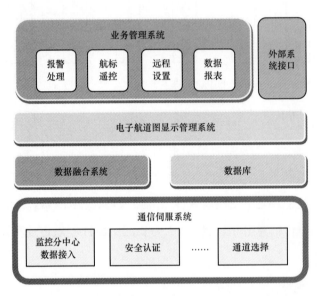

图 3-13 航标遥测遥控监控中心系统软件结构图

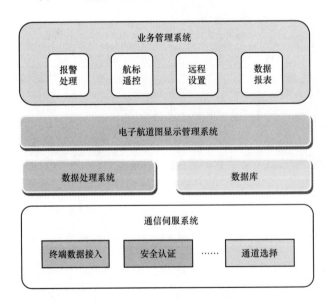

图 3-14 航标遥测遥控监控分中心系统软件结构图

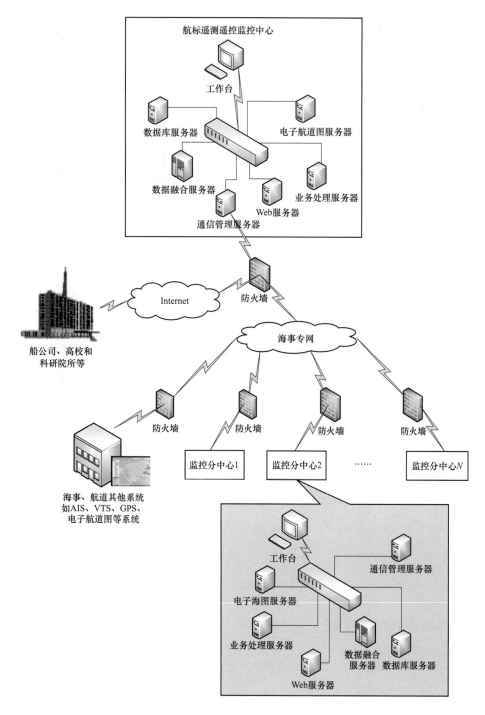

图 3-15　航标遥测遥控系统软件网络拓扑图

现将各系统的功能描述如下：

（1）业务管理系统：主要负责实际的航标终端信息管理、业务处理和系统用户权限管理等，包括对航标终端进行远程设置、发送命令、数据传输、查询实时工作参数和状态、报警处理、历史轨迹回放等功能。

（2）电子航道图显示管理系统：以电子航道图作为可视化电子显示平台，展示航标的动态位置信息及变化，通过其可对航标终端进行设置、发送命令及查询实时工作状态和工作参数。

（3）数据融合与处理系统：主要负责航标终端采集数据的存储和数据处理。

（4）通信伺服系统：主要负责两部分通信，一是与航标终端的通信，接收航标终端上传的信息以及对航标终端下发各种指令；二是与其他系统间的通信。

航标遥测监控系统软件包括通信服务器软件、数据库服务器软件和电子航道图监控平台软件。监控分中心通过监控中心授权，直接对航标终端进行控制并将采集数据通过海事专网传输至监控中心。监控中心负责处理、融合各分中心数据，集中显示，并可对各用户下发授权指令。具体网络拓扑图如图3-15所示。

第四节　航道水位感知技术

水文是最重要的航道要素之一，水位、流速流向、流态变化直接影响船舶的运载能力和航行安全。在上述三个水文要素中，水位的重要性不言而喻。长江航道长达数千千米，地理环境复杂，各河段水位变化规律均不相同。因此，亟须建立精确、实时的水位感知系统，为航道管理与风险预警提供决策依据。水位感知技术主要通过对水位感知点的布设，并结合各类水位传感器（如浮子水位计、压力水位计、超声水位计、雷达水位计等）的适用条件进行合理选用，以反映内河航道沿程水位变化特征。图3-16所示为水位感知技术在上海航道处丹华港的具体应用情况。

一、水位感知点布设方法

为经济、高效、准确、全面感知长江航道水位，本书研究了长江干线水位时空变化规律，分析了水位感知点布设密度与水面线捕捉精度之间的关系，据此提出了水位感知点布设原则和布设方案。

按照河道水文特征，长江划分为上、中、下游三段：宜昌以上河段主要表现为山区河流，宜昌至大通河段主要表现为平原河流，大通以下河段主要表现为径流和赶潮的双重影响。具体河道特征如下：

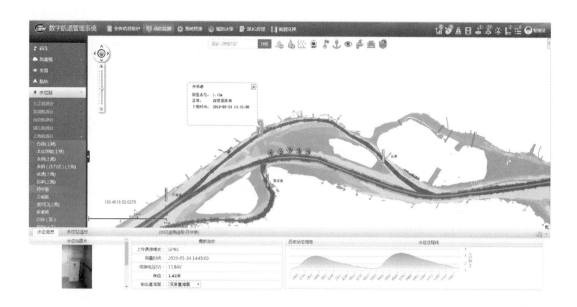

图 3-16 水位感知技术具体应用：丹华港

（1）长江上游河段。如第一章所述，长江上游受三峡水库的影响程度不同，可分为宜宾至双龙段（脱水段）、双龙至清溪场段（变动回水区段）、清溪场至三峡大坝段（常年回水区段），各段受河道特性差异的影响，水位变化也表现出不同的特点。

（2）长江中游河段。长江中游包括紧邻三峡葛洲坝下游的近坝河段及下游的平原河段，河段内水位变化主要表现出天然河道的特性，水位变幅较之山区河段有所减小，但洪枯季水位差异依然较为明显，且同时段内水系复杂，江湖关系密切，水位变化也呈现出明显的受湖泊调蓄影响的特点。

（3）长江下游河段。长江下游为非正规半日浅海潮感潮河段，每日两涨两落，且有日潮不等现象，当上游来流量变化时，该段的潮区界和潮流界位置也不固定。河道水位比降变化前置条件比较复杂，沿线各地的日最低水位出现时间不一致，受径流和潮汐两向流共同影响，若通过单个水文站的数据，采用中游河段单元线性关系求其相关性，得到的相关性较差。因此，需要同时考虑两个或者多个站点来建立和论证站点的相关关系。

由于内河航道沿程比降变化较大，且随着河道平面形态的变化及支流的入汇沿程水面会出现突变，难以用长距离线性插补来描述沿程水面变化。因此，需要适当控制水尺之间的间距及位置，原因在于，一方面可以准确捕捉沿程水面的突变点；另一方面，依据河道水面变化特性适当控制两把水尺之间的距离，能够确保区间水位插补的精度。

一般而言，在河段总长度一定时，水尺数目越多、水位感知点之间的间距越小，水面线捕捉的精度也就越高。本书以宜昌至城陵矶河段为例，根据 2010 年 12 月宜昌至城陵矶水域近 400km 河段中 33 个水尺的实测水位资料，遴选 20 个水位感知点的测量水位进行线性差值后与实测资料进行比较，分析水位感知点数量、平均间距与水面线观测之间的关系，所得结果如表 3-3 所示。

表 3-3　　　　　宜昌至城陵矶河段水位感知点数目间距与水面线捕捉精度表

水位感知点数量 （个）	最大水位感知点间距 （km）	平均水位感知点间距 （km）	水位最大误差绝对值 （m）
2	396.00	396.00	2.11
3	202.20	198.00	2.00
4	135.00	132.00	1.96
5	107.00	99.00	1.90
6	91.00	79.20	1.37
7	82.00	66.00	0.99
8	72.00	56.57	0.96
9	67.00	49.50	0.95
10	67.00	44.00	0.85
11	51.00	39.60	0.85
14	42.00	30.46	0.76
16	40.00	26.40	0.52
20	40.00	20.84	0.44

分析水位感知点数目与水面线误差之间的关系可以看出，河段长度一定时，水位感知点设置的数量越多，捕捉水面线的精度越高。表 3-3 中，在宜昌至城陵矶河段仅布设进口及出口 2 个水位感知点时，水面线最大误差可达 2.11m；而水位感知点布设达到 20 个以上时，水面线误差却可以控制在 0.5m 以内。同时，减少水位感知点的间距也能够有效减小水面线差值的误差，当水位感知点间距在 200km 以上时，水位误差可达 2m 以上；然而，当水位感知点间距缩小至 50km 以内时，水位感知点误差却可控制在 1m 以下。

图 3-17 反映了宜昌至城陵矶河段水位感知点数量与水面线误差的关系，发现二者满足对数函数关系，据此进行拟合，得到水位感知点数量与水面线误差之间的关系式如式（3-1）所示，相关系数为 $R^2 = 0.9137$。式中，h 表示水面线误差，x 表示水位感知

点数量。

$$h = -0.845\ln(x) + 2.8882 \tag{3-1}$$

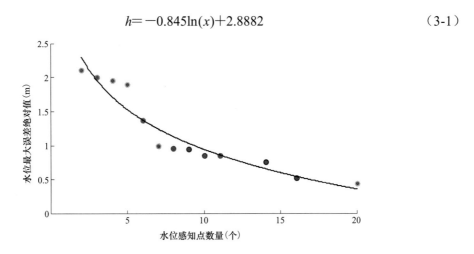

图 3-17　宜昌至城陵矶河段水位感知点数量与水面线误差的关系

图 3-18 展示了宜昌至城陵矶河段水位感知点平均间距与水面线误差的关系，同样发现二者依然满足对数函数关系，关系式如式（3-2）所示，相关系数为 $R^2 = 0.8945$。式中，l 表示平均水位感知点间距。

$$h = 0.6696\ln(l) - 1.5992 \tag{3-2}$$

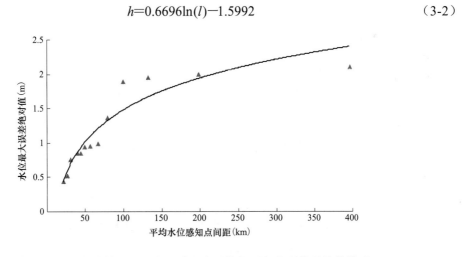

图 3-18　宜昌至城陵矶河段水位感知点平均间距与水面线误差的关系

进一步分析图 3-17～图 3-18 中水面线误差随水位感知点数量及间距的变化速率，可以看出：当水位感知点数量较少时，增设水位感知点以缩短水位感知点的平均间距，水位误差明显呈现大幅下降的趋势；当水位感知点数量增加到一定程度，使得水位感知点间距缩小至 20km 以内后，若再次增设水位感知点数量，水面线捕捉精度的提升幅度相对较小。而且式（3-1）和式（3-2）正好验证了上述论点。

二、水位感知点的布设

通过上述对天然情况下长江干线水面线变化特点、水位感知点数量和平均间距与水位感知系统捕捉精度之间的关系的研究，结合长江干线沿线实际情况，形成长江干线航道水位感知点布设原则如下：

（1）总体而言，长江上游航道山区河流水位比降较大的位置，感知点布设间距可适当小于20km，长江中下游水位比降较小的河段，感知点布设间距以20km为宜，但在局部水位变化较大的位置可适当减小间距。

（2）水位感知中感知设备的布设须符合《水位观测标准》（GB 50138—2010）[129]的相关要求，根据对水位感知点的不同需求将所布设的水位感知点分为一级水位感知点与二级水位感知点。一级水位感知点的布设应能准确捕捉水面线突变点、分汇流口门、河势控制节点等水面线变化的关键位置，整体反映航道沿程水面线变化，满足航道信息服务对水位信息的需求，其水位分辨力为0.1cm，水位误差不得高于3cm；二级水位感知点应在一级水位感知点的基础上反映航道局部碍航滩险段水位的变化情况，为借助水流模拟系统分析重点碍航河段的水深、流速等航道条件的变化提供条件，其水位分辨力不得低于1cm，水位误差不得高于5cm。

（3）水位感知点的布设首先应适当考虑河道河势格局的变化趋势，保证测站能在相当长的时期内进行有效观测。其次，水位感知点的站址应满足建站目的和观测精度要求，宜选择在观测方便和靠近城镇居民或航道码头的地点，兼顾交通、通信条件；最后，水位感知点的站址必须避开滑坡、泥石流的影响，可长期有效观测水位（尤其是枯水期水位）。

（4）水位站的选址方案应根据查勘取得的河道地形地质、河床演变规律、水文特征、水力条件和水位感知站点工作条件等资料，经技术经济综合论证后确定。同时，水尺的设置应满足《内河航道与港口水流泥沙模拟技术规程》（JTJ 232—1998）[130]及《港口与航道水文规范》（JTS 145—2015）[131]中水位资料观测相关规定。

依据上述水位感知点布设方法和布设原则，在长江干线航道上布设水位感知点，相关水位站点如图3-19所示。截至目前，宜宾至浏河口全河段共布置水尺168座，其中宜宾至宜昌67座，宜昌至南京段88座，南京至浏河口段13座。限于篇幅，表3-4给出了部分长江上游航道的水位感知点。

图 3-19　长江干线航道水位站点

表 3-4　　　　　　　　　　　　长江上游航道部分水位感知点统计

水尺编号	水尺名称	地点	备注
1	三江口水尺	宜宾市三江口右岸	宜宾航道管理处、岷江入汇
2	隔公山水尺	隔公山左岸	
3	李庄水尺	李庄右岸	
4	菔纤子水尺	菔纤子右岸	杨柳碛下游
5	筲箕背水尺	桐子溪右岸	筲箕背下游
6	铜鼓滩水尺	鹞子岩右岸	铜鼓滩下游
7	鲤鱼脑水尺	鲤鱼脑左岸	吊鱼嘴下游
8	香炉石水尺	香炉石右岸	香炉滩、落锅滩下游
9	江安水尺	江安县下游右岸	江安县航道管理处、长宁河入汇
10	三滩子水尺	三滩子右岸	
11	陡坎子水尺	陡坎子左岸	风簸碛上游
12	青龙嘴水尺	青龙嘴右岸	红灯碛下游
13	鱼鳅石水尺	鱼鳅石右岸	
14	永宁河水尺	鲤鱼脑右岸	纳溪航道管理处、永宁河入汇
15	火焰碛水尺	碾子角左岸	火焰碛下游
16	莲花石水尺	莲花石左岸	泸州航道管理处、沱江入汇
17	手扒岩水尺	手扒岩左岸	
18	两条牛水尺	两条牛右岸	两条牛急流滩
19	神背嘴水尺	弥陀岩右岸	弥陀航道管理处
20	白沙水尺	白沙右岸	

水尺编号	水尺名称	地点	备注
21	合江水尺	合江水文站右岸	合江航道管理处、赤水河入汇
22	榕山水尺	榕山客渡旁右岸	榕山航道管理处
23	佛子嘴水尺	佛子嘴左岸	

三、航道水位传感器的选用

目前常用的航道水位传感器有浮子式水位传感器、压力式传感器、气泡式水位传感器、超声波水位传感器和雷达水位传感器。现分述如下：

（一）浮子式水位传感器

浮子式水位计利用浮子跟踪水位升降，以机械方式直接传动记录。采用浮子式水位计需有测井设备（包括进水管），适合岸坡稳定、河床冲淤不大的低含沙河段。浮子式水位计在我国应用较广，具有准确度高、结构简单、稳定可靠、易于使用的优点，尤其是全量型机械编码器，本身不需电源（有数字输出时除外），不会受外界干扰并可方便地与各种记录、传输仪器配合应用。

（二）压力式水位传感器

压力式水位计采用先进的隔离型扩散硅敏感元件制作而成，直接投入容器或水体中即可精确测量出水位计末端到水面的高度，并将水位值通过 4～20mA 电流或 RS-485 信号对外输出。当传感器固定在水下某一测点时，该测点以上水柱压力高度加上该点高程，即可间接地测出水位。该仪器适用于不便建测井的地区，对于环境的适应性要比超声波水位计强。

（三）气泡式水位传感器

气泡式水位计具有测量精度高、免气瓶、免测井、免维护、抗振动以及寿命长等特点，特别适用于流动水体、大中小河流、水库或者水体污染严重和腐蚀性强的工业废水等的水位测量。气泡式水位计安装简单，操作、组网灵活，是遥测系统中的水位监测仪器，尤其是无井水位测量最理想的水位监测仪器。

（四）超声波水位传感器

超声波水位计与同类产品相比，具有性能可靠，运行稳定，适用范围广等特点，可在东北地区恶劣的气候条件下实现全天候工作。在超标准洪水条件下，更能体现其优越性所在。在抗洪抢险中，能够及时、准确、快速地采集水情信息。温度是影响超声波水位计水位测量精度的最重要因素，其他因素还有测量电路影响、波浪影响等。

（五）雷达水位传感器

雷达水位计是利用电磁波探测目标的电子设备。雷达按照信号类型可分为脉冲波雷达和连续波雷达，其中，国内船舶所使用的基本都是脉冲波雷达。脉冲波雷达测量距离能达 70m，适合远距离测量水位，同时较小的波束角能允许仪表安装位置更加靠近侧壁，便于安装调试。

雷达的工作原理（见图 3-20）是通过雷达设备的发射天线把电磁波能量朝向某一个方向发射出去，处在该方向上的目标接收到电磁波能量并将其散射，其中部分能量将会朝着发射机方向并被雷达天线接收到，然后送入接收机进行处理。接收机会把微弱的回波信号放大再经过信号处理，最终将数据传输入雷达显控终端形成不断扫描的雷达视频图像。

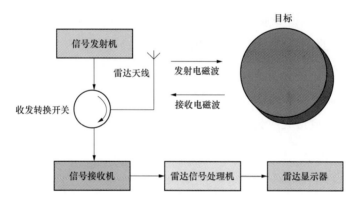

图 3-20　雷达的工作原理

根据各水位感知点的实际情况，并结合各类水位传感器的适用条件合理选用。对已建有水位自记井且可利用的监测站，宜选用浮子式水位传感器；对未建井或不能建井的测站，视河流水情特点及适用条件等具体情况选配压力式（压阻式、气泡式）、超声式和雷达式水位计。选用的水位传感器的测量范围应满足测量监测断面的最高和最低水位要求；水位传感器环境条件应符合规定；传感器技术参数应符合规定。航道水位传感器比较如表 3-5 所示。

表 3-5　　　　　　　　　不同水位传感器的性能及适用范围比较表

传感器类型	适用范围	特点	使用注意
浮子式水位传感器	可以建造水位测井或钢管井的测站	技术成熟、运行稳定、维护方便、运用广泛	前期土建投资大，使用中要防止水井淤积

传感器类型	适用范围	特点	使用注意
压力式水位传感器	不具备建井或利用自记井无法测到低水且有导电线缆的测站	量程大，安装简单，设备价格低，不需要建造水位井	受泥沙、温度等环境因素影响大，存在温度、时间、非线性漂移等现象，使用时需定期进行校核和率定
气泡式水位传感器	不具备建井或利用自记井无法测到低水的遥测站	测量精度高，量程大，可靠性高，不受水质影响，安装简便，不需要建造水位井	安装时要有特定的气室
超声波水位传感器	不具备建井或利用自记井无法测到低水的测站	无需测井，土建投资小，设备价格低，安装维护方便	精度受气（水）温、空气（水）密度、湿度、泥沙含量等的影响较大，要定时率定
雷达水位传感器	无井，陡坡	测量精度高（毫米级），量程大，寿命长，无需测井，没有时漂、温漂，可靠度高	水面漂浮物，大雨天气影响精度，安装参照气介式超声波水位计，要定时率定

综上所述，航道水位感知技术选择应充分考虑现场施工条件，结合建设成本、维护难度，选取适宜的水位感知设备。选用的水位传感器应符合下列规定：

（1）传感器环境条件：

1）工作环境温度最大范围不得小于$-20 \sim +50℃$；

2）工作环境湿度最大应为 95%。

（2）传感器技术参数：

1）分辨力应为 0.1cm、1.0cm；

2）测量范围宜为 0～10m、0～20m、0～40m；

3）能适应的水位变率不宜低于 40cm/min；

4）电源宜采用直流供电，电源电压在额定电压的$-15\% \sim +20\%$间波动时，仪器应正常工作；

5）传感设备平均无故障工作时间应不小于 25000h。

第五节 航道地形要素信息快速采集与预处理技术

航道地形要素信息及水下碍航物信息的及时掌握既可避免船舶搁浅，又可为了解航道淤积变化和碍航情况提供依据，对船舶安全航行尤为重要。借助现代化先进技术，可以不断提升航道地形信息、水下碍航物信息的采集精度与时效性，为航道测量、航道工程建设和保障航运安全提供技术支持。

一、建设要求

（1）采用基准。平面坐标系统应采用 2000 国家大地坐标系（CGCS2000）。高程应采用 1985 国家高程基准。深度基准面应采用理论最低潮面，深度基准面的高度从当地平均海水面起算，并应与国家高程基准进行联测。灯塔、灯桩的灯光中心高度应从平均大潮高潮面起算。海岸线应以平均大潮高潮时所形成的实际痕迹进行测绘。时间应采用北京时间。

（2）测量结果基本精度。水深测量定位点的点位中误差精度应符合下列要求：

1）大于 1:5000 比例尺测量时，不应大于图上 1.5mm。

2）小于或等于 1:5000，大于等于 1:100000 比例尺测量时，不应大于图上 1.0mm。

3）小于 1:100000 比例尺测量时，不应大于实地 100m。

4）航道、港池等重要水域内的障碍物、特殊浅点位置不应大于实地 2m。

（3）深度测量应使用回声测深仪，深度测量极限误差（置信度 95%）应符合表 3-6 的规定。

表 3-6 深度测量极限误差

测深范围 Z（m）	极限误差 σ
$0<Z\leqslant20$	±0.3
$20<Z\leqslant30$	±0.4
$30<Z\leqslant50$	±0.5
$50<Z\leqslant100$	±1.0
$Z>100$	$\pm Z\times2\%$

二、测深仪的选用

如前所述，航道水深感知技术主要利用回声测声仪进行测量与感知。回声测深仪的工作原理是利用换能器在水中发出声波，当声波遇到障碍物而反射回换能器时，根据声波往返的时间和所测水域中声波传播的速度，就可以求得障碍物与换能器之间的距离。下面介绍常用的单波束测深仪和多波束测深仪，并进行对比分析。

（一）单波束测深仪

以 HY1601 单波束测深仪为例，HY1601 单波束测深仪是单波束回声测深仪，HY1601 数字测深系统测量波束角为 8°，测量工作频率为 208kHz，换能器吃水 0.6m。HY1601 单波束测深仪测量时取波束扇面范围内最小值，受船舶姿态变化的影响小，在控制船舶测量速度且保持平稳测量的情况下，可控制其误差在允许范围以内，在内河测量时便于测量出最浅点水深，适合航道测量工作。

单波束测量系统安装简便，方便携带，精度相对较高，能在浅水域作业，单价成本低，适合各种船舶的安装，但是在测量大比例图时，随测线间距的缩小，单波束测量任务量成倍增大且测量时容易偏离测线。

（二）多波束测深仪

以 ATLAS FANSWEEP20 型多波束测量系统为例，ATLAS FANSWEEP20 型多波束测量水深扫测开角 161°，测量波束角为 1.3°，换能器吃水 2.3m。该设备最多可使用 1440 个波束进行测量，配备姿态传感器，实时测量船舶姿态，并将姿态数据加上水深及点位数据进行结算，得到水下三维数据。可以保证六倍扫宽水深测量数据精度，采集大量的水下地形数据，可用于搜寻水下物体，此方式在沉船扫测、航道扫床测绘、航道疏浚测绘等方面有很大的优势。

传统单波束测量系统每次测量只能获得测量船垂直下方一个海底测量深度值，效率低、成本高。多波束探测能获得一个条带覆盖区域内多个测量点的水下深度值，实现了从"点—线"测量到"线—面"测量的跨越，从而得到高精度的水下三维地形图。与单波束回声测深仪相比，多波束测深系统具有测量范围大、速度快、精度和效率高、记录数字化和实时自动绘图等优点。多波束测量系统的安装需要严格配置，计算其安装系数，适合标准的测量船舶；多波束测量数据采集呈面状，数据量庞大，对水深区域全覆盖，满足任意比例尺的水深测量，能很好地测量出水下浅包的形状与深度情况，但是多波束造价高，摸浅有很大的风险，其扫测宽度随水深变浅而变窄，在大面积浅区水域测量时进度缓慢。

综上所述，单波束测量系统安装简便，方便携带，能在浅水域作业，单价成本低；多波束测量数据采集数据量庞大，对水深区域全覆盖，满足任意比例尺的水深测量，但其造价高，在大面积浅区水域测量时进度缓慢。单波束与多波束测深仪参数规格对比如表 3-7 所示。因此，在进行航道水深测量时，应根据实际测量水域的水文特点进行二者的选用。

表 3-7　　　　　　　　　　　　单波束与多波束参数规格对比

测深仪	HY1601 单波束测深仪	ATLIAS FANSWEEP20 多波束测深仪
功率	208kHz	200kHz
测深范围	0.5～300m	0.5～300m

续表

测深仪	HY1601 单波束测深仪	ATLIAS FANSWEEP20 多波束测深仪
测深精度	正负 1cm＋0.1%所测深度	正负 5cm＋0.2%所测深度
波束角	8°	1.3°
换能器吃水	0.6m	2.3m

三、航道地形数据快速采集与预处理系统

在航道测量时，传统功能性 RTK 内置全球移动通信系统（GSM）模块，受限于网络宽带，只能完成差分数据传输及少量操作功能。本书通过第三章第二节对测绘新技术设备的大量调研分析，提出了 iRTK 方案。

所谓 iRTK 方案（见图 3-21），即以云技术为核心，采用最先进的云服务器，结合 3G 等无线通信网络进行数据传输，在任何时间、无线网络覆盖地点实现 RTK 端、PC 端、手机终端和手持机终端之间的相互连接和数据共享，提供最个性化功能与服务的新技术，以利实现航道地形数据的快速采集与传输。

图 3-21　iRTK 方案

此外，针对长江航道地形测量自动化和一体化程度较低的现状，融合网络数据传输、Web Service 技术、人工智能等技术，本书构建了航道地形测量快速采集和预处理系统，采用该系统能够优化航道地形要素信息采集与预处理流程，从而提高数据预处理效率。整个系统包括数据采集系统、数据管理系统、网络传输系统、数据预处理系统四部分，如图 3-22 所示。现将各部分详述如下：

（1）数据采集系统。航道水深采集端仍可以兼容和延续各航道测量单位普及的各型单波束测深仪、多波束测深仪、RTK 定位设备与工控电脑以及数据采集软件等。在

数据采集软件采集到 GPS 定位数据、测深仪水深数据文件后（以测线文件为单位），系统新增加的测线数据文件回传功能将采集的数据文件进行加密，通过 3G 网络回传到指定 IP 和端口的航道地形数据服务器。水位数据则通过在长江沿线布设的自动水位站或者人工读取并在线填报的办法，将水位数据回传到对应的 Web Service 水位服务器。数据采集系统如图 3-23 所示。

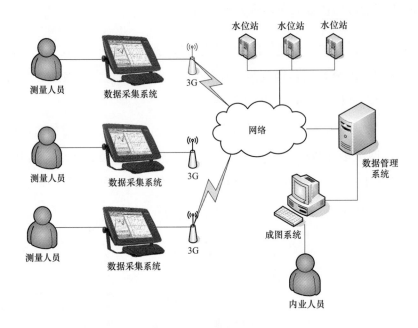

图 3-22　长江航道地形信息快速采集与预处理系统框架

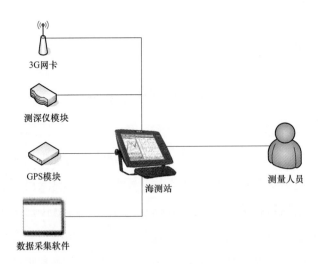

图 3-23　数据采集系统

（2）数据管理系统。服务器软件接收各个数据采集终端回传的数据，以文件的方式存储，并可以提供数据在线下载服务。管理员通过服务器软件，可以设置登录权限和数据存储路径，通过登录账号实现权限管理，各账号只能下载该账号权限所对应的采集数据。此外，数据服务器还提供长江全流域水位实时查询的服务。数据管理系统如图3-24所示。

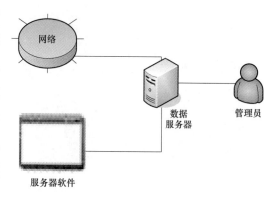

图 3-24　数据采集系统

（3）网络传输系统。采用移动、联通、电信等运营商提供的 2G、3G 等移动网络传输服务，将数据采集端与互联网连接，并负责数据的传输和通信功能，在具体的实施过程中通过配置 3G 网卡和相配套的软件实现。

（4）数据预处理系统。内业预处理客户端借助网络传输系统从数据服务器下载各测量船传回的水深数据，并对水深数据进行自动粗差剔除和插值处理，从 Web Service 水位服务器查询水位站，并下载指定水位站的某一时间段内的水位数据供用户进行水位改正。此外客户端还提供历史底图对比功能、各类型数据成果格式导出功能等。

后处理的成果数据导入到成图系统中，进行成图，将生成的地形图与历史的地形图一起导入到后处理软件中，进行对比分析，验证后处理成果数据的正确性和可靠性。

为实现水深数据的粗差剔除的自动化，将实时自动水位改正、数据质量自动化批量控制等技术集成在一起，依据航道地形数据快速采集与预处理技术方案，在系统分析了航道地形要素信息快速采集与预处理软件系统的功能需求基础上，设计了软件系统（见图 3-25）。系统集成多源数据实时传输、水深数据粗差自动剔除、水位自动改正、异常数据分析筛选等多项功能，结合长江电子航道图的生产制作系统，最终实现了航道地形要素信息的快速更新与应用服务。

该软件具有如下特色功能：

（1）水深数据粗差自动化剔除。在融合时间深度门控制、趋势面分析法、数字滤波等技术的基础上，将异常数据筛查分析（见图 3-26），对粗差值进行自动判别和剔除（见图 3-27），限于篇幅，具体算法可参考文献［40］。

图 3-25　软件主界面展示

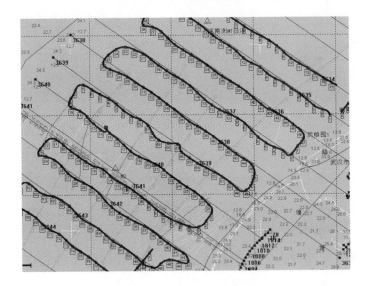

图 3-26　异常数据分析筛选

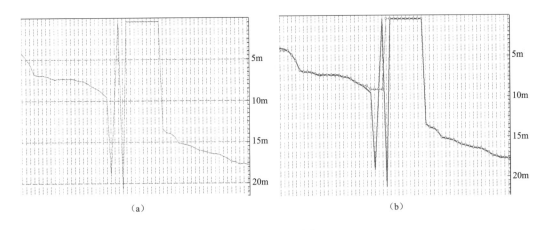

图 3-27　粗差自动剔除（一）

（a）原始水深序列图；（b）中值滤波法处理序列图

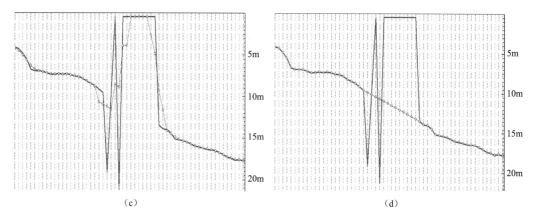

图 3-27 粗差自动剔除（二）

（c）加权平均滤波，权值比为 1:1:2:1:1；（d）本书算法[40]

（2）实时自动水位改正。自动水位站通过 3G 网络将水位实时传送给数据服务器，同时数据预处理过程中调用已有的水位观测资料，计算其水位值，实时对每个测点进行水位改正。

（3）数据质量计算机辅助控制技术。依据水深数据的坐标位置自动定位至最新的历史底图（.dxf）供用户做质量检查。将数据成果与近期测量成果的计算机辅助定位比对，帮助内业处理人员对数据合理性进行检查，提高工作效率。

（4）水深数据服务器端配置及账号配置策略。水深数据服务器操作系统 Window Server 2010，FTP 服务器端采用 Serv-U 软件。其功能完备，具有较好的安全特性，支持 SSL 加密连接保护数据安全，可在目录和文件层设置安全防范措施。支持文件上传和下载过程中的断点续传。支持分组管理数量众多的用户，可基于 IP 对用户授予或拒绝访问权限。

为了保证数据的安全，应启用 SSL 功能。应用 SSL 之前，首先任务是要创建新的证书，并选择要启用 SSL 的域名。由于 SSL 的运算消耗，连接时间要比普通连接要长。通过以上配置策略，各测量船三级账号可以在每次测量时新建以工程和日期统一命名的新文件夹，统一放置此工程该船的测量数据，且各测量船的文件夹名统一。如此二级账号还可依工程名对数据进行管理，下载某一工程中各测量船的数据进行内业处理。

（5）基于 Web Service 的水位服务。水位数据存储和管理的数据库采用 Oracle 11g，通过 ADO.NET 技术连接和访问数据库，由 Web Service 提供录入、编辑、删除、查询等统一接口，基于 ASP.NET 开发简单的水位网页填报功能并一起在 IIS 上发布，其中非查询类的接口通过自定义 soap 消息头进行身份验证、调用者在调用时必须提供用户名和密码，从而构建起一个开放安全可扩展的系统。

整个系统的应用服务与数据库管理部署在同一服务器上，终端用户访问发布的水位信息可以采用任意开发语言通过服务接口获取。服务接口包括获取实测水位站的目录信息、获取某个实测水位站信息、获取实测水位记录起点时间、获取数据基准面描述、新增加一个水位站信息、修改水位站信息和删除水位站信息。数据库中还设计了高程基准面编码表、水位信息表、实测水位站信息表、通知通告表、用户密码表（密码加密保护）、日志信息表以及日志类型表等表格。

同时，通过水位站目录查询接口，可以查询到所有的水位站列表及水位站信息，包括编号、位置、发布基准面、水位转换参数等。通过输入站点编号、开始时间、结束时间参数，可以从水位站水位信息接口得到某个水位站一个时间段的水位数据。

第六节　航道要素多源数据自动融合与综合处理技术

利用航道感知技术，可以得到不同来源、不同格式、不同尺度、不同精度、不同时效的航道要素数据，多源异构航道要素感知信息的融合是实现不同信息动态集成、统一服务的基础。空间数据融合是指将同一地区不同来源的空间数据，采用不同的方法，重新组合，补充物体的分类分级和属性，进一步改善物体的几何精度，旨在消除以下差异：

（1）空间物体在不同的空间数据模型中多次采集所产生的数据描述上的差异。

（2）相同或不同的数据模型采用不同的分类分级方法采集所产生的要素属性差异。

（3）空间数据的应用目的不同表现在要素综合详细程度上的差异以及多次数字化所产生的几何位置差异。

要真正实现多源异构空间数据融合，必须设计一种能融合多种数据的空间数据模型及其数据格式，并研制实现多源数据融合软件，统一符号系统，将空间物体在不同数据模型中多次采集所产生的差异，以及相同的数据模型几何位置多次数字化和物体类型不同的抽象概括所产生的空间数据结构、几何位置和要素属性等的统一处理，在最大程度上实现多源异构数据的融合处理。

长江航道要素种类繁多，来源各异，其原始数据多源异构造成长江电子航道图源数据生产处理过程复杂、软件集成度低、数据更新慢等问题，因此，本书提出一套多源数据自动融合与综合处理系统软件，整合长江全线各类航道要素数据，包括航标、航道地形、水下碍航物、水位、水深等航道要素信息，实现长江航道地理信息数据的统一存储与管理，提升海量异构数据的快速存储、访问、融合及预处理的效率，从而实现长江电子航道图数据的快速生产。

一、系统技术方案

（一）多源异构数据融合处理技术

本书所提出的航道要素多源异构数据融合处理技术主要包括融合模型、融合基准、要素编码、空间几何位置融合处理和多源数据整合的时态管理。

1. 融合模型

目前长江航道要素数据融合处理主要采用 S-57 理论模型，图 3-28 为拓展 S-57 理论模型，统一空间数据及海图数据的数据融合模型使数据组织具有更大的灵活性。

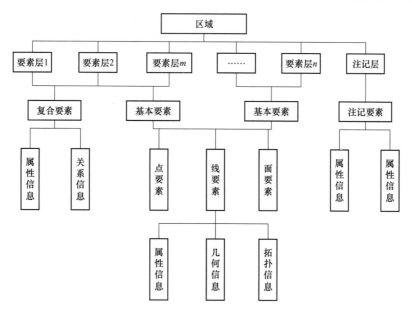

图 3-28　基于 S-57 的数据融合模型

2. 融合基准

航道要素多源数据融合包括对航标、水位、航道地形、水下碍航物、水深等各类要素数据的融合处理。由于各类要素数据来源广、时空尺度大、空间基准不一致等，加之不同来源数据的获取手段和平台不同，导致现有的多源要素数据在诸多方面存在差异。对各类航道要素数据进行融合，首先统一各类要素数据的坐标系统、高程及深度基准。航道要素数据的平面坐标系统一转换为 CGCS2000，高程系统统一转换为 1985

国家高程基准，深度基准统一转换为当地航行基准面，即宜宾到木洞采用深度基准面，木洞到宜昌采用吴淞高程，宜昌到江阴采用航行基准面，江阴以下采用理论最低潮面。

3. 要素编码

要素编码是指要素中属性数据的编码，分类是把研究对象按其性质划分为若干个组，分级则是对同一类对象再按某一方面量上的差别进行分级。分类和分级共同描述了地物之间的分类关系、隶属关系和等级关系，要素的分类分级主要有两种方法：线分类分级法和面分类分级法。编码按其作用与性质分为两种：分类码和标识码。分类码用于表示不同类别的数据，是根据地理信息分类体系设计出的各专业信息的分类代码，同一类别的信息从属于唯一的分类码。在分类码的基础上，用标识码对某一类数据中的某个实体进行个体查询检索，编码方法可分为符号编码法和符号含义编码法。其中属于符号编码法的编码有数字型、字母型、数字和字母混合型三类编码；而隶属于符号含义编码法的编码包括顺序码、层次码、复合码、矩阵码等。

如图 3-29 所示，多维指标结构模型中，用一位代码表示一种属性；树型结构模型中，则用一位或若干位代码表示每一层次的不同属性，从而使得对象的属性值由其所有上级代码加本级代码组成。两种模型相比，多维指标结构模型因其属性特征易于辨识，便于在其基础上生成多种专题图；而树型结构模型层次分明，有利于地图图斑类别的确定。

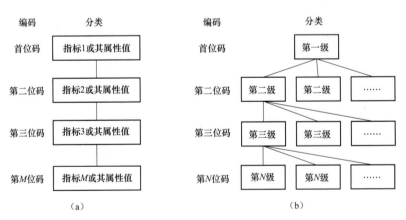

图 3-29　属性编码模型

（a）多维指标结构模型；（b）树形结构模型

4. 空间几何位置融合处理

通常造成几何位置差异的原因主要是同一地区同一比例尺的空间数据被多次获

取。它包括以下两种情况：一是相同图种同一地区同一比例尺的空间数据被多次获取；二是不同图种同一地区同一比例尺的空间数据多次获取。从保证几何数据定位精度及处理从简的角度出发，对于第一种情况，可通过二者取其一的方法加以解决。在分析重复数据的质量基础上，取质量较好者，舍质量较差者。对于第二种情况，以数字地形图和海图为例，当把数字地形图扩充到水域部分时，即遇到同一要素重复表示这种情况。对于水面以上的要素，数字地形图的几何精度更高、综合程度要小；对于水面以下的要素，基于海图的几何精度更高、表示得更详细些。因此，为了取得较高的精度，应以几何精度较高的要素取代几何精度较低的几何数据。

5. 多源数据整合的时态管理

基于版本控制实现各类航道要素多源数据的时态管理。空间信息版本化管理可以从概念层、中间层和物理层三个层次来认识，对应版本、状态和表三个不同概念层次上的核心概念，其层次结构如图 3-30 所示。

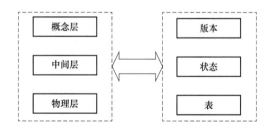

图 3-30　版本管理机制层次结构

利用版本机制来更新数据时，在多用户操作模式下按照版本树的组织方式，在初始数据库下创建新版本，然后在各自的版本里开始编辑。用户可以同时操作同一个数据库甚至同一个空间对象，而不用顾及数据库是否锁定或受限，用户的编辑会在数据库中记录下空间数据和属性数据的改变，用户编辑完成后要与目标版本进行版本协调，由数据库管理员根据数据库更新的周期进行版本合并，如果版本之间存在冲突，则根据系统的需要进行数据的取舍，解决冲突后提交各编辑版本，完成数据库的更新，形成成果数据库。被更新的历史数据存放在历史数据库中，便于以后对数据库的查询和分析，也便于将数据库状态恢复到某个历史时刻。

（二）统一的航道信息数据模型

本书结合多源航道要素数据采集方法和数据格式的研究，构建包括图层模型和数据存储模型的统一的航道信息数据模型，并基于 EPS 平台和 ArcGIS 平台提出航道要素数据融合方法。

1. 图层模型

航道要素分类体系的统一是电子航道图生产制作标准规范的核心，也是方便航道信息应用和共享的重要因素，根据航道管理和长江电子航道图生产制作需要，在现有相关标准的基础上，将航标、水位、航道地形、水深、水下碍航物、水流、山区能见度等航道要素信息分划分为 22 个图层，各图层数据描述如表 3-8 所示。

表 3-8

图 层 模 型

序号	图层名称	图层属性
1	控制点	图中所有控制点要素
2	地物地貌	包含图上所有地物地貌要素。地物指地球表面上相对固定的物体，地貌指地球表面的各种形态。如土堆、丘地等
3	境界和地名	境界是各种边界如省界、县级市界等的总称。地名是具有部分人文、地理环境范围代指意义的名称
4	标准线	标准等深线是根据长江干线不同航段航道的维护特点而制定的用于指导航道维护的等深线。该层包含图中所有标准等深线
5	计曲线	图中每隔四条首曲线加粗描绘一根等深线，这根加粗的等深线就是计曲线。该图层包含图中所有计曲线
6	首曲线	按固定等高距（航道图中等高距为1m）描绘的等深线为首曲线。该图层包含图中所有首曲线
7	零米线	图中所有零米等深线
8	高程	绝对地形图中所有高程点相对于绝对基面的高度
9	水深	相对水深图中所有水深点相对当地航行基准面的高度
10	岸标层	图中所有位于岸上的航行标志，用于指导船舶安全航行
11	浮标层	图中所有位于水中的航行标志，用于指导船舶安全航行
12	水沫线	一般为测时水边线
13	水文要素	水文要素是描述某一河段在某一时间水状况的必要因素。该图层包含水尺、水流方向等图上所有水文要素
14	表面流速流向	图中所有与水流速度和水流方向相关的要素
15	水工设施	包含水利、工程、设备、设施等多种要素
16	临、跨河建筑物	图中所有与临、跨河建筑物如桥梁、码头等相关的要素
17	整治建筑物	整治建筑物主要用于整治航道的起束水、导流、导沙、固滩和护滩等。该层包含丁坝、顺坝、潜坝等所有航道整治工程要素
18	航行障碍物	图中所有阻碍船舶安全航行的要素。如沉船、礁石等

续表

序号	图层名称	图层属性
19	勘探	图中所有与地质勘探相关的数据。如比高、深度等
20	植被	图中所有植被要素
21	图廓	图中所有描述图廓的要素
22	范围线	用于表示图中数据更新的范围

2. 数据存储模型

各类航道要素数据采用 Access 数据库进行统一存储，物标空间数据与物标要素属性数据进行分离存储，同类物标因具有相同属性，其属性信息进行统一存储，以减少数据冗余，如图 3-31 所示为航道要素数据的存储模型。

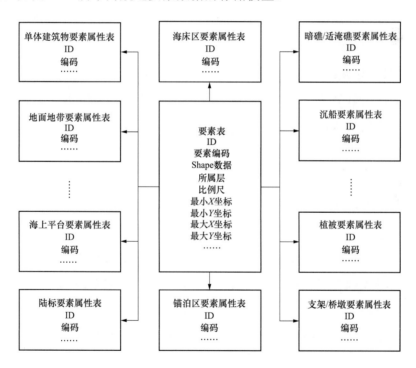

图 3-31　数据存储模型

3. 基于 EPS 平台的定制融合方法

清华山维 EPS 地理信息工作站平台对地理信息数据的处理提供了较为丰富的接口，然而对于航道要素数据的处理要求遵循长江电子航道图生产制作规范，在 EPS 平台上进行航道地形及水下碍航物数据的融合处理工作需要根据航道要素数据的特点进行数据映射与模板定制，使融合处理后的航道要素数据符合 S-57 标准。

4. 基于 ArcGIS 二次开发的数据融合处理

虽然 EPS 平台对地理信息数据的处理提供了非常丰富的接口，但通过 EPS 平台关系映射及模板定制方法实现航道要素数据的融合处理对数据预处理工作而言具有一定的局限性，除航道地形及水下碍航物数据外，对航标、水流、水位等数据需要在后续源数据处理中进行融合。本部分结合 ArcGIS 平台中数据分层及要素编码、数据映射关系、属性设计及赋值、数据格式及坐标转换等进行二次开发，实现航道要素数据的统一批量入库。

（三）航道要素数据综合处理技术

通过综合进行各类要素数据的合法性检查，结合模板匹配方法及自定义规则方法实现各类航道要素数据的图层合法性检查、编码合法性检查、要素属性检查、要素几何类型检查、要素绘制检查及注记要素检查，实现航道要素数据综合处理技术，为源数据后续生产奠定基础。

1. 航道要素数据预处理相关规范

为确保长江航道全线数据预处理成果质量，针对现有的 EPS 地形数据特点，主要从要素编码使用的要求、要素数据几何类型、要素属性编辑要求、要素绘制等方面对数据预处理进行规范，并制定了数据预处理流程规范。

2. 源数据处理检查方法

在实际工作中，分别采用模板匹配法和用户自定义规则法进行源数据的质量检查。模板匹配法用于控制航道要素数据的属性检查。各数据层由哪些属性项构成，每一属性项的定义，都可以设计成标准控制模板规则表。在航道要素数据检查的过程中，将属性数据与标准模板规则表匹配，自动检查不符合标准的数据。用户自定义规则法可广泛用于源数据检查工作，主要通过定制开发，对规则表进行周密的设计，在用户自定义规则功能上，从系统映射表中找到规则库和规则，判断所要检查的要素是否符合该规则。

3. 源数据预处理检查内容

根据《长江电子航道图数据预处理规范》，长江航道要素数据预处理检查的内容主要包括：图层合法性检查、编码合法性检查、要素属性检查、要素几何类型检查、要素绘制检查及注记要素检查。其中，图层检查、编码合法性检查、要素属性检查、注记要素检查采用模板匹配法进行处理，而要素几何类型检查及要素绘制检查可使用用户自定义规则检查方法。

4. 数据对接技术方案

各类航道要素数据完成预处理后，需要导入生产网源数据生产编辑系统，实现后续的数据生产编辑处理。由于 EPS 原始数据采用的是 BJ-54 大地坐标，而电子航道图产品数据则采用的是 CGCS2000 国家大地坐标系。预处理后的航道要素数据在导入生产编辑系统前需要进行坐标系统的转换。为了提高航道要素预处理数据与生产网源数据库之间对接的灵活性，航道要素多源数据自动融合与综合处理平台提供两种将水深、航标、水流、航道地形、碍航物等航道要素数据导入至生产源数据库的方法。分别为 SHP 文件对接方式和数据库通道对接方式，如图 3-32 所示。

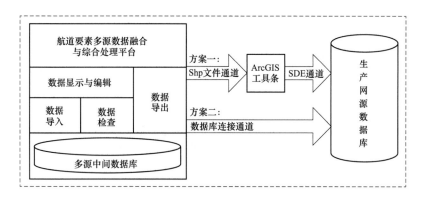

图 3-32 航道要素多源数据对接方案

二、系统研发

在航道要素多源数据自动融合与综合处理技术理论研究的基础上，基于 ArcGIS 平台二次开发实现了全新的适用于内河航道要素多源数据自动融合和综合处理系统软件,解决了不同航道要素数据处理软件集成度低的问题。主要包括以下两个方面：

（一）航道要素多源数据自动融合与综合处理系统

航道要素多源数据自动融合与综合处理系统采用分层设计思想进行实现，系统总体架构分为数据层、支撑层及应用层，其中数据层基于航道要素数据融合储存模型实现各类要素数据的统一存储；支撑层采用基于组件的开发模式实现各类数据的访问操作功能；应用层提供数据融合与综合处理各功能点的人机交互界面，实现各类数据的导入融合及显示编辑处理等。系统总体架构设计如图 3-33 所示。

（二）功能模块和总体结构

航道要素多源数据自动融合与综合处理系统分为数据融合、数据显示与编辑、数据预处理、数据导出、系统配置等功能模块，总体功能结构图如图 3-34 所示。

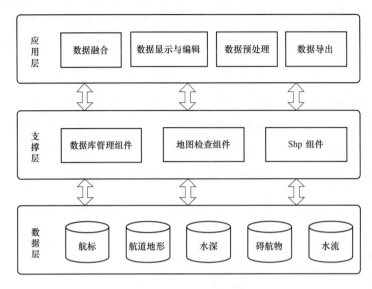

图 3-33　系统总体架构

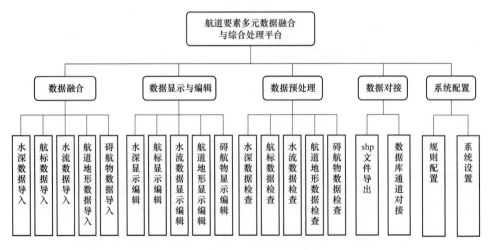

图 3-34　系统功能结构及模块划分

（1）数据融合模块：主要根据航道要素数据融合模型实现航标数据、水深数据、航道地形、水下碍航物等航道要素信息的导入融合功能。

（2）数据显示与编辑模块：主要实现各类航道要素数据的信息融合显示及编辑功能，以实现对航道要素数据的可视化处理。数据编辑功能主要包含基础绘图及常用编辑两类。

（3）数据预处理模块：包括对融合处理后航道要素数据图层、要素编码、要素属性、几何类型、要素绘制等进行合法性检查。

（4）数据对接模块：主要实现将预处理后的航道要素数据导入至生产网源数据库中，以实现长江电子航道图源数据的后续生产处理，为方便现有生产流程，系统提供两种与生产源数据库进行对接的方法。

（5）系统配置模块：主要实现系统在航道要素数据自动融合与综合处理过程中的相关参数设置。包括数据检查、方案和规则及运行环境配置三类。

航道要素多源数据自动融合与综合处理系统软件界面如图 3-35～图 3-36 所示。

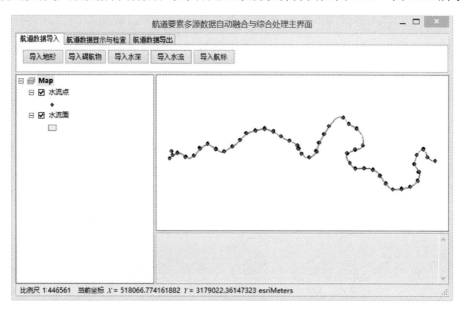

图 3-35　水流数据导入融合处理

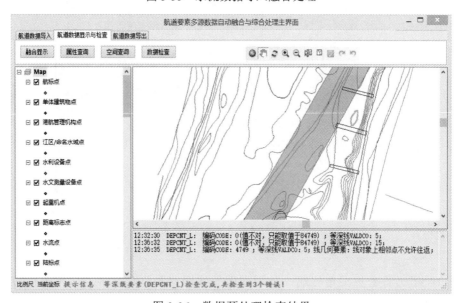

图 3-36　数据预处理检查结果

第七节　航道要素信息综合应用示范

一、航道要素快速采集与传输技术

为适应航道要素自动采集与传输需要，提出了符合今后较长时间建设发展需求的数据交换规范化解决方案的航道要素快速采集与传输技术，提供制图生产平台所需的典型航道要素信息，包括航标、水位、水深等数据，打通各类用户群体的业务应用数据获取通道。

航道要素信息采集与传输可实现远程现场数据采集终端的数据交换、远程现场服务终端的数据交换。鉴于长江航道基本要素信息采集与服务终端的特点，需要多源测量数据快速传输汇聚平台通信必须利用包括公众服务网在内的各类型无线及有线网络，且数据交换要求高效、稳定、安全。因此，平台架构总体框架（见图3-37）主要包括以下三个部分：

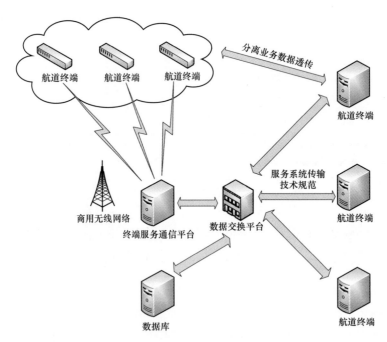

图 3-37　多源测量数据快速传输汇聚平台架构

（1）航道远程数据采集终端：使用商用无线网络与终端服务通信平台进行信息交换的通信终端，包括航标遥测遥感、航道地形采集、水位监测等设备。

（2）终端服务通信平台：向下为终端提供数据交互、事件上报等接口，用于管理和配置航道终端的软件平台。

（3）数据交换平台：为终端服务平台提供数据服务，为数据库提供对外接口，联通终端服务通信平台和服务终端的软件平台。

通过航道要素快速采集与传输技术采集的长江上游航道基础地理信息数据，包括航标数据、水位数据、航道地形、水深等航道基本要素信息，还需要利用数据融合处理与动态更新技术进行整合，亦即根据各类要素间的拓扑关系、主从关系、逻辑联系等，为制图人员提供全自动或半自动操作方式，实现数据的快速更新，实现航道地理信息数据的统一存储与管理，提升海量异构数据的快速存储、访问、融合及快速处理的效率，从而实现长江电子航道图数据的快速生产。

基于数据融合处理与动态更新技术，构建多源数据快速更新自动化平台，如图 3-38 所示，其主要功能如下：

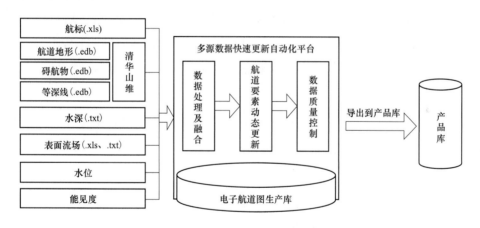

图 3-38 多源数据快速更新自动化平台架构

（1）利用航道要素数据融合工具，实现了电子航道图多源数据的快速融合。根据符合长江电子航道图数据预处理规范的数据融合模型，包括要素图层规范、要素编码规范、要素属性规范及各类航道要素数据到 S-57 的物标与属性的映射关系等实现航标数据、水深数据、航道地形、水下碍航物等航道要素信息的导入融合功能。

（2）利用航道要素数据综合处理工具，实现了航道要素数据的快速预处理。根据《长江电子航道图数据预处理规范》对各类航道要素信息的数据预处理要求，在航道要素数据存储模型基础上，根据各类航道要素数据图层、编码、要素属性、要素几何类型、要素绘制等预处理检查方法实现对融合处理后航道要素数据图层、要素编码、要素属性、几何类型、要素绘制等进行合法性检查与编辑修正。

（3）利用航道要素动态更新系统，实现对水深数据、航标数据和其他航道要素数据的综合处理与动态更新。长江电子航道图要素动态更新系统能够快捷地完成对测量数据的导入、编辑，实现符合长江电子航道图相关标准体系的电子航道图的显示、编辑、检验和审核以及相关的数据管理功能。并且，基于数据库管理系统，实现了与数据库的实时动态数据交互，满足生产管理、数据维护管理、系统管理等数据库管理要求，同时能够支持网络环境下的协同生产工作。在数据动态更新方法研究的基础上，对水深数据、航标数据和其他航道要素数据分别进行更新。

二、长江电子航道图公共服务平台

航道信息服务快速发布技术的基础平台是长江电子航道图公共服务平台软件。通过设计并开发更新信息发布接口，能在实现用户及时、便捷下载更新数据的同时，最大限度保证传输数据的安全性、完整性、有效性，使得用户能够快速查询和下载服务平台提供的各类航道要素更新数据。航道信息数据按照 OGC 标准进行 Web 发布，特别是提供 ENC 数据空间化管理及 ENC 数据标准化展现的工具、数据模型、符号库和必要的服务。

因此，本节重点介绍长江电子航道图公共服务平台，主要包括设计思想、航道要素服务接口、公共服务平台环境和软件系统。

（一）设计思想

长江电子航道图公共服务平台体系采用的是面向服务的思想，融合 Web Service、REST、JavaScript、Flash、XML 等技术，在标准规范以及安全制度和措施的保障下建立起完整的底层设施、数据资源到服务后台，从而支撑最上层的 B/S、C/S 前台应用系统。长江电子航道图应用服务体系基于 SOA 架构，采用 Web Service 技术，体系的逻辑分层架构如图 3-39 所示，包括基础环境支撑、数据层、服务层和应用层等，各部分简述如下：

（1）基础环境层：电子航道图公共服务平台的基础设施，如操作系统、数据库及其他中间件平台。

（2）数据层：用于电子航道图服务数据存储服务层的各信息管理系统、程序来维护的数据，是 Web Service 发布的数据来源。

（3）服务层：由若干后台程序、信息管理系统及服务管理工具组成，发挥着 SOA 架构的服务注册中心、服务提供者作用，而服务数据源自提供者及其他应用后台的管理。

（4）应用层：主要为前端应用，基于电子航道图 Web Service 典型示范应用系统（C/S）即电子航道图终端智能导航系统和控制河段通行指挥系统，均为 SOA 架构的 Web Service 的服务请求者，以及其他网络应用，如两个 Web 系统（"长江航道在线"门户网站和船舶监控系统）。

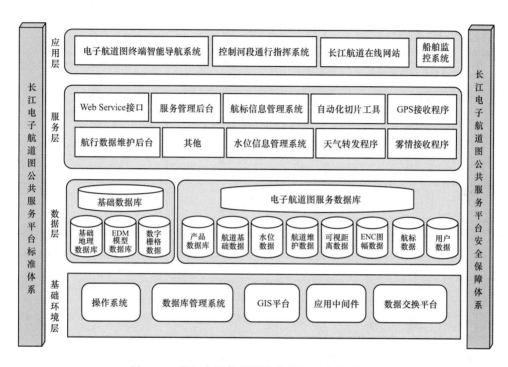

图 3-39　长江电子航道图公共服务平台体系架构

（二）航道要素信息服务接口

针对四类用户群体（航道疏浚部门、航道管理单位、港航企业、科研单位）的业务特征和应用需求分析，总结航道要素综合信息服务的内容，形成 13 个服务接口类别，包括航道基础数据、航标数据、水位站基础数据、水位数据、雾情站基础数据、雾情数据、天气、航道维护数据、图幅数据、控制台数据、通告预警数据、可航水深数据以及深水过渡河段数据等。每个服务类别根据数据应用频率、访问处理效率，划分为若干个具体接口，具体如表 3-9 所示。

表 3-9　　　　　　　　　　　　　航道要素信息服务类别

序号	信息服务类	接口	应用需求分析
1	航道基础数据	获取水道列表 获取单个水道详情	水道列表、水道详情、按水道提取航标

序号	信息服务类	接口	应用需求分析
2	航标数据服务	获取航标列表 获取单个航标详情	航标列表、航标详情、地图定位、地图动态渲染
3	水位站基础数据服务	获取水位站列表 获取单个水位站详情	水位站列表、水位站详情、地图定位、地图动态渲染
4	水位数据服务	获取单个水位站实测水位 获取单个水位站预测水位	实测水位查看、预测水位查看
5	雾情站基础数据服务	获取雾情站列表 获取单个雾情站详情	可视距离监测站列表、可视距离监测站详情
6	雾情数据服务	获取单个雾情站可视距离	可视距离查看
7	天气信息	获取沿江城市列表 获取单个城市天气	天气查看
8	航道维护数据服务	获取单月尺度计划 获取单周维护尺度	月尺度计划、周实际维护尺度查询查看
9	图幅数据	获取图幅列表 获取图幅下载链接	ENC 图幅列表、图幅更新版本信息、图幅数据下载
10	控制台数据	获取控制信号台列表 获取单个信号台详情	控制河段信号台列表、信号台详情查询查看
11	通知预警数据	获取当前通告预警	航道通告、安全预警查看
12	可航水深	获取可航水深面	可航水深面查看
13	深水过渡河段数据	获取深水过渡河段面	深水过渡河段查看、地图显示
14	船舶定位数据	上传船舶定位数据	船舶实时监控、船舶轨迹

对这些信息的应用需求一般包括数据列表、数据记录详细信息查看，地图定位，地图显示等，前端应用系统根据业务梳理设计，集成 Web Service 接口，将接口通过业务逻辑封装，实现不同的应用功能。

（三）公共服务平台运行环境

公共服务平台的服务接口需要运行在一定配套的基础设施环境中，具体的应用系统如航标管理系统、水位管理系统、数据保护系统需要部署在应用服务器上进行集中管理，其中复杂服务的处理需要配备专属的高性能计算服务器，满足服务处理的速度与稳定性。

为了提升应用服务的承载能力，设计在电子航道图公共服务平台运行环境配置两台负载均衡设备，采取轮询机制将用户请求分配到承载较轻的服务器集群节点上，数据库则采取了双机热备的形式保障数据安全。网络安全方面则配备企业级防火墙、防毒墙、入侵防御设备、Web 应用防火墙（WAF）等安全设备进行层层防护。通过 WebLogic

应用服务器，基于电子航道图公共服务平台发布应用与服务，为有关用户提供丰富实用的信息服务。

（四）软件系统

为了支持必要的航道要素信息的人工维护与审核，自动获取与存储，服务的集中管理，符合 CJ-63 标准的数据保护机制，公共服务平台配套研发了以下软件及工具，如表 3-10 所示。

表 3-10　　　　　　　　　长江电子航道图公共服务平台软件系统清单

软件工具名称	软件工具用途
航标信息管理系统	用于维护航标基础信息和管理信息
水位信息管理系统	用于维护水位站基础信息和管理实测、预测水位信息
航行数据维护后台	用于维护航道航行有关信息：河道信息、航道维护尺度信息、通告预警信息等
服务管理后台	集中注册、发布、启用停用服务
自动化切片工具	用于自动生成电子航道图互联网切片地图数据
雾情接收程序	用于接收可视距离观测站终端数据
GPS 接收程序	用于接受电子航道图智能终端船端系统上传的 GPS 船位
天气转发程序	用于获取外部来源的沿江城市天气信息

三、应用示范

（一）示范地点选择

为突出示范效果并合理利用资源，数据采集外业采集及预处理的应用示范地点的山区河段选在合江门至兰家沱段部署山区航道可视距离自动测报设备样机，电子航道图数据融合与服务发布选在长江航道测量中心。

（二）示范工作步骤

首先，进行示范点各类航道要素数据的快速采集与预处理；其次，通过多源数据快速传输汇聚平台进行数据的融合处理，形成电子航道图产品数据；最后，依托于电子航道图公共服务平台，开发相关接口实现数据对外发布，并通过电子航道图应用系统下载、展现更新数据。具体应用示范实施路线如图 3-40 所示。

（三）示范工作开展

（1）山区河段数据采集：在长江干线合江门至兰家沱段选择部署山区航道可视距离自动测报设备样机，开展航道地形数据快速采集、航道流场数据采集与预处理、

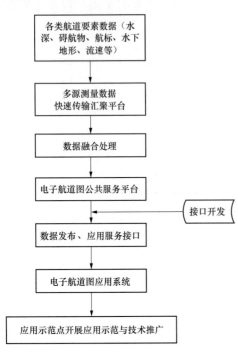

图 3-40 航道信息综合应用示范实施路线

航标数据采集与水位数据采集快速采集。

（2）数据快速传输汇聚：电子航道图数据快速传输汇聚处理在长江航道测量中心。其中，航道地形数据与航道流场数据在长江航道局内网传输，航标和水位数据在外网传输。航道地形与流速文件通过部署于长江航道局内网的长江电子航道图数据生产综合文件管理系统进行管理，该系统实现 ENC 数据生产所用到的预处理文件及成果文件的统一存储管理、质检、审核和发布。航标与水位数据汇聚管理分别由部署于外网的航标管理系统与水位管理系统实现。

（3）数据快速自动化处理：电子航道图数据快速自动化处理示范在长江航道测量中心实施，处理过程包括数据预处理、数据融合、数据编辑处理和动态更新与成图多个阶段，处理后生产出更新后的电子航道图数据。

（4）航道更新信息快速发布：电子航道图动态更新数据服务发布在长江航道测量中心实施。航道更新的信息可以分为两大类：一类是从生产编辑系统中获取航道图产品数据；另一类是航道动态发布信息（水位信息、可视距离信息、航道维护尺度信息等）。

通过长江电子航道图公共服务平台发布的 Web Service 获取典型航道要素信息，包括水位、水深、水流、水下障碍物等，为相关用户群体的业务应用打通数据实时获取通道。通过服务授权后，即可登录电子航道图服务网站首页查询所需的服务与接口进行使用。图 3-41 以水位数据服务为例，显示了电子航道图服务接口信息。

另外，通过网站与船舶智能终端的方式展示航道要素更新信息。在长江航道在线网站中通过在线电子航道图与航道动态信息列表展示最新的电子航道图数据及航道动态信息（见图 3-42）。电子航道图智能导航终端软件分主要基于联网时获取的网络服务功能，即航道信息更新发布的 Web Service 接口集，下载的最新电子航道图 ENC 数据、航标数据等其他航道动态信息数据（见图 3-43）。

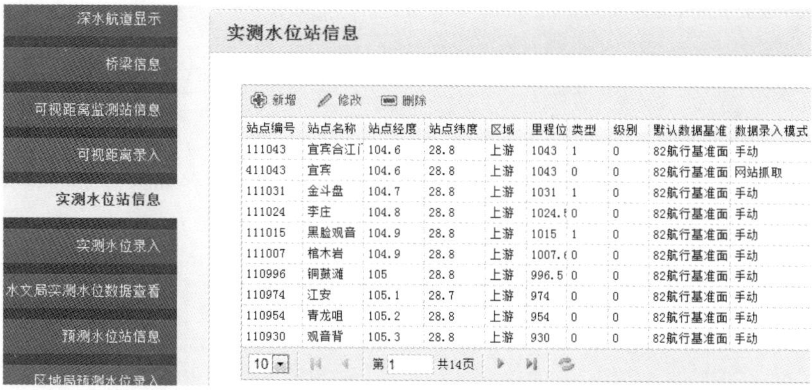

图 3-41　电子航道图服务接口信息——水位数据服务

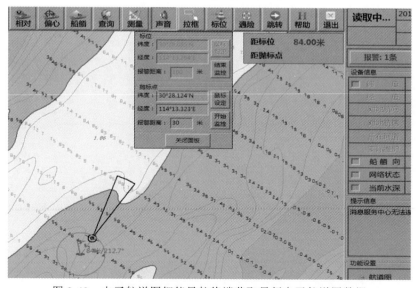

图 3-42　长江航道在线网站

图 3-43　电子航道图智能导航终端获取最新电子航道图数据

第四章

长江上游山区航道整治关键技术
——以复合碍航滩险为例

长江上游航道宜宾—重庆段，横跨四川及重庆两地区，水流自西向东穿越四川盆地东南边沿，流经峡谷、丘陵和山地，航道弯曲狭窄，滩多流急，流态紊乱，浅滩、险滩、急滩等碍航滩险较多，具有典型的山区航道特征。目前，该航道技术等级为Ⅲ级，其航道尺度为 2.9m×50m×560m，枯水期可通航 1000t 级船舶及其组成的船队。至 2035 年，该段航道水深规划为 3.5m。为实现这个目标，陆续实施了渝兰段航道整治工程、兰叙段航道整治工程、宜宾合江门至泸州纳溪航道建设工程（一、二期）、泸州纳溪至重庆娄溪沟航道建设工程、九龙坡至朝天门航道整治工程等。本章依托九龙坡至朝天门航道段，重点围绕该段内黄家碛和具有复合碍航特性的砖灶子滩险的整治方法展开，研究长江上游山区航道滩整治的关键技术。

第一节　国内外研究现状

一、航道整治国外研究现状

为进一步改善莱茵河、密西西比河等河流的通航条件，构建四通八达的内河航运体系，欧美国家开始对通航河流进行整治工程实践，如美国、德国、匈牙利等。早期航道整治的方法主要为整治、疏浚和清障。文献［132-133］报道了 1964 年至 1997 年间，密西西比河多处河段进行了多次疏浚工程，开挖工程量达 1.83 亿 m³，并分析了水流和泥沙输运对疏浚工程的影响。文献［134］介绍了德国易北河和威悉河的河口航道治理经验，长期以来的实践证明，利用疏浚与整治相结合开发河口航道，成效显著。文献［135］总结了匈牙利冲积河流的整治工程方法，得到以防洪为目的洪水河道整治，以修筑和维护堤防为主；平滩水位以下的中水河道整治，主要为河流开发创造条件和可能；低水河道整治，目的是最终在河床内形成主要为航运服务的河槽，以疏浚为主。发展至 20 世纪 80 年代，国外内河航道已经基本实现现代化发展的阶段，通过综合开发水资源、梯级渠化航道和开辟运河等措施，逐步形成了高等级内河航道体系［136］。受国外航运开发体系、地形地貌等因素影响，在山区航道整治技术研究方面，国外鲜有研究报道。对于山区河流的航道整治措施，主要采用第二种方法进行，即河流梯级渠化，尚未形成系统的、全面的整治技术。例如，美国对于山区河流改善通航的措施主要采取枢纽渠化手段进行治理，除少数滩险需要炸礁、疏浚外，碍航现象极少发生。

二、航道整治国内研究现状

在长江上游山区河流中，根据滩的特性和碍航情况，可分为浅滩、险滩和急滩[137-138]。据文献[139]统计，在长江上游渠化之前，长江上游全段共有 180 处滩险，平均每 5.8km 即有一滩，其中，浅滩 59 处，急滩 58 处，险滩 63 处。三峡库区蓄水以来，雍高水位，淹没了多处滩险，通航条件大幅改善。截至目前，长江宜宾合江门至重庆娄溪沟段共有 41 个典型的碍航滩险（含已整治滩险）[140]，各典型碍航滩险分布如图 4-1 所示。早在 20 世纪 80 年代，国内学者就提出了长江上游航道浅滩、险滩和急滩的整治方法，即浅滩整治以筑坝为主（丁坝、顺坝、潜坝和锁坝等），疏浚为辅；险滩整治方法为炸礁；急滩整治措施包括扩大泄水断面、构成适当错口形式、拓宽缓流航道以及下游修建潜坝等[139]。

（一）长江上游浅滩、险滩和急滩碍航成因

1. 浅滩成因

浅滩成因主要包括以下两方面：一方面是河床断面放宽或其他原因造成流速的减小；另一方面是环流的减弱或消失、洪枯水主流摆动、局部地区来沙量加大、特定的河床条件以及支流入汇的相互顶托等。综合上述因素，总结归纳为上游来沙量大于本河段的输沙能力，使泥沙淤积而成为浅滩。基于浅滩平面形态和形成原因，将浅滩分为过渡段浅滩、弯道浅滩、汊道浅滩和散乱浅滩。图 4-2 为铜鼓滩河势示意。铜鼓滩是长江上游叙泸段枯水期重点碍航卵石浅滩之一，处于两反向河湾的过渡段，其河势呈现上浅、中弯、下险的特点。

2. 险滩成因

险滩根据其碍航原因可分为礁石险滩与不良流态险滩两种类型。图 4-3 为长江上游典型弯浅险滩——神背嘴滩河势示意图。

地质条件是形成礁石险滩的主要成因。具体来说，在岸边或江中有些坚硬的岩石，不易被水流冲蚀，形成明暗礁石，使航槽弯曲狭窄，船舶极易发生触礁事故而成为碍航险滩。只要将碍航礁石清除，流态亦会得到相应改善，该整治方法已在文献[138]中有所报道。不良流态险滩种类较多，主要有泡漩险滩、滑梁险滩与扫弯险滩三种。

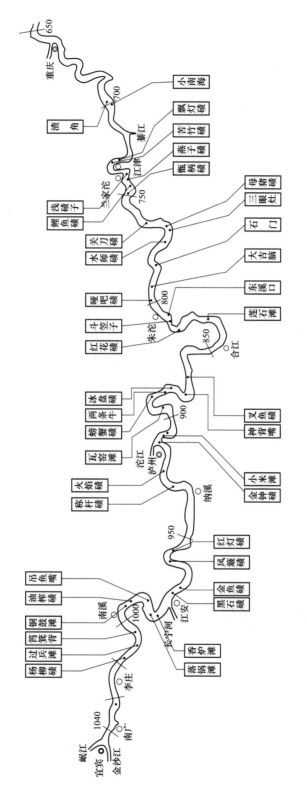

图 4-1　长江宜宾合江门至重庆娄溪沟段典型碍航滩险分布

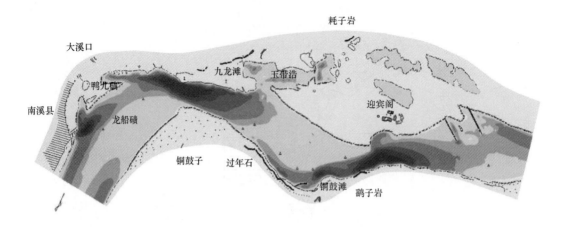

图 4-2　铜鼓滩河势

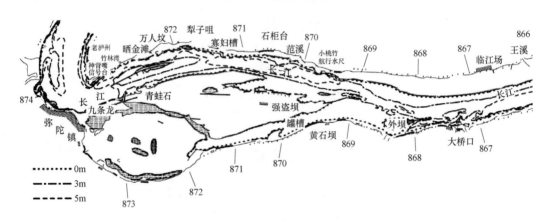

图 4-3　神背嘴滩河势

3．急滩成因

急滩是指通航河流中坡陡流急、标准船舶（或船队）自航上行困难的河段。根据文献［137，140］报道，由于河床泄水断面的缩小，造成局部河段水流能量的急剧变化。在缩小断面的上游，水位壅高，位能增大，在位能转换为动能的过程中，形成陡坡急流，给上行船舶产生较大的比降阻力和流速阻力。当船舶的推力小于上述两阻力之和时，上行船舶需借助施绞设施等外力上滩，而成为碍航的急滩，其基本特征为比降陡、流速大、流态坏。目前，依据造成河床泄水断面缩小的原因不同，分为基岩急滩、溪口急滩、崩岩与滑坡急滩和卵石急滩四种；依据滩险形态，分为突嘴型急滩（含单口、对口、错口与多口等滩型）、窄槽型急滩、横埂型急滩和汊道型急滩四种。图 4-4 为长江上游泸渝段著名的枯水急流滩——斗笠子滩河势示意。斗笠子滩曾是泸渝段航道中唯一配有绞滩设施的枯水急滩。

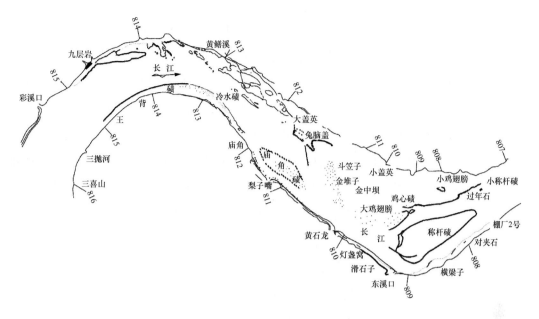

图 4-4　斗笠子滩势图

（二）整治技术

近十几年年来，国内学者针对长江上游航道重点碍航滩险，采用不同的技术方案进行了重点整治。文献［141］总结了长江上游泸渝段航道特性、滩险演变趋势及碍航特征、航道整治建设情况，提出了泸渝段航道整治的原则、通航水文标准、设计水位与整治参数，给出了整治工程设计和整治效果预测，为后续长江上游航道碍航滩险的整治奠定了基础。浅滩滩险方面，文献［142］以长江上游铜鼓滩为研究对象，通过实测资料分析和模型实验研究，分析滩段的水沙运动和河床演变规律，揭示该河道碍航成因，认为直槽基建性疏浚与筑坝相结合的整治方法是行之有效的。随后，文献［143］通过实测资料分析和平面二维数值模型对铜鼓滩进行数值模拟，表明左槽方案水流条件较好，但对河势的改变相对较大，而右槽整治方案工程投资少、对河势的影响相对较小，推荐选择右槽整治方案。根据上述整治思路，文献［144］通过铜鼓滩整治方案模型试验，得出铜鼓滩采用新开航槽，并筑坝维持挖槽稳定的措施，能够彻底解决了该滩碍航问题，工程效果良好。文献［145］基于东溪口浅滩，将开通东溪口北槽作为其推荐整治方案，整治效果显示航道整治工程对环境、水源地以及涉河设施等方面影响不大，具备建设条件。文献［146］采用平面二维水流泥沙数学模型，对胡家滩浅滩整治方案进行数值模拟，表明通过筑坝、疏浚与炸礁相结合的方法对胡家滩浅滩航道整治较为有效。同样，文献［147］亦通过数值模拟技术对九龙滩浅滩展开了研究，结果显示，采用疏浚和筑坝（包括丁坝、潜坝、潜丁坝和大型鱼骨坝）相结合的推荐方案实施后，航槽尺度满足设计要求，达到了预期整治目标。随后，文献［148］通过物理模型试验研究九龙滩浅滩航道整治方案（疏浚＋筑坝），得出九龙滩滩段整治后航道尺度满足设计要求，航道条件趋近一般航道。险滩滩险方面，文献［149］根据神背嘴弯曲段的水动力与泥沙输移分布特性，提出了右槽治理思路，通过整治与疏浚相结合的综合整治方案，取得了良好的效果。文献［150］采用不同挖槽断面型式的工程措施对长叶碛进行整治，并通过物理模型试验对各开挖方案进行了对比分析。急滩滩险方面，文献［151］总结了长江上游典型急流滩险的碍航特征和整治思路。文献［152］通过模型试验分析斗笠子滩水流、泥沙运动特征，提出采用上游疏浚与下游建坝壅水制造缓流的整治措施，方案工程实施后，整治效果良好，航道水流条件明显改善。文献［153］采用炸礁、挖槽以及筑坝的措施对温中坝急滩进行整治，研究表明，工程实施后，能够满足 2000 吨级船舶的航行要求。

当然，部分长江上游航道的碍航滩险并不只是具有唯一的碍航特性，往往在某些特殊的河段，滩险呈现出弯、浅、急、险等复合碍航特性。文献［154］针对叉鱼碛浅急卵石滩，发现常规的开挖和移坝都不能满足泥沙输移的要求，论证了加高整治建筑物高度增强中水期水流对河道的冲刷能力的方案可行性。文献［155］依托长江上游渣角河段，该段具有"弯、浅、险、急"的碍航特性，研究表明开辟新航槽，调整分流比，获取两汊平衡的整治效果较好，可根本解决碍航问题，能够实现两汊同时通航。文献［156］主要采用疏浚措施对长江上游礁石子浅急滩段进行整治，通过物理模型试验对整治方案进行分析，得出工程实施后，航道尺度达到通航设计标准，可满足 5000t级船舶通航的水流条件。文献［157-158］结合莲石滩浅、险、急的复合碍航特性，结合整治目标，提出疏槽维稳和扩枯稳中的整治思路，并通过物理模型试验验证了该思路的可靠性。

综上所述，既有研究成果虽然对于本章要展开研究的九龙坡—朝天门河段重点滩段的整治具有重要的参考和借鉴意义，但仍应结合碍航滩险的具体实际展开进一步研究。目前，国内学者已经对该河段的胡家滩和九龙滩两个卵石浅段进行了较为详细地物理试验和数值模拟试验研究，但对黄家碛和具有"浅、急、险"复合碍航特性的砖灶子滩段的整治技术报道较少。考虑到物理模型试验较之数值模拟技术在理论上已趋于成熟，且可为数值模拟技术提供基础的试验资料。因此，本章主要采用物理模型试验手段，对黄家碛和砖灶子滩险进行整治技术研究。

第二节　研究典型河段概况

长江上游九龙坡至朝天门河段位于重庆市主城区内，上起胡家滩（航道里程681km），下至朝天门（航道里程659km）（见图4-5），总体走向东北偏北，整体呈现弯曲河道的平面形态。整个河段由胡家滩、李家沱、三角碛、猪儿碛四个大的弯道组成，各弯道转弯均较急，胡家滩、李家沱弯道中心角不足90°，三角碛和猪儿碛弯道中心角不到120°。各弯道摆幅差异不大，约4.8km。河段平面呈现宽窄不一的典型山区河流特征。从图4-6可见，枯水河宽最窄处仅150m，最宽处近1050m，比值达7倍；洪水河宽最窄处位于月亮碛段，约460m，最宽位于三角碛段，约1360m，比值近3倍。图中显示多处出现航深3.5m的河宽不足150m，合计长度约4.6km（里程681～659km）。

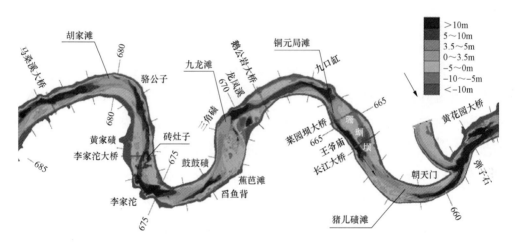

图4-5　研究河段及河势分布

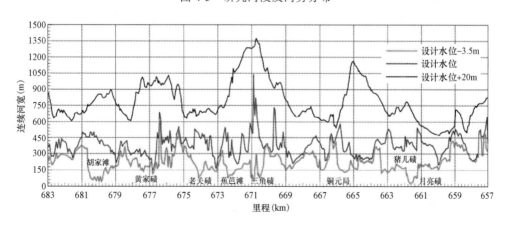

图4-6　研究河段河宽高程变化

天然状态现有航道维护等级下，河段内就存有胡家滩、九龙滩、砖灶子、铜元局、猪儿碛等重点滩段。目前仅为内河Ⅲ级航道都需枯期疏浚维护才能保证顺利通航，达到规划纲要提出的Ⅰ级航道标准（3.5m×150m×1000m）相差甚远，加之三峡工程蓄水后可能造成的累积性淤积，这些滩段将成为航道等级提高的主要障碍。

第三节　水文泥沙特性及河床演变

研究典型河段地处嘉陵江与长江交汇河段，滩段上游设有长江朱沱水文站（航道里程806km，距朝天门约147km）、嘉陵江北碚水文站（距朝天门约54km）以及下游设有长江寸滩水文站（朝天门下游约7km）。该三个水文站均具有较为丰富的水文资料，对研究河段的水文条件形成了较为完整的控制。

一、水文特性

（一）流量

本书根据1954～2011年资料统计了三站特征流量：①朱沱站多年平均洪水流量37100m³/s，多年平均流量8523m³/s，径流年际变化不大，但年内分配不均，5～10月径流量约占全年径流量的79%。②寸滩站具有1892年至今的水位和流量资料，多年平均洪水流量51600m³/s，多年平均流量10911m³/s，径流年际变化不大，但年内分配不均，5～10月径流量约占全年径流量的74%。③北碚站多年平均洪水流量24500m³/s，多年平均流量2066m³/s，径流量年内分配不均，汛期5～10月径流量约占全年径流量的83%。

（二）汇流比

设两江总流量Q_T，设汇流前长江干流流量Q_C，嘉陵江流量Q_J，则长江汇流比$R_C = Q_C/(Q_C + Q_J)$。定义频率汇流比R_p表示大于和等于该汇流比所占的天数占统计总天数（统计流量范围内）的p%，如R_{10}表示大于和等于该汇流比出现的概率为10%。研究表明[146]，三站流量很难满足闭合条件，这为总流量、分流量的试验流量组合（汇流比）带来了一定困难，寸滩站位于试验段内，其流量作为总流量是合适的。经咨询比较，特别是通过水位验证试验的过程分析，采用寸滩站为总流量，朱沱、北碚站流量同比缩放的方式进行汇流比计算更符合实际。

根据1990～2011年的实测资料，统计了分级流量的特征汇流比，如表4-1所示。表中，R_{C90}表示大于和等于该汇流比所占的天数占统计总天数（统计流量范围内）的

90%，以此类推，可理解为汇流比保证率。R_{Cfmax}表示出现几率最多的汇率比。

由表4-1可知，各级流量平均汇流比在0.625～0.877之间变化，总体平均值为0.834。出现几率最多的汇流比，大多流量下为0.87。当流量超过20000m³/s后，嘉陵江大于长江流量的概率明显增大，最大可达到16.3%。

表 4-1　　　　　　　　　　　长江汇流比统计参数

流量范围（m³/s） 特征汇流比	最小	R_{C90}	R_{C75}	R_{C50}	R_{C25}	R_{C10}	最大	平均	R_{Cfmax}
<3000	0.776	0.833	0.858	0.877	0.900	0.922	0.954	0.877	0.87
3000～4000	0.632	0.802	0.831	0.863	0.886	0.906	0.944	0.857	0.87
4000～5000	0.547	0.767	0.809	0.847	0.877	0.902	0.952	0.839	0.85
5000～10000	0.426	0.703	0.786	0.838	0.879	0.910	0.958	0.821	0.87
10000～16000	0.317	0.713	0.799	0.857	0.894	0.920	0.967	0.833	0.87
16000～22000	0.267	0.705	0.801	0.874	0.915	0.938	0.972	0.842	0.91
22000～43000	0.221	0.595	0.717	0.827	0.895	0.925	0.973	0.788	0.91
43000	0.209	0.484	0.522	0.610	0.705	0.815	0.944	0.625	0.60
全体流量	0.209	0.729	0.806	0.855	0.889	0.916	0.973	0.834	0.87

（三）三峡成库对寸滩水位的影响

由图4-7可知，当三峡水库坝前水位小于156m时，坝前蓄水对寸滩站水位与流量的关系基本无影响，仍保持成库前的天然状态；当坝前水位大于156m后，寸滩水位与流量的关系则呈绳套现象，难以直接表达，可利用多项式的形式，进行分段拟合，得到寸滩水位～流量的关系式。受限篇幅，此处不作具体介绍，可参见文献［146］。

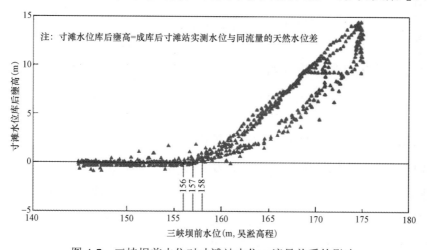

图 4-7　三峡坝前水位对寸滩站水位—流量关系的影响

二、泥沙特性

（一）输沙量和含沙量

寸滩、朱沱和北碚 1956～2011 年间的悬移质年均输沙量分别为 3.88 亿、2.86 亿以及 1.04 亿 t，悬移质含沙量分别为 1.135、1.07kg/m³ 和 1.596kg/m³；而 1990～2011 年间的悬移质年均输沙量分别为 2.804 亿、2.428 亿和 0.362 亿 t，悬移质含沙量分别为 0.827、0.909kg/m³ 和 0.580kg/m³（见表 4-2）。由图 4-8 可见，1956 年以来三站悬移质输沙量和含沙量整体都呈现减少趋势。1990 年后尤为明显，悬移质输沙量的减少主要源于含沙量的减小，影响比例为 97%～98%，径流量减小的影响仅占 2%～3%。三站均具有共同特点，绝大多数输沙量集中在汛期。7～9 月主汛期输沙量占全年不小于 77%，北碚站不小于 80%；5～10 月汛期，输沙量占全年 97% 以上，北碚站超过了 98%，且不同的统计年份基本没有差异。

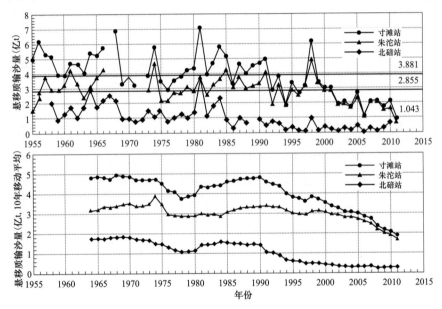

图 4-8　北碚、朱沱、寸滩水文站悬移质输沙量历年变化

寸滩、朱沱站 1966～2011 年间的卵石推移质年均输沙量分别为 18.1 万和 23.7 万 t，1990～2011 年间则分别为 10.5 万和 18.5 万 t（见表 4-3），由图 4-9 可知，两站卵石推移质输沙量整体呈减少趋势。此外，寸滩站 2003～2011 年的沙质推移质输沙量也呈明显的递减趋势（见图 4-9），沙质推移质年均输沙量为 1.713 亿 t（见表 4-3），2011 年输沙量不到 2003 年的 6%。推移质输沙量也集中在汛期，一般 1～3 月和 12 月，基本无

卵石推移质运动。据 2001～2011 年资料统计，7～9 月主汛期寸滩卵石输沙量占全年比例为 78%，朱沱站达到了 97%；5～10 月汛期，寸滩、朱沱站输沙量占全年 99% 以上。各年最大输沙量出现的月份有所差异，但均出现在主汛期 7～9 月。

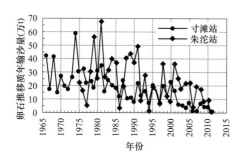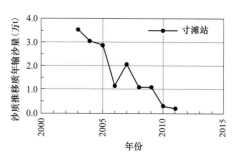

图 4-9　朱沱、寸滩水文站推移质年输沙量历年变化

表 4-2　　　　　　　　　　　三站悬移质泥沙特征统计（1990～2011 年）

水文站	寸滩	朱沱	北碚
年均输沙量（亿 t）	2.804	2.428	0.362
年最大输沙量（亿 t）	6.169	4.843	0.990
年最小输沙量（亿 t）	0.916	0.646	0.034
年均含沙量（kg/m³）	0.827	0.909	0.580
最大含沙量（kg/m³）	5.81	6.88	10.6
最小含沙量（kg/m³）	0.006	0.015	0.001
年均中值粒径 D_{50}（mm）	0.0094	0.0107	0.0075
年均平均粒径 D_m（mm）	0.0326	0.0381	0.0247
最大粒径 D_{max}（mm）	0.858	0.858	0.771

表 4-3　　　　　　　　　　　三站推移质泥沙特征统计（1990～2011 年）

推移质类型	卵石推移质		沙质推移质
水文站	寸滩	朱沱	寸滩（2003～2011 年）
年均输沙量（万 t）	10.5	18.5	1.713
年最大输沙量（万 t）	23.1	49.2	3.55
年最小输沙量（万 t）	0.8	0.5	0.2
年均中值粒径 D_{50}（mm）	35.9	45.1	0.279
年均平均粒径 D_m（mm）	42.8	57.9	0.287
最大粒径 D_{max}（mm）	170.0	230.0	

（二）泥沙粒径

分析表 4-2 和表 4-3，不难发现：

（1）三站悬移质颗粒较细，粒径在 0.002～0.858mm 之间变化，年均中值粒径变化范围为 0.0075～0.0107mm。相较而言，朱沱站较粗，寸滩站次之，北碚站最细。

（2）寸滩、朱沱两站卵石推移质粒径变化范围为 8～230mm，寸滩站年均中值粒径为 35.9mm，朱沱站为 45.1mm。

（3）寸滩站 2003～2011 年间沙质推移质粒径范围 0.03～2mm，年均中值粒径为 0.279mm。

三、河床演变

本书收集了 2007 年 3 月、2009 年 12 月、2011 年 3 月、2011 年 9 月、2011 年 12 月、2012 年 5 月近期实测地形资料以及寸滩、朱沱、北碚水文站近 50 余年水文泥沙资料，受限篇幅，此处主要采用年输沙平衡方法对研究河段进行河床演变分析。

图 4-10 为三站 1956～2010 年的悬移质年输沙平衡分析成果，其中进出输沙量差＝朱沱站＋北碚站－寸滩站。图中可以看出，1975 年后，年际间冲淤变化明显变小。大多数年份冲淤变化在±10%以内，变化超过±10%仅 5 年。最大淤积发生在 1961 年，淤积量为寸滩输沙量的 27.07%，最大冲刷发生在 1956 年，为－18.01%。1990 年后最大淤积量年为 2007 年，淤积 9.01%，冲刷为 1992 年，冲刷－9.02%。另外，冲淤整体上具有周期性，周期为 15～20 年。

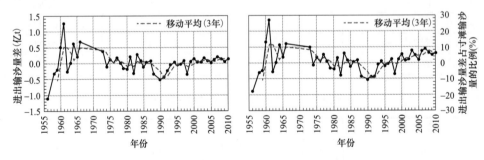

图 4-10　三站悬移质年输沙平衡分析

表 4-4 为三站悬移质分时段多年输沙平衡统计。从统计结果来看，三站间多年悬移质输沙基本是平衡的，1956～2010 年、1989 年前、1989 年后的时段内，进出输沙量差不到寸滩输沙量的±1.5%。1990 年后分 10 年统计，进出输沙量差也不超过寸滩输沙量的±5.0%。2010 年是 175m 蓄水的第一年，区间输沙量差并未见明显增加，与 2001～2010 年平均值比，仅增加了 1.21%，也不是近 10 年的最大值。这说明，目前三峡工程对研究河段的泥沙冲淤影响不明显，主要原因是三站输沙量 95%以上集中在汛期，而

汛期重庆河段仍处于天然状态。

表 4-4 三站悬移质分时段多年输沙平衡统计

统计年份	悬移质年均输沙量（亿 t）					输沙量差占寸滩输沙量的比例（%）
	寸滩站	朱沱站	北碚站	朱沱+北碚	输沙量差	
1956～2010 年	3.842	2.877	0.992	3.868	0.026	0.68
1956～1988 年	4.608	3.170	1.500	4.670	0.062	1.35
1990～2010 年	2.894	2.513	0.362	2.875	−0.018	−0.63
1991～2000 年	3.545	3.051	0.410	3.461	−0.084	−2.36
1998～2007 年	2.727	2.469	0.309	2.777	0.050	1.85
2001～2010 年	2.061	1.894	0.263	2.157	0.096	4.67
2010 年	2.111	1.613	0.622	2.235	0.124	5.88

文献［146］研究表明，研究河段岸线固定，洲滩和深槽纵、横位置稳定，断面形态基本保持不变。分析期内，河段年内会发生局部、少量冲淤，但年际间基本能保持冲淤平衡。三峡库区消落期和洪水期，研究河段基本保持天然情况下的冲淤特性；蓄水期由于来沙量不大，颗粒较细，整体冲淤量也不明显，研究河段泥沙累积性淤积还基本没有体现。

第四节　滩险概况及成因分析

一、滩险概况

黄家碛滩险和砖灶子滩险均位于胡家滩水道，二者紧密相连，黄家碛滩段范围为 677.74～676.68km（航道里程，下同），滩段长度为 1060m，浅脊（指航宽最窄处）里程为 677.35km；砖灶子滩段范围为 676.85～676.45km，滩段长度为 400m，浅脊里程为 676.81km。

二、滩险成因

（一）黄家碛滩

1. 碍航原因

由图 4-11 可知，黄家碛滩段左岸为中水基岩平台，右侧为黄家碛大边滩，航槽上游为骆公子深沱，下游紧接砖灶子孤礁。枯水河槽微弯、靠左岸，卵石夹沙河床。黄家债 3.5m 等深线虽贯通，但局部宽度不足 150m，不满足规划航道尺度，因浅碍航，为碍航浅滩，但碍航程度较弱。

2. 滩险成因

黄家碛滩为卵石浅滩，中洪水河面展宽和边滩不完整是其成滩主因：

（1）黄家碛边滩不完整，束水作用不连续，减弱了航槽输沙能力。由于人工挖沙等原因，黄家碛滩缘参差不齐，滩面高低不平，滩体很不完整，其束水作用不连续，减弱了航槽输沙能力。加之中洪水滩面水流受李家沱大桥桥下江心洲阻挡形成横流，影响了滩缘输沙特性。这是形成浅滩的主要原因之一。

（2）滩段洪水河面扩宽，水流分散减弱了输沙能力。从图 4-11 可见，滩段上游苏家湾洪水枯水河宽约 550m，到滩段约 820m，放宽比 1.49，这在一定程度上减小了中、洪水期输沙能力。

（二）砖灶子滩

1. 碍航原因

砖灶子处于李家沱大桥主跨下，滩段有一长约 210m、宽约 90m、顶高程 171m 的砖灶子孤礁坐落河心（见图 4-11），将枯水河槽分为左右两槽。左槽水流紊乱，河槽弯曲，下游有丁坝阻碍，不通航。右槽通航，但航、道窄、流速急、坡降陡、泡漩汹涌，为急险滩。

2. 滩险成因

砖灶子滩为基岩急险滩，砖灶子孤礁坐落河心是其成滩关键原因：

（1）孤礁坐落河心是形成滩险的边界条件。砖灶子不仅形态宽大，而且前后左右地形很不连续，边界异常复杂。孤礁坐落河心影响了航宽的连续性，航槽选择余地小，且占据主河槽，有效过水面积减小较大。

（2）砖灶子头部正迎上游主流，急流顶冲是形成滩险的来流条件。砖灶子位置所在正是上游主流所在，中水流量时最大表流接近 4m/s，急流顶冲礁石头部是形成急流、横流、乱流的来流条件。

（3）礁头宽大是形成强横流、汹泡漩的原因之一。砖灶子平面形态几成矩形，头部宽大（见图 4-12）。主流顶冲后分流角大，继而形成强烈横流，流态紊乱。底部横流左右分出，右侧横流受黄家碛边滩所阻折向水面，形成强烈泡水，如图 4-12 所示。

（4）河床剧烈起伏是形成局部陡比降和不良流态的又一原因。砖灶子孤礁与四周河床连接很不平顺（见图 4-12），地形纵向起伏剧烈，横向高低交错，导致水面线连续性差，形成局部陡比降（最大比降约 2.5%）以及恶劣的不良流态。

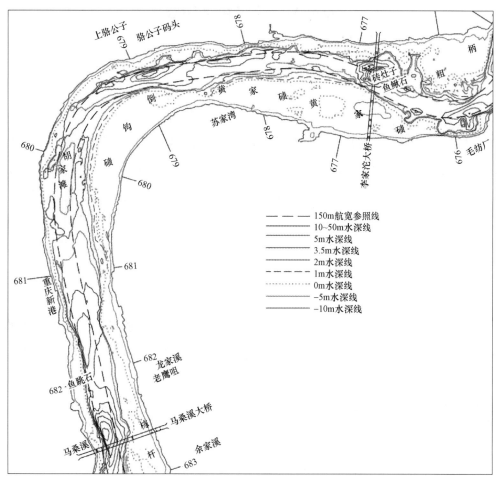

图 4-11　黄家碛和砖灶子滩段河势

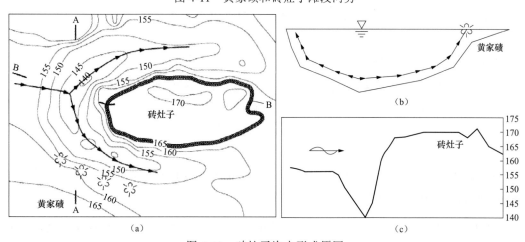

（a）

（b）

（c）

图 4-12　砖灶子泡水形成原因

（a）平面图；（b）A-A 断面；（c）B-B 剖面

第五节　物理模型研究

一、模型设计

（一）模型范围

模型长江上游起点为茄子溪（里程 687km），嘉陵江上游起点为华村（距河口约 7km），下游终点为寸滩（里程 651.9km），模拟范围全长 42.1km，其中嘉陵江 7km，长江朝天门上段 28km，汇流后长江段 7.1km。研究段主要是胡家滩（里程 681km）——朝天门（659km），河段长 22km。长江进口段模型长 60m，出口段模型长 71m，嘉陵江模型长 70m，具有足够的进出口调节段长度。模型布置示意图具体可参见文献[159]。

（二）水流运动相似

模型采用平面比尺 $\lambda_L=100$、垂直比尺 $\lambda_H=100$ 的正态模型。根据河工模型相似基本准则，需满足几何、重力、阻力以及连续等相似条件，由此可得如下相似比尺：

流速比尺：$\lambda_V=\lambda_H^{1/2}=10$

水流时间比尺：$\lambda_t=\dfrac{\lambda_L}{\lambda_V}=10$

流量比尺：$\lambda_Q=\lambda_L\lambda_V\lambda_H=100000$

糙率比尺：$\lambda_n=\dfrac{\lambda_H^{2/3}(\lambda_H/\lambda_L)^{1/2}}{\lambda_V}=2.15$（采用曼宁糙率公式计算）

（三）推移质运动相似

选用在川江河段普遍采用的长江寸滩站实测卵石起动流速经验公式[139]：

$$V_0=k\sqrt{\frac{\gamma_s-\gamma}{\gamma}gd}\left(\frac{h}{d}\right)^{\frac{1}{7}} \tag{4-1}$$

式中，V_0 表示起动流速；$k=1.08$（寸滩实测）；d 表示泥沙粒径；h 为水深；γ_s 表示天然卵石容重；γ 表示水的比重。

选用荣昌精煤作为模型沙，其 $\gamma_s=1.33t/m^3$。根据水槽试验结果，模型沙起动流速 U_c 公式可表示为：

$$U_{c}=\left(\frac{h}{d}\right)^{\frac{1}{7}}\left(\underbrace{1.082\frac{\gamma_{s}-\gamma}{\gamma}gd}_{①}+\underbrace{4.456\times10^{-8}\times\frac{10+h}{d^{0.72}}}_{②}\right)^{\frac{1}{2}} \tag{4-2}$$

对于推移质模型沙，式（4-2）括号中第二项可忽略不计，则可导出泥沙起动流速比尺 λ_{V_0} 的公式为：

$$\lambda_{V_0}=\lambda_{k}\left(\lambda_{\frac{\gamma_{s}-\gamma}{\gamma}}\right)^{\frac{1}{2}}\lambda_{d}^{\frac{5}{14}}\lambda_{H}^{\frac{1}{7}} \tag{4-3}$$

根据泥沙起动相似条件 $\lambda_{V_0}=\lambda_{V}$，得到粒径比尺 λ_{d}：

$$\lambda_{d}=\lambda_{H}\lambda_{k}^{-2.8}\left(\lambda_{\frac{\gamma_{s}-\gamma}{\gamma}}\right)^{-1.4} \tag{4-4}$$

取原型天然卵石容重 $\gamma_{s}=2.65t/m^{3}$，结合式（4-3）和式（4-4）计算可得：$\lambda_{V_0}=10$，$\lambda_{d}=9.46$。

二、模型验证

（一）水面线验证

原型在长江布置 21 对 42 把、嘉陵江布置了 5 对 10 把水尺，进行了枯水（坝前高水位）（流量为 3740＋650＝4390m³/s，其中第一项表示长江流量，第二项表示嘉陵江流量，下同）、中水（7400＋3100＝10500m³/s）、洪水（24100＋14100＝38200m³/s）的瞬时水面线观测。经模型水面线验证试验[159]，对比原、模型水面线，二者水面线吻合较好，水面比降一致性程度较高。受限篇幅，本书在此仅给出长江段枯水水面线验证（坝前高水位）图，如图 4-13 所示。

从数值对比看出（见表 4-5～表 4-6），绝大多数水尺偏差均在±0.05m 范围内，长江段枯水（坝前高水位）、中水、洪水最大偏差分别为 0.046m、0.106m、0.106m，嘉陵江段枯水（坝前高水位）、中水、洪水最大偏差分别为－0.031m、0.137m、0.072m。仅极个别水尺出现原、模型水位偏差超过±0.1m 的情况，且距主要整治段距离较远。表明水位验证满足《内河航道与港口水流泥沙模拟技术规程》[130]规定的误差要求。

表 4-5～表 4-7 中，需要说明以下三点：一是单号水尺为左岸，双号水尺为右岸；二是表 4-5～表 4-6 中，航道里程以宜昌为起点往上游计；三是表 4-7 中，航道里程以嘉陵江河口为起点往上游计。

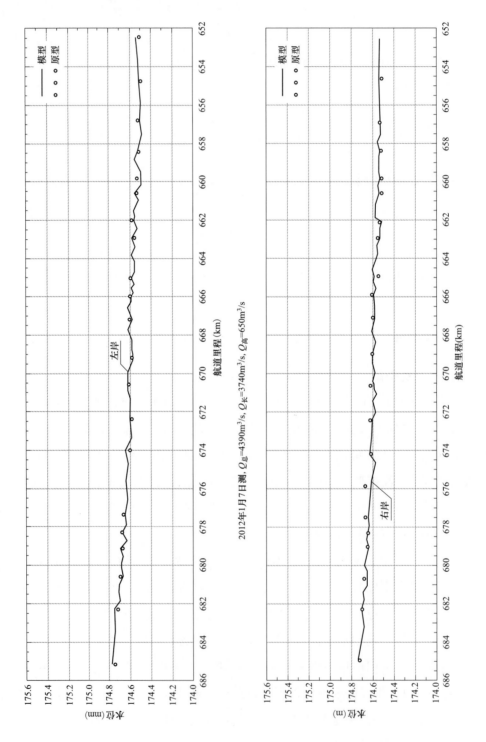

图 4-13　长江段枯水水面线验证（坝前高水位）

表 4-5 长江段水位验证成果（左岸）

模型水尺编号	原测水尺编号	航道里程（km）	$Q=3740+650=4390m^3/s$			$Q=7400+3100=10500m^3/s$			$Q=24100+14100=38200m^3/s$		
			原型水位（m）	模型水位（m）	偏差（m）	原型水位（m）	模型水位（m）	偏差（m）	原型水位（m）	模型水位（m）	偏差（m）
S1	A1	685.159	174.742	174.773	0.031	171.943	172.013	0.070	181.447	181.553	0.106
S5	B1	682.287	174.716	174.751	0.035	171.394	171.461	0.067	181.146	181.201	0.055
S13	B1-1	680.580	174.693	174.673	−0.020	171.114	171.103	−0.011	181.110	181.053	−0.057
S21	C1	679.121	174.682	174.698	0.016	170.666	170.745	0.079	180.970	181.008	0.038
S25	D1	678.277	174.676	174.681	0.005	170.472	170.461	−0.011	180.811	180.741	−0.070
S29	E1	677.364	174.663	174.651	−0.012	170.225	170.231	0.006	180.645	180.611	−0.034
S37	F1	673.994	174.602	174.648	0.046	168.917	168.968	0.051	180.033	180.048	0.015
S41	G1	672.359	174.588	174.606	0.018	168.457	168.466	0.009	179.881	179.876	−0.005
S51	H1	670.569	174.615	174.623	0.008	167.870	167.863	−0.007	179.851	179.883	0.032
S59	I1	669.193	174.585	174.571	−0.015	167.636	167.591	−0.046	179.654	179.651	−0.004
S67	J1	667.188	174.604	174.583	−0.021	167.371	167.423	0.052	179.522	179.533	0.011
S73	K1	665.965	174.603	174.593	−0.010	167.254	167.248	−0.006	179.432	179.363	−0.069
S81	L1	665.023	174.588	174.588	0.000	166.538	166.598	0.060	179.246	179.228	−0.018
S91	M1	662.936	174.558	174.583	0.025	166.071	166.058	−0.013	178.871	178.868	−0.003
S95	N1	662.035	174.586	174.566	−0.020	165.923	165.886	−0.037	178.859	178.846	−0.013
S105	O1	660.594	174.541	174.558	0.017	165.566	165.563	−0.003	178.592	178.628	0.036
S109	P1	659.819	174.530	174.496	−0.035	165.451	165.439	−0.012	178.480	178.506	0.026
S117	Q1	658.405	174.517	174.526	0.008	165.401	165.416	0.014	178.312	178.276	−0.037
S123	Q1-1	656.821	174.525	174.506	−0.019	165.113	165.076	−0.037	178.027	178.106	0.079
S127	R1	654.763	174.492	174.513	0.021	164.663	164.623	−0.040	177.638	177.733	0.095
S131	寸滩	652.451	174.510	174.523	0.013	164.246	164.223	−0.023	177.528	177.523	−0.005

表 4-6 长江段水位验证成果（右岸）

模型水尺编号	原测水尺编号	航道里程（km）	$Q=3740+650=4390m^3/s$			$Q=7400+3100=10500m^3/s$			$Q=24100+14100=38200m^3/s$		
			原型水位（m）	模型水位（m）	偏差（m）	原型水位（m）	模型水位（m）	偏差（m）	原型水位（m）	模型水位（m）	偏差（m）
S2	A2	684.947	174.722	174.736	0.013	172.009	171.966	−0.043	181.445	181.516	0.071
S6	B2	682.292	174.698	174.703	0.005	171.377	171.393	0.016	181.095	181.163	0.068
S14	B2-1	680.708	174.676	174.646	−0.030	171.144	171.116	−0.029	180.776	180.816	0.039
S22	C2	679.052	174.646	174.636	−0.010	170.490	170.556	0.065	180.636	180.629	−0.007
S26	D2	678.314	174.641	174.641	0.000	170.442	170.458	0.016	180.566	180.531	−0.035

模型水尺编号	原测水尺编号	航道里程（km）	$Q=3740+650=4390\mathrm{m}^3/\mathrm{s}$			$Q=7400+3100=10500\mathrm{m}^3/\mathrm{s}$			$Q=24100+14100=38200\mathrm{m}^3/\mathrm{s}$		
			原型水位（m）	模型水位（m）	偏差（m）	原型水位（m）	模型水位（m）	偏差（m）	原型水位（m）	模型水位（m）	偏差（m）
S30	E2	677.509	174.667	174.643	−0.024	170.289	170.203	−0.086	180.498	180.498	0.000
S38	F2	674.202	174.613	174.628	0.015	169.032	169.108	0.076	180.178	180.218	0.040
S42	G2	672.441	174.622	174.601	−0.022	168.805	168.741	−0.065	180.053	180.001	−0.053
S52	H2	670.645	174.617	174.583	−0.034	167.924	167.893	−0.031	179.864	179.823	−0.041
S60	I2	668.998	174.601	174.598	−0.003	167.541	167.568	0.027	179.685	179.658	−0.027
S68	J2	667.086	174.592	174.578	−0.014	167.290	167.328	0.038	179.391	179.368	−0.023
S74	K2	665.877	174.604	174.586	−0.019	167.023	167.056	0.033	179.292	179.206	−0.086
S82	L2	664.938	174.544	174.581	0.036	166.585	166.591	0.006	179.273	179.241	−0.032
S92	M2	662.943	174.550	174.528	−0.022	166.280	166.198	−0.082	178.988	178.958	−0.030
S96	N2	662.072	174.532	174.513	−0.019	165.967	165.903	−0.064	178.975	178.953	−0.022
S106	O2	660.596	174.507	174.538	0.031	165.574	165.568	−0.006	178.695	178.718	0.023
S110	P2	659.836	174.517	174.528	0.011	165.509	165.528	0.019	178.623	178.668	0.045
S118	Q2	658.404	174.517	174.531	0.014	165.390	165.376	−0.014	178.230	178.221	−0.009
S124	Q2-1	656.918	174.524	174.521	−0.004	165.035	165.141	0.106	177.797	177.881	0.084
S128	R2	654.612	174.513	174.536	0.023	164.536	164.466	−0.070	177.496	177.516	0.019

表 4-7　　　　　　　　　　　　　嘉陵江段水位验证成果

模型水尺编号	原测水尺编号	航道里程（km）	$Q=3740+650=4390\mathrm{m}^3/\mathrm{s}$			$Q=7400+3100=10500\mathrm{m}^3/\mathrm{s}$			$Q=24100+14100=38200\mathrm{m}^3/\mathrm{s}$		
			原型水位（m）	模型水位（m）	偏差（m）	原型水位（m）	模型水位（m）	偏差（m）	原型水位（m）	模型水位（m）	偏差（m）
S801	U1	4.508	174.553	174.548	−0.005	166.121	166.258	0.137	178.680	178.688	0.008
S803	U1-1	3.211	174.555	174.543	−0.012	166.076	166.163	0.087	178.588	178.553	−0.035
S805	T1	2.509	174.546	174.531	−0.015	165.858	165.931	0.073	178.555	178.601	0.046
S807	T1-1	1.425	174.545	174.521	−0.024	165.490	165.461	−0.029	178.479	178.491	0.012
S809	S1	0.375	174.532	174.531	−0.001	165.413	165.421	0.008	178.396	178.331	−0.065
S802	U2	4.555	174.551	174.528	−0.023	166.107	166.138	0.031	178.556	178.628	0.072
S804	U2-1	3.282	174.550	174.538	−0.012	166.039	166.098	0.059	178.533	178.548	0.015
S806	T2	2.509	174.540	174.533	−0.007	165.769	165.733	−0.036	178.516	178.503	−0.013
S808	T2-1	1.417	174.544	174.513	−0.031	165.578	165.503	−0.075	178.498	178.513	0.015
S810	S2	0.403	174.545	174.528	−0.017	165.449	165.443	−0.006	178.443	178.468	0.025

（二）流速分布验证

原型对长江 18 个、嘉陵江 3 个共 21 个大断面（依次编号 A～U）垂线流速进行观测，每个大断面布置垂线 5～14 条，每条垂线观测 3～5 点。经流速验证试验（枯水、中水和洪水），从图 4-14 可见，大断面 A、B 枯水时模型与原型的表面流速和垂线平均流速的分布形式基本一致，流速沿垂线分布的相似性程度也较高。根据文献［159］分析，对于绝对偏差，各垂线的表面流速、垂线平均流速以及垂线各测点流速的模、原型偏差绝大多数在±0.1m/s 以内，占测点总数的 85%（枯水）、83%（中水）、75%（洪水）；偏差超过±0.2m/s 的测点仅占测点总数的 1%（枯水）、5%（中水）、8%（洪水）。对于相对偏差，偏差在±10% 以内的测点占测点总数的 80%（枯水）、86%（中水）、88%（洪水）；偏差超过±20% 的测点仅占测点总数的 11%（枯水）、3%（中水）、3%（洪水）。因此，模型与原型的流场相似性基本达到了相关要求。

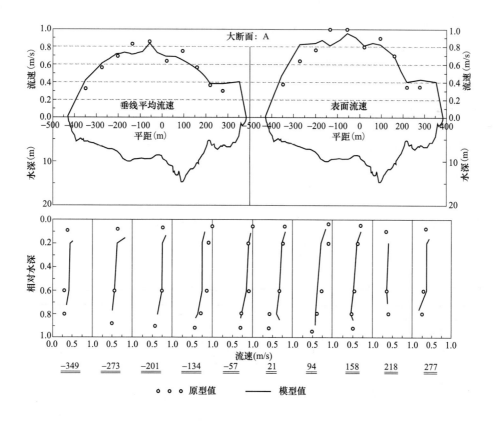

图 4-14　大断面 A、B 枯水流速验证（一）

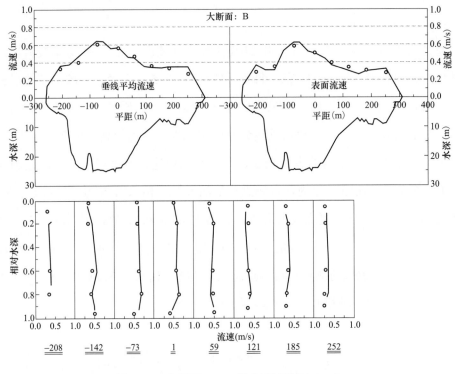

图 4-14　大断面 A、B 枯水流速验证（二）

三、试验工况

按照试验工况确定原则，拟定了 5 级流量共 5 组主要的试验工况，如表 4-8 所示。其中，第 1 级流量为寸滩、朱沱 98%保证率流量，嘉陵江草街最小下泄流量；第 2 级流量为三站 4 月下半月平均流量；第 3 级流量为整治流量；第 4 级流量为三站多年平均流量；第 5 级流量为三站 9 月下半月平均流量；第 6 级流量为寸滩站 7～9 月常见洪水流量。

表 4-8　　　　　　　　　主要试验工况

序号	总流量（m³/s）	长江流量（m³/s）	嘉陵江流量（m³/s）	寸滩水位（m）	坝前水位（m）	长江汇流比	寸滩天然水位（m）
1	2730	2380	350	159.54	<156	0.872	158.72
2	5060	4000	1060	160.90	156.90	0.791	160.89
3	7200	5520	1680	162.50	<156	0.767	
4	10500	8570	1930	164.58	<156	0.816	
5	18000	15000	3000	168.81	158.50	0.833	168.44
6	30000	24900	5100	173.52	<156	0.830	

四、工程前滩段水流特性

在物理模型设计中，黄家碛滩段主要集中在 CS135～CS145（航道里程 677.7～676.7km），其中 CS141（航道里程 677.4km）满足航深 3.5m 的宽度最窄；砖灶子滩段主要集中在 CS146～CS155（航道里程 676.8～676.4km）。

（1）黄家碛滩段各级流量主流偏左岸，航槽基本处于主流区。在黄家碛边滩没有整体过流的中水期，滩边一测横流较强。

（2）砖灶子段水流较乱，急流、横流、泡漩强烈，流速横向分布极不均匀（见图 4-15），最大可超过 4m/s，最小不到 1m/s，缓流区位于右侧靠近李家沱大桥右主墩。

$Q=5520+1680=7200m^3/s$　　　$Q=8570+1930=10500m^3/s$

图 4-15　砖灶子流态模型实拍图

（3）黄家碛段航槽流速随流量增加而增大（见图 4-16），砖灶子段航槽流速先随流量增大而增大，至中水达到最大（基本淹没砖灶子孤礁），然后又随流量的增大而减小。

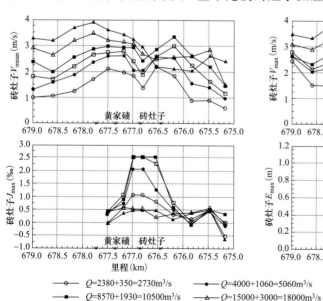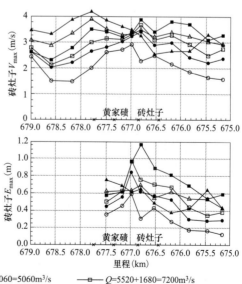

○ $Q=2380+350=2730m^3/s$　　● $Q=4000+1060=5060m^3/s$　　□ $Q=5520+1680=7200m^3/s$
■ $Q=8570+1930=10500m^3/s$　　△ $Q=15000+3000=18000m^3/s$　　▲ $Q=24900+5100=30000m^3/s$

图 4-16　黄家碛、砖灶子滩段航槽水力特征参数统计

（4）黄家碛段比降不大，一般不超过 1‰（见图 4-16），但砖灶子存在局部陡比降，在中水达到最大，约 2.5‰，在砖灶子头部出现局部跌水。

（5）砖灶子段消滩指标最大接近 1.2m（见图 4-16），出现在中水，形成急滩。最汹水位与砖灶子孤礁顶部齐平，为 171m，约设计水位上 5.5m。

需要指出的是，图 4-16 中，水力特征参数主要指平均流速（V_{mean}）、最大流速（V_{max}）、最大比降（J_{max}）、最大消滩指标（E_{max}）等。根据相关资料，船舶在急滩的上滩水力指标，采用的比降 J/流速 V 组合为：1/3.5、2/3.0、3/2.6。为了更方便分析，将 J、V 两个参数合并为一个参数，即消滩指标 E，可用式（4-5）进行计算：

$$E = \alpha L_0 J + \frac{V^2}{2g} \tag{4-5}$$

式中：E 表示消滩指标；αL_0 表示滩段计算长度；L_0 表示船长；g 表示重力加速度。上式右边的第一项可理解为坡降阻力，与比降成正比；第二项可理解为水流阻力，与流速的平方成正比。

经资料拟合分析可得：

$$0.800 = 155J + \frac{V^2}{2g} \tag{4-6}$$

式（4-6）表明，消滩临界指标 $E_0 = 0.800$（将其称之为消滩判数），即 $E > E_0$ 则成滩。因此，在本试验中，消滩判数主要按照 $E_0 = 0.800$ 控制。

五、整治方案

整治工程常遵循"因势利导"的布置原则。它应符合河流的特性，能最有效地利用水流运动和河床演变的规律达到整治目的，使其平面尺度符合航运要求，充分利用现有河槽的有利形态和顺应河床的优良发展趋势。本书综合考虑三峡成库前后水沙特性、涉河建筑和城市环境和谐等因素，提出以"整治为主、疏浚为辅，整治与疏浚相结合"为整治原则。

（一）方案 1

1. 整治工程布置

按照以往传统整治浅滩、急滩和险滩的方法，即疏浚＋炸礁，布置方案 1（见图 4-17）。图中，航槽布置为"S"形微弯形态，布置疏浚 1 处（鱼鳅浩下疏浚），顺航槽布置炸礁 1 处（砖灶子炸礁）。疏浚深度 3.7m，边坡 1:3，炸礁深度 3.9m，边坡 1:0.5，横向平坡，纵向随设计水位变化。为叙述方便，将疏浚深度 3.7m，炸礁深度 3.9m 成为航槽 A。

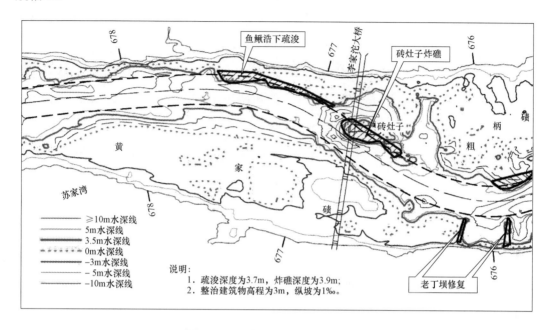

图 4-17 方案 1 整治工程平面布置

2. 整治效果分析

方案 1 的主要思路是采用疏浚和炸礁以满足航道尺度的需要。方案 1 实施后砖灶子段水流条件有较大改善，如图 4-18 所示，但也存在些许不足：

（1）最大上滩指标 E_{max} 约 0.95m，超标 0.15m，但较之工程前的 1.15m 大幅减小。

（2）横流和泡漩仍很明显，与工程前改善不大。

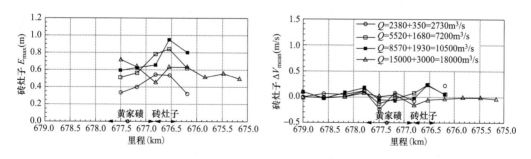

图 4-18 黄家碛、砖灶子滩段方案 1 航槽水力特征参数统计

方案 1 采用开挖，仅解决了砖灶子头部表层宽大和分流角较大的问题，而底层头部仍然宽大，分流角与工程前基本无差异，且河床剧烈突变仍然存在，所以泡漩和横

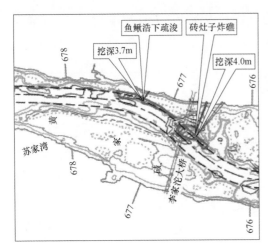

图 4-19 黄家碛、砖灶子滩段
航槽 B 复合挖深平面布置

流依然很强。此外，航槽 A 没有考虑开挖引起的水面降落，工程后有可能刷深但初期航深不足。试验已表明，工程后枯水水面降落 $0.2\sim0.5$m 不可避免，所以按照航槽 A 实施，水深不满足设计要求。因此，应该根据黄家碛和砖灶子河段水面具体降落采用不同挖深，即所谓的复合挖深，将采用复合挖深方案的航槽定义为航槽 B，其具体方案如图 4-19 所示。

（二）修改方案 1

1. 整治工程布置

该方案的主要思路是回填砖灶子礁石前的深沱（为叙述方便计，称此沱为断沱），以减缓河床突变的问题。工程平面布置见图 4-20，具体如下：

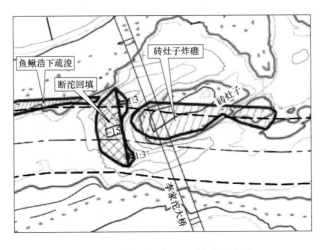

图 4-20 修改方案 1 工程平面布置

（1）按航槽 B 布置航槽和开挖。

（2）布置填沱 1 处（断沱回填）：在砖灶子孤礁与上游河段之间的突变深沱内进行回填，高程 -15m（吴淞高程约 150m）。

2. 整治效果分析

根据图 4-16，该方案进行了最汛流量，即多年平均流量 $Q=10500$m³/s（工况 4）

的观察试验，结果表明：

（1）右侧泡漩得到较大改善，改善程度可达 50%。

（2）横流改善不太明显，孤礁头部与回填间仍存在局部突变，其间存在一定的跌水现象，回填体顶上水流仍受礁头宽大的影响，分流角仍偏大。

（三）修改方案 2

1. 整治工程布置

该方案的主要思路是在修改方案 1 的基础上增加断沱回填高度，以进一步减缓河床突变问题。工程平面布置见图 4-21。具体如下：

（1）按航槽 B 布置航槽和开挖。

（2）断沱回填增高 5m，高程－10m（吴淞高程约 155m）。

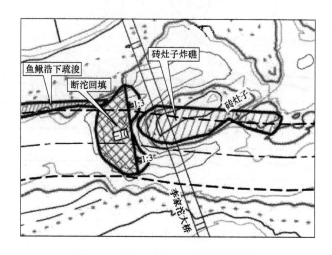

图 4-21　修改方案 2 工程平面布置

2. 整治效果分析

对最汹流量的观测试验表明：

（1）右侧泡漩得到更大改善，改善程度能达到 80%，基本不碍航。

（2）横流强度改善明显，消滩指标合理，上行不困难（见图 4-22）。

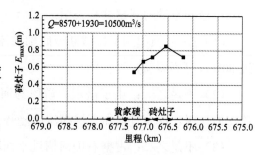

图 4-22　修改方案 2 消滩指标

但是该方案仍存在以下不足之处：

（1）回填占据了右侧河槽过水面积，可能会增加小流量的航槽流速。

（2）砖灶子前端仍有稍许跌水现象。

（3）断沱回填工程量偏大。

（四）修改方案 3

1. 整治工程布置

该方案的主要思路是断沱采用潜坝进行连接，旨在隔断断沱水流的横向流动，减缓河床的纵向突变。工程平面布置见图 4-23，具体为：

（1）按航槽 B 布置航槽和开挖。

（2）布置潜坝 1 座（L1 号坝）：在砖灶子与上游河床之间的断沱修筑 L1 号潜坝，高程高程 −7.7m（吴淞高程约 158m），与上游河床齐平，走向往左与航槽成 25°，如此旨在增加左槽分流比，减缓右侧航槽流速。

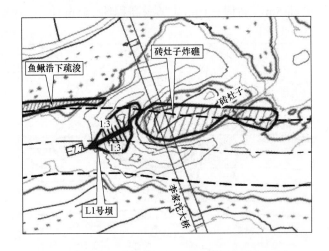

图 4-23　修改方案 3 工程平面布置

2. 整治效果分析

对最汛流量的观察试验表明：

（1）L1 号坝起到了拦截断流底部横流作用，右侧泡漩得到较大改善，改善程度超过 80%，已不碍航。

（2）不足之一：由于潜坝上游段与河床齐平，轴线与航槽斜交基本未起到调整分流比的作用，反而有增加表层横流的趋势。

（3）不足之二：占据右侧河槽过水面积偏多，会增加小流量的航槽流速。

（五）修改方案 4

1. 整治工程布置

该方案的主要思路仍是采用潜坝连接断沱，但改变潜坝轴线走向。工程平面布置见图 4-24，具体为：

（1）按航槽 B 布置航槽和开挖。

（2）将潜坝（L1 号坝）的轴线布置成与航槽接近平行，高程仍为 -7.7m。

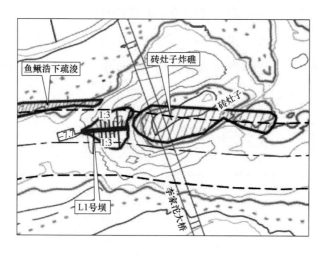

图 4-24　修改方案 4 工程平面布置

2．整治效果分析

对最汹流量的观察试验表明：

（1）该方案整治效果较好，横流改善较大，右侧泡游改善程度近 90%，仅间断性地出现弱强度小范围泡漩。

（2）不足之一：潜坝轴线与炸礁基线间存在局部乱流，微有跌水现象。

（3）不足之二：航槽在砖灶子段出口，由于老丁坝挑流的原因，横流强，流速大。实际上，以上修改方案均存在此不足。

（六）修改方案 5

1．整治工程平面布置

前述断沱连接方案均存在一定不足，本方案主要思路是采用潜鱼嘴工程连接断沱，同时考虑黄家碛滩段的整治，由此提出工程平面布置见图 4-25。具体为：

（1）按航槽 B 布置航槽和开挖。

（2）布置潜鱼嘴（L1 号坝）连接断沱：鱼嘴头部与上游河床平顺连接，高程 -8.7m；尾部与开挖后的砖灶子孤礁连接，高程 -4.7m；两侧 1:3 斜坡与原河床相接。鱼嘴从低到高渐变，克服了河床纵向突变问题；从窄到宽渐变，解决了礁头宽大、分流角大的问题；纵向拦断断沱，则解决了由于底部强横流引起的泡漩问题。

（3）黄家碛边滩设置倒顺坝 1 条（L2 号坝）：坝轴线采用折线布置，以适应滩势和水势，坝头高程 4.6m，转点高程 4.7m，坝根接于李家沱大桥下石盘，高程 5.2m，总长653m。增设此坝的目的主要有两点：一是将坑包不平，边界不齐的黄家碛变为较为完整和较高的边滩；二是拦截滩面水流因碛尾石盘的挑流在航槽内形成的横流。这均有助于浅滩的整治。坝头高程确定的依据：水位高于此高程后，滩面水流可，通过黄家碛右侧低矮处流向下游，航槽内横流明显减弱，而低于此高程时，滩面水流需折向航槽流向下游。

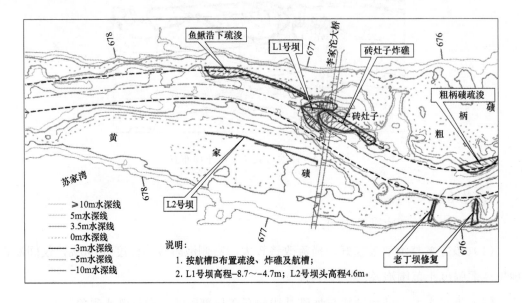

图 4-25　修改方案 5 工程平面布置

2. 整治效果分析

经过多级流量试验，得到修改方案 5 的航槽水力特征分析（见图 4-26），得到整治效果如下：

（1）潜鱼嘴（L1 号坝）作用明显，右侧泡旋减弱 90%以上，仅有小范围、弱强度的泡旋间断性出现。横流仅在炸礁后出露水面部分的头部出现，强度有所减弱。

（2）黄家碛边滩倒顺坝（L2 号坝）起到一定作用，黄家碛滩段中水期航槽平均流速 ΔV_{mean} 最大有 0.5m/s 的增大，对航槽稳定有利。但是，中水以下以及洪水起到的作用不大，流速增值甚微，局部有减小。可以看出，L2 号坝仅对中水起作用。

（3）最大流速 V_{max}、最大比降 J_{max} 以及最大消滩指标 E_{max} 均较为合理，船舶上行应该不会困难。

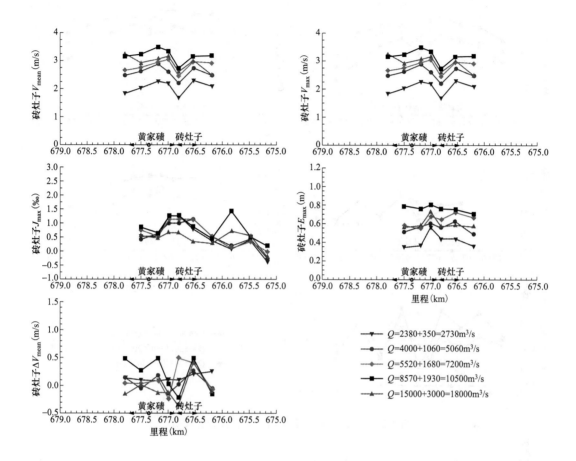

图 4-26　修改方案 5 航槽水力特征参数统计

3. 修改方案 5-I

将黄家碛边滩上的倒顺坝（L2 号坝）改为两条丁顺坝（L2 号、L3 号坝），坝头往河心移动 50～70m，以进一步固定边滩和加强航槽稳定，其余不变，依然采用按航槽 B 布置航槽和开挖。

经过多级流量观测，得到修改方案 5-I 航槽水力特征统计参数（见图 4-27），分析如下：

（1）修改方案 5-I 仅将修改方案 5 的倒顺坝改为两条丁顺坝，航槽水流条件基本无改变，航槽均速 V_{mean} 及增值 ΔV_{mean}、上滩指标 E_{max}（见图 4-26）等与修改方案 5 差异不大。

（2）航槽平均流速最大增值仍然约 0.5m/s，上滩指标基本不超标，局部陡比降不明显，除砖灶子炸礁遗留部分头部有较弱的斜流外，基本没有其他不良流态。

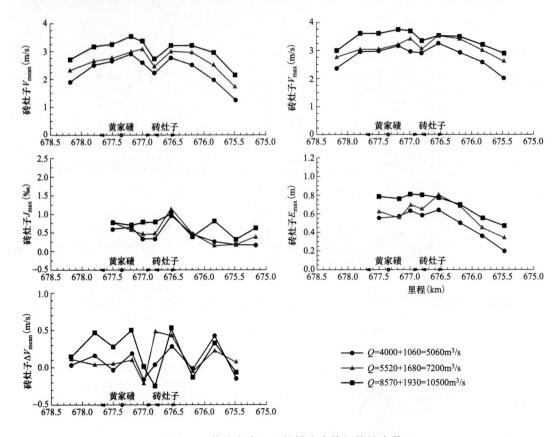

图 4-27　修改方案 5-Ⅰ航槽水力特征统计参数

4. 修改方案 1～方案 5 的总体认识

修改方案 1～方案 5 的航槽均基于航槽 B 而布置,经试验综合分析,得到以下结论:

(1) 黄家碛、砖灶子段按航槽 B 布置航槽合理性较差。

为了满足 150m 航宽,黄家碛段按航槽 B 布置则需进行对岸的鱼鳅浩下疏浚,而此疏浚使主流左移,一使主流顶冲砖灶子头部后偏向航槽的分流角更大,二有可能使黄家碛边滩更加伸入河心,不利航槽展宽。

(2) 砖灶子与上游河床之间的断沱采用潜鱼嘴工程连接,改善流态的效果最佳。

回填平台、潜坝、潜鱼嘴等方式连接断沱均有较好的改善横流、泡漩等效果,相对比较而言,潜鱼嘴工程效果最佳,它具有消除河床纵向突变、隔断断沱横向分流、减小礁头分流角的全面作用。

(3) 砖灶子炸礁工程量较大,炸礁基线走向有待优化。

砖灶子炸礁基线走向有增强下游已建丁坝挑流的作用,使得砖灶子河段出口的横流更加强烈;另外,砖灶子炸礁基线与下游的粗柄碛疏浚基线交角偏大,不利其稳定。

（4）修改方案 5 虽然在航槽左侧存在一定横流，但航槽右侧泡漩基本消除，横流大有减弱，通航条件改善十分明显，其已经是上述方案中通航条件改善较大的整治方案。

（七）修改方案 6

1. 整治工程布置

该方案基于航槽 B 的不足进行布置，工程平面布置见图 4-28。具体为：

（1）按航槽 C 布置航槽和开挖：航槽整体右移，最大移距 75m，取消鱼鳅浩下疏浚，增加黄家碛疏浚以满足航宽需要，将航槽 B 的砖灶子炸礁基线逆时针旋转约 7°，使其平行于航槽，距左航槽边线 10m。砖灶子炸礁深度 4.0m，黄家碛疏浚深度 4.1m。

需要指出的是，所谓航槽 C，依然是采用复合挖深方案，具体方案如图 4-29 所示。

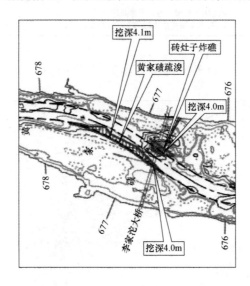

图 4-28　黄家碛、砖灶子滩段航槽 C 复合挖深平面布置

（2）布置潜鱼嘴（L1 号坝）连接断沱：鱼嘴右侧控制线与右侧航槽大体平行，希望减小航槽一侧的分流角，头部高程−9.7m，尾部高程−4.7m，连接方式同前。

2. 整治效果分析

对该方案进行最沏流量（中水）的观测试验，其表面流场如图 4-30 所示，结合其试验过程中的流态，发现主要存在以下问题：

（1）潜鱼嘴（L1 号坝）虽然解决了断沱底部横流问题，但表层受炸礁剩余礁石控制，分流现象仍然十分明显，又因开挖线距航槽较近，横流伸入航槽 20～30m。

（2）砖灶子孤礁占据了过水断面，中水时过水面积仍然偏小，由于炸礁工程量较小、范围较窄，航槽左侧流速仍然偏大（见图 4-30）。

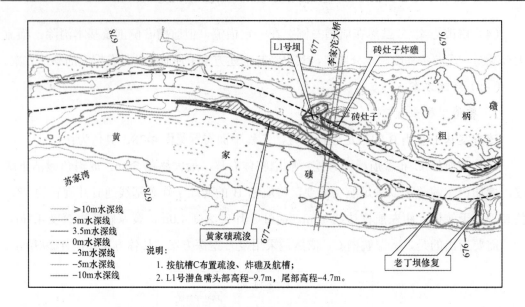

图 4-29 修改方案 6 工程平面布置

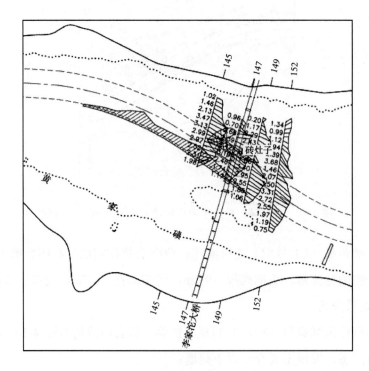

图 4-30 修改方案 6 表面流场（最汛流量）

（3）潜鱼嘴右侧控制线与右侧深槽走向一致的布置方式不太合理，主要是其放坡占据了深槽而增大了流速，其效果较之修改方案 5 而言相对较差。

（4）没有考虑黄家碛浅段的整治问题。

（八）修改方案 7

1. 整治工程布置

针对修改方案 6 存在的问题提出，提出修改方案 7，工程平面布置见图 4-31。具体为：

（1）航槽布置同修改方案 6。

（2）砖灶子炸礁基线左移 30m，基线距航槽距离 40m，仍平行于航槽。如此布置的思路为：既然炸礁剩余部分引起的横流难以消除，那就让横流远离航槽（前面试验已表明，横流的影响范围约 30m）。

（3）潜鱼嘴（L1 号坝）连接断沱：将鱼嘴头部左移 35m 左右，接近修改方案 5 的位置，尾部以及各点控制高程不变。

（4）黄家碛边滩设置丁顺坝 2 条（L2 号、L3 号坝）：主要目的是将黄家碛坑包散乱、高程不平的滩体整治为完整、平顺、稳定、较高的边滩，其次是将中枯水滩面水流提前挑出，减缓大桥上游的横流。坝头高程 3.0m，顺坝段平坡，丁坝段按 1/300～1/200 放坡。

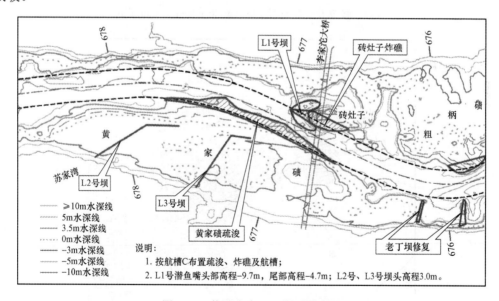

图 4-31　修改方案 7 工程平面布置

2. 整治效果分析

经过主要流量级（第二级、第三级和第四级流量）的表面流速测试，得到修改方案 7 的表面流场，如图 4-32～图 4-34 所示。同时，结合其航槽水力特征分析（见图 4-35），得出以下结论：

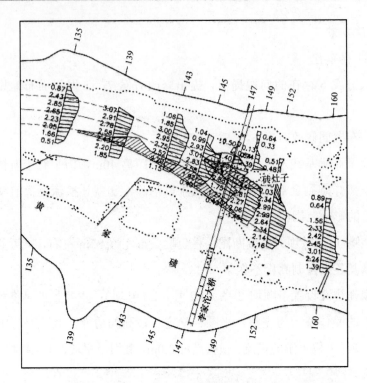

图 4-32　修改方案 7 表面流场（4000＋1060＝5060m³/s）

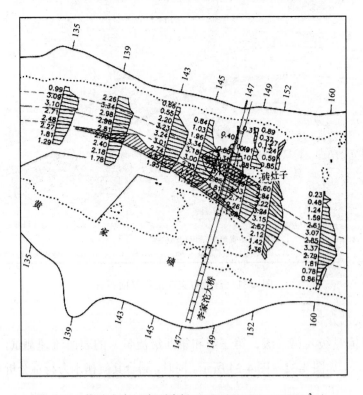

图 4-33　修改方案 7 表面流场（5520＋1680＝7200m³/s）

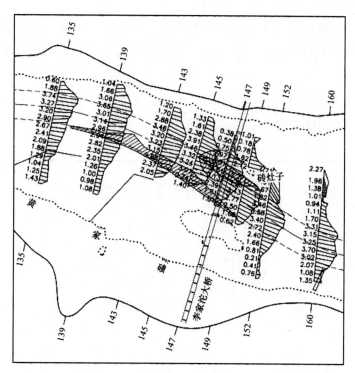

图 4-34 修改方案 7 表面流场（8570＋1930＝10500m³/s）

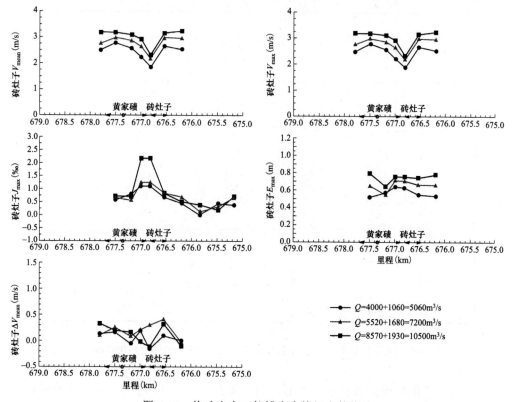

图 4-35 修改方案 7 航槽水力特征参数统计

（1）航槽平均流速有 0.1～0.4m/s 的增加，对航槽（特别是黄家碛航槽）稳定有利；最大上滩指标不到 0.8m，船舶上行无碍；航槽内基本无明显的碍航流态，整治效果较好。

（2）从图 4-36～图 4-37 可以明显看出，L2 号坝、L3 号坝作用明显，起到了束水控制和减缓大桥上游横流的作用。

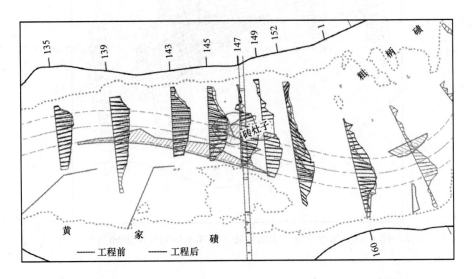

图 4-36　修改方案 7 与工程前表面流场对比（5520＋1680＝7200m³/s）

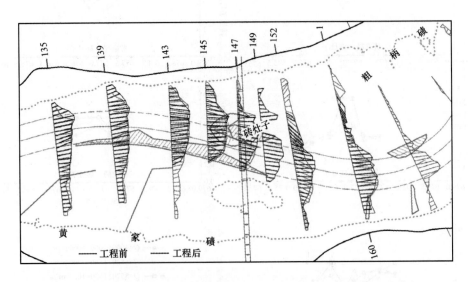

图 4-37　修改方案 7 与工程前表面流场对比（8570＋1930＝10500m³/s）

（3）砖灶子出口横流改善十分明显。由图 4-36～图 4-37 可见，工程前因受已建丁坝的挑流作用，砖灶子出口航槽横流强烈。修改方案7实施后，流速分布改善明显，横流明显减弱，对船舶航行甚为有利。

（4）同时，该方案还较大程度上减弱了砖灶子下游粗柄碛段的扫弯水强度。从图4-36～图4-37中看出，CS152、CS160的流向较工程前明显左偏，流速分布重心明显左移，粗柄碛滩边的流速明显增大，这对保持粗柄碛段的航槽宽度及其疏浚十分有利。

3. 浮标迹线的变化

限于篇幅，本书给出了在7200m³/s的工况下，修改方案7与工程前浮标迹线对比（见图4-38）。分析可得：

（1）各级流量浮标均覆盖黄家碛疏浚区，丁顺坝沿线浮标平顺。

（2）砖灶子炸礁区右侧通航汊道分流现象没有或很弱，左侧非通航汊道分流迹象明显（水位<6.0m）。

（3）在水位4～6m黄家碛尾过流但未完全淹没期间，桥下航槽右侧边缘存在小范围的斜流现象（见图4-39），但强度很弱，通航无碍。

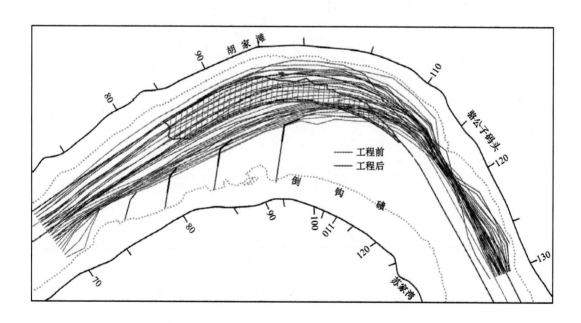

图4-38　修改方案7与工程前浮标迹线对比（5520＋1680＝7200m³/s）

综上所述，黄家碛、砖灶子滩段的修改方案7是整治效果较佳的方案。

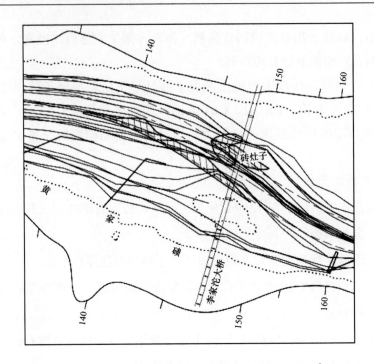

图 4-39　修改方案 7 浮标迹线（8570＋1930＝10500m³/s）

第五章

长江上游库区航道养护对策及高质量发展示范区建设

三峡水库 175m 蓄水后，长江上游库区航道条件显著改善，船舶大型化、标准化明显提升，货运量逐年稳步增长，取得了很大的航运效益，三峡水库入库水沙变化给长江上游库区航道的演变及养护工作带来了新变化。因此，本章在分析三峡水库蓄水运行后库区河段水沙及航道演变特征的基础上，对长江上游库区航道养护难点及对策展开研究，为建立适应三峡水库调度运行的库区航道养护体系提供支撑。同时，依托长江万州库区航道，研究新形势新需求下万州库区航道高质量发展战略与对策，提出高质量发展示范区建设实施方案。

第一节　长江上游库区航道养护对策

三峡水库 175m 试验性蓄水后，根据各航段所呈现的航道特点，如第一章所述，可将长江上游河段分为三段：江津以上河段为天然河段，航道弯窄浅险，仍然呈现天然航道特征；从图 5-1 可见，涪陵至江津河段为变动回水区河段，航道兼具天然航道和库区航道特征，涪陵以下为常年库区河段，航道条件优良，该段已实施船舶定线制航行规则，但由于其兼具的山区河流和常年库区双重属性，无疑加大了养护难度。

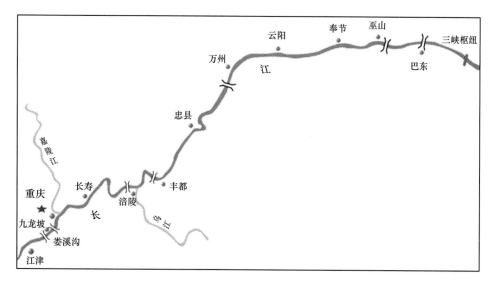

图 5-1　长江上游库区航道

一、库区航道水文泥沙及冲淤特征

三峡工程自 2009 年试验性蓄水以来，水库正常蓄水位 175m，防洪限制水位 145m，枯水季消落低水位 155m。汛后蓄水时间由初步设计阶段的 10 月初提前至 9 月中上旬。三峡水库回水末端至重庆江津附近，总长度约为 660km。近年来，受长江上游梯级水利枢纽运行、水土保持减沙和河道采砂等影响，长江上游航道来水来沙及河床冲淤发生了变化：

（1）从来水条件看，三峡水库蓄水前的入库年均径流量 3796 亿 m^3，三峡水库蓄水后（2003～2020 年），长江上游干、支流年径流量变化不大，入库年均径流量为 3726 亿 m^3，较蓄水前减少 1.8%。长江上游干、支流大中型水库大多采用汛期削峰、汛末蓄水、汛前补枯的调蓄方式。受此影响三峡水库入库年内径流过程有所变化，2003～2020 年枯水期（1～5 月）月径流量均值与 1950～2002 年相比增加 11.8%，汛期及汛后退水期（6～10 月）月径流量均值减小 35 亿 m^3。

（2）从来沙条件看，三峡水库蓄水前，入库年均沙量 4.54 亿 t；三峡水库蓄水后（2003～2020 年）年均入库沙量下降至 1.52 亿 t，减幅达 66.5%。三峡水库蓄水前后的寸滩站悬移质泥沙中值粒径变化不大，但粒径大于 0.125mm 的含量有所减少。从年内分布来看，1950～2002 年，入库的泥沙 89%输沙量集中在主汛期 6～9 月，三峡水库蓄水后，汛期输沙量大幅减小。

（3）从河床冲淤变化看，三峡水库蓄水运行以来，2003 年 3 月至 2020 年 10 月库区干流累计淤积泥沙 17.186 亿 m^3。其中，常年回水区淤积量为 17.937 亿 m^3，主要集中在清溪场以下的常年回水区，淤积量占总淤积量的 93%；变动回水区累计冲刷泥沙 0.751 亿 m^3。随着长江上游来沙量的减少，库区的淤积强度自 2014 年以来呈现减缓态势。

二、库区航道演变特征

三峡水库 175m 试验性蓄水运用后，可将长江上游库区航道分为常年回水区与变动回水区，其中，大坝至涪陵段为常年回水区，涪陵至江津段为变动回水区。现将常年回水区和变动回水区航道演变特征作如下分析：

（一）常年回水区

2003 年三峡水库蓄水运行以来，随着水库蓄水位的抬高，常年回水区丰都以下河段航道条件大为改善，航道维护尺度也逐步提高。2007 年以来，常年回水区航道水深由最小维护水深 2.9m 提高至 4.5m，航道宽度由原来的 60m 提升至 150m。但是，常年库区航道也存在一些不利变化，如局部区段呈现大面积、持续、快速、累积性淤积，导致部分航道出现边滩扩展、深槽淤高、深泓摆动、航槽易位等不利变化趋势。进一步展开讲，常年回水区段细颗粒泥沙淤积主要发生在宽谷段的边滩、深槽、分汊等缓流区，造成边滩伸展，不断压缩和侵蚀主航道，甚至在汛期坝前水位低、上游来流不大的情况下，边滩和主航道淤积造成航宽、水深不足而出浅碍航，如黄花城、楠竹坝、平绥坝—丝瓜碛水道。

（1）黄花城水道自蓄水运行以来，累计淤积量达 1.55 亿 m³，累计淤积厚度 60m，近年来淤积幅度减缓，目前该水道因左汊原主航道淤积严重而永久性封槽，航道全年改走右汊，但右汊出口弯曲半径小、上下航线交叉、出口通视性差。

（2）楠竹坝水道自蓄水运行以来，累计淤积量为 3428 万 m³，累计淤积厚度达 28m。近年来，属于重点淤积区的左汊和洲尾的淤积幅度有所减缓，由于泥沙淤积不断挤压主航道，低水位期左汊航道边界不断向河心推进，航道条件有不利变化趋势，但推进速度逐渐放缓，目前暂未对航道条件造成不利影响，但需要关注后续影响。

（3）平绥坝—丝瓜碛水道自蓄水运行以来，累计淤积量为 2153.8 万 m³，累计淤积厚度 31m，重点淤积区土脑子淤积幅度近年有所减缓，但累积性淤积导致边滩持续向主航道推移，主航道有效水深和航宽逐渐萎缩，淤积对航道造成的长远影响需要持续关注。

（二）变动回水区

由于年内水位不断变化以及受上游来水来沙影响，变动回水区不同河段表现出不同的水流及冲淤特性，总体而言可以分为 3 段：江津—重庆河段（变动回水区上段）；重庆—长寿河段（变动回水区中段）；长寿—涪陵河段（变动回水区下段）。三峡水库试验性蓄水以来，变动回水区各段的变化特点如下：

1. 江津—重庆河段（变动回水区上段）

（1）汛期与天然情况冲淤规律一致，卵砾石运动明显，汛期会发生一定的卵石淤积，10 月中旬后，逐渐受三峡水库蓄水影响，水动力条件减弱，卵砾石、细沙逐渐淤积在河段内，蓄水期航道基本稳定。

（2）河段大规模细沙累积性淤积表现不明显，与来沙量大幅度减少以及河道采砂有关，河段主航道河床组成以卵砾石为主。

（3）泥沙淤积主要体现在消落期卵砾石不能完全冲刷，卵砾石于消落初期在主航道内集中输移引起的微小淤积。

（4）变动回水区上段在从水库过渡至天然河段及恢复天然河段后，航道条件较差，消落期常出现海事事故。

（5）在消落期，重点航道不仅存在累积性淤积，而且航道流态极不稳定。

2. 重庆—长寿河段（变动回水区中段）

（1）该段重点浅滩已经出现卵石累积性淤积，但淤积发展速度相对较缓。从目前观测资料来看，河段淤积主要集中在回水沱、缓流区的边滩，受上游卵石输移量大幅减少的影响，该河段年际间累积性淤积量并不大。典型滩险集中在长寿和洛碛水道。

（2）三峡水库试验性蓄水后，重庆至长寿河段航道条件也有较大改善，但由于水位在汛前快速降落，部分河段出现水深、航宽不足的碍航情况，也多次出现海事事故。

3. 长寿—涪陵河段（变动回水区下段）

（1）试验性蓄水后，汛期受蓄水影响，变动回水区下段河段表现出明显的细沙累积性淤积，当年防洪调度对该段泥沙淤积产生一定影响。该河段典型滩段为青岩子—牛屎碛河段，该河段受三峡水库蓄水影响，泥沙出现累积性淤积。当汛期上游来水来沙大、防洪调度明显的年份，其泥沙淤积明显。

（2）三峡水库175m试验性蓄水后，该段航道最低维护水深由2.9m提升至3.5m，航道维护尺度得到较大提升。

（三）库区航道维护现状

库区变动回水区上段江津—重庆羊角滩段从12月至次年4月航道最小维护水深为2.9m，洪水期由3.0m提升至3.7m；变动回水区中段重庆羊角滩—涪陵李渡长江大桥段航道最小维护水深3.5m，中洪水期最小维护水深由3.5m提升至4.0m，蓄水期最小维护水深由3.5m提升至4.5m；常年回水区涪陵李渡长江大桥—大坝段全年航道最小维护水深4.5m，当年10月至次年5月维护水深为5.5m试运行。2021年长江上游库区航道维护水深情况如表5-1所示。

表5-1 **2021年长江上游库区航道分月维护水深表**

库区航道	分月维护水深（m）											
	1	2	3	4	5	6	7	8	9	10	11	12
江津—羊角滩	2.9	2.9	2.9	2.9	3.2	3.5	3.7	3.7	3.7	3.5	3.2	2.9
羊角滩—涪陵李渡	4.5	4.0	3.5	3.5	3.5	3.5	4.0	4.0	4.0	4.0	4.5	4.5
涪陵李渡—三峡大坝	5.5（试运行）					4.5	4.5	4.5	4.5	5.5（试运行）		

根据2020年三峡库区的水文泥沙统计资料，三峡水库变动回水区以卵砾石淤积为

主，整体淤积量不大，重点滩险（王家滩、洛碛）淤积厚度在 0.5～1m 左右。变动回水区下段航道条件相对较好，变动回水区中段和上段航道条件仍然较差。该年度消落初期（1～2 月）消落速度与往年相差不大，3 月消落速度加快，水位与往年同期比较处于较低水位，较典型调度线水位低 0.01～0.85m，对变动回水区上段航道产生不利影响；汛前消落期间上游来流不大，坝前维持低水位与航槽内少量泥沙淤积叠加作用引起航道尺度缩小产生碍航，部分浅滩需疏浚维护。

丰都以下常年库区河段全年航道条件较好，航道尺度、水流条件均满足航道维护及船舶航行需求。但是，泥沙淤积造成边滩扩展、压缩和侵蚀了主航道，其长期影响需持续跟踪关注。在非汛期呈现出库区航道通航条件良好，流速、比降小的特征，航道尺度满足维护和航行需求。汛期受上游来流影响较大，三峡水库蓄水前是通航条件较差的航段，蓄水后同时受上游来流和坝前调度的影响，该段水位涨落更加频繁、变幅更大，流速、比降也相应增加，不良流态较多，其中表现最为突出的是部分礁石河段，从航行安全考虑，每年 6 月 1 日～10 月 15 日确定为通航条件受限制河段。

三、库区航道养护对策

变动回水区及常年回水区由于其航道条件不同，受三峡水库及上游水库群调度影响程度也不同，致使各河段养护难点各有不同。

（一）养护难点

1. 常年回水区

（1）部分河段及边滩累积性淤积。三峡水库蓄水以来，因泥沙累积性淤积导致部分河段航道尺度减小，其中黄花城水道淤积最为明显，最大淤积高度达 60m，原黄花城左汊主航道因淤积严重现已永久性封槽，目前主航道改走右汊，实行双向通行。丝瓜碛、楠竹坝水道边滩淤积也较为明显，最大淤积高度达 20～30m。累积性淤积给航道养护带来了新的难题。

（2）深水设标技术难题。三峡成库后，虽然改善了航道条件，提升了航道尺度，但在三峡水库中高水位运行期，常年回水区航道水深达几十米，某些航段水深达百米以上，由此所带来的浮标（尤其是桥区河段航标）定位难度大、移设时间长、作业不安全因素增多，对航道维护提出了更高的技术要求。

（3）航道维护尺度提升。为提高公共服务能力，常年回水区当年 10 月至次年 5 月的航道水深由 4.5m 提升 5.5m（试运行），航道尺度的提升对航道维护提出了更高的要求。

（4）航道地形复杂及高水位落差三峡水库 145～175m 常态化蓄水调度运行，全年水位落差最大可达 30m，岸标需要根据不同水位进行多级调整，且峡谷地段地势陡峭，维护难度大；浮标为首尾锚设置，航标调整工作量大，且汛期受到坝前水位变化和天然来水双重影响，水位涨退频繁，维护工作量较大。

2. 变动回水区

（1）航道情况复杂，养护难度大。变动回水区同时受三峡水库及上游水库群的运行影响，消落期库尾浅滩维护难度大，虽然通过实施长江上游九龙坡—朝天门河段航道整治工程，胡家滩、三角碛、猪儿碛等浅滩得到治理，但苦竹碛、飘灯碛、占碛子、中堆等浅滩河段，仍因局部泥沙淤积向航道内发展而造成低水位期不能保证航道尺度。此外，川江著名的"卡口"河段—王家滩，在当地水位 155m 以下时，由于航道水深浅、航线弯、水流急，需要设置信号台对船舶进行通行指挥，以保通航安全。在汛期，丰都—涪陵段的和尚滩、菜子梁、大梁等碍航礁石处流速大、流态紊乱，航道养护较为困难。

（2）整治建筑物维护数量大。变动回水区由于航道条件复杂，进行了多次航道整治工程，修建了数量众多的整治建筑物，每年消落期需常规开展整治建筑物的踏勘、观测工作，损坏的整治建筑物还需开展维修工作。

（3）航道维护尺度提升。为提升航道对外服务质量，变动回水区各河段均在不同月份提高了航道维护尺度，因此需要加强航道探测，在消落期需增加探测频次，及时监测航道变化情况，以便采取必要的养护及保障措施。

（二）养护对策

1. 常年回水区

（1）加强重点淤积河段监测分析，确保航道尺度。对常年回水区黄花城、楠竹坝、丝瓜碛等重点水道，应加强航道探测，在长河段测量的基础上，对重点淤积河段应增加一次汛后测绘，掌握航道冲淤变化情况，同时加强跟踪分析预测，根据航道变化情况及时采取必要的措施，确保航道尺度。

（2）使用新技术，降低航标维护难度。鉴于库区水位落差大、航标维护难度大的问题，可在库区河段推广应用智能浮鼓，根据水位自动进行钢缆收放，智能浮鼓的相关研究详见第二章。同时，可推广应用新型高分子标志船，无需油漆保养，降低劳动强度。绝壁岸标可在现有基础上进行改造，推广应用自浮式绝壁岸标，根据水位自动调节高度，避免人力高空作业危险，降低航标维护难度，详见文献［44］；此外，可推广深水设标自动抛缆器，解决深水设标难题。

（3）加大信息化建设，提升公共服务能力。常年库区航道维护，除应用好已建成的数字航道系统外，还可利用5G、大数据、人工智能等技术拓展信息化水平，如利用无人机、无人船及视频监控，补充数字航道对航道信息的获取能力，建立库区航道信息数据库，并开发航道信息辅助决策系统，对航道要素信息进行精准分析和预判，提升航道信息处置和应急能力；同时可利用多种方式为载体，对航运企业进行精准化、个性化需求的信息推送服务，提高公共服务能力。

2. 变动回水区

（1）加强航道探测，确保航道尺度。密切关注水情信息，定时收集三峡大坝、向家坝、溪洛渡水库的调度运行信息，及时对水位变化趋势及航道情况进行分析和预判，同时对重点河段及重点浅滩加大航道探测分析力度，可针对重点河段布设航道监测网，对水流条件、河床地形进行跟踪观测分析，提升航道监测及预警智能化水平，同时根据航道条件变化及时设、撤、移、改航标，优化航标配布，为航行船舶提供最佳航道尺度。

（2）提前疏浚，加强航道保障能力。加强航道演变分析，重点加强苦竹碛、飘灯碛、占碛子、中堆等浅滩及王家滩、洛碛河段的航道演变分析，对来年航道尺度保证不足的河段，提前进行航道维护性疏浚，确保来年消落期航道尺度。

（3）电子巡航，加强航道运行调度能力。利用已建成的数字航道生产业务系统对航标、水位等信息进行监控，详见第三章，加强电子巡航力度，及时进行调度指挥及联动，对航标设置情况进行核查，及时恢复失常航标，提升航道保障能力。同时，还可探索利用水下机器人开展整治建筑物监测工作的可行性，利用人工智能对整治建筑物进行预测预警及动态研判，为其维修养护提供决策依据。

（4）加强信息服务能力。对于航标调整、航道维护性疏浚工程、水位及航道尺度等信息要及时进行发布，同时可加强精准化信息服务工作，将航运企业所需航道信息精准推送至用户，提升信息服务能力。同时还可在控制河段推广布设无人值守信号台，实现控制河段远程监控、调度及智能指挥，确保船舶通行安全。

第二节 长江上游库区航道高质量发展示范区建设研究

长江万州库区航道自巫山鳊鱼溪至忠县复兴场，全长 265km，是三峡常年库区航道，也是长江经济带综合立体交通运输网的重要组成部分。目前，万州航道等级为Ⅰ级，航道维护尺度最小为 4.5m×150m×1000m，可常年通行 7000～8000t 级以上船舶，航道条件十分优良，完全具备先行打造"水上高速公路"的自然条件。随着长江航道绿色化、智能化、品质化发展及体制机制改革深入推进，航道养护管理方式正在发生重大变革，对长江万州库区航道的公共服务能力及养护水平提出了更高要求，本节通过研究新形势新需求下万州库区航道高质量发展战略与对策，提出示范区建设思路和实施途径。

一、长江上游库区航道建设发展新需求

2012 年，万州航道通过交通运输部评定验收，成为著名的"全国文明样板航道近年来，万州库区航道依托"擦亮行轮眼睛"航标专项工程，进行航标大型化建设，打造了 62km 的库区示范段，通过推广应用新技术成果，初步建立起具有库区特色的航标助航体系，在航标大型化、景观化、智能化、标准化上迈上新台阶，航标助航效能进一步提升，同时建成并联通运行了库区数字航道生产业务系统，航道信息化基础设施已初具规模，提升了航道维护的智能化水平。随着新时代新形势的到来，对万州库区航道建设发展提出了更高的需求，主要表现在以下三个方面：

（1）万州地处举世瞩目的三峡库区腹地，国内外关注度高，又是成渝双城经济圈、上游经济中心和航运中心、"一带一路"和"长江经济带"的重要节点城市。为适应流域经济社会发展、美丽长江建设、长江航运高质量发展、综合立体交通建设等新形势，库区航道需要进一步增强绿色发展、创新发展、协调发展以及服务保障能力。

（2）库区水上安全社会关注度高，库区航道应急救助工作事关人民生命财产安全。为适应三峡库区大水深、大水位变幅条件下的水上安全保障新形势，库区航道需要加快完善应急救助职能，加强库区深水应急救助和抢险打捞能力建设，确保完成库区重特大水上突发事件的人命救助、财产救助和环境救助任务。

（3）随着内河枢纽工程的兴建，库区航道日益增多，除长江外的其他内河，库区航道占比大，而三峡库区航道在年内不同蓄水期水位变幅达 30m，航道养护难度大，具有典型性，示范作用突出。长江上游库区航道先行先试，可为内河其他库区航道资源开发利用提供"长江航道经验"与"长江航道方案"，可复制性和可推广性强。

面对新形势新需求，库区航道尚需解决以下与之不适应的问题：航道维护管理模

式仍为传统方式，规范化和标准化养护水平总体不高；航道助航、测绘、维护船艇等设施装备信息化、数字化、机械化、自动化程度较低，功能还不完善；航道监测感知网络存在不足，数据资源开发利用程度不够，信息服务还不能完全满足船舶个性化、差异化需求；同时在人员素质和层次结构上仍存在不足，不能适应库区航道高质量发展的要求。

二、长江上游库区航道高质量发展示范区建设思路

按照交通强国、长江航运高质量发展和长江航道"畅、安、优、智、美"的目标要求，结合库区航道实际情况，准确把握库区航道发展规律，聚焦库区航道公共服务能力和养护水平提升，强化绿色智能技术与航道业务的融合应用，推进库区航道维护船舶和设施装备升级换代，着力完善航道养护体制机制，通过构建库区现代化的公共服务、决策指挥、设施装备、应急救助及运行管理五大航道发展新体系，打造生态美丽航道的样板区、通航安全保障的示范区、航道数据赋能决策的体验区、智慧航运的试验区，为长江及全国内河航道建设发展当好先行，为服务国家重大战略实施和流域经济社会发展提供有力支撑。

采取"总体策划、因地制宜、以点带面、分步实施"的思路建设示范区。选取航道代表性强、基础好，具备试点示范条件的巫山—奉节段航道作为试点对象。试点航段位于重庆市奉节县及巫山县（长江上游航道里程 145~225km），共计 80km。该段涵盖了库区峡谷及宽阔河段、港区及桥区，具有鲜明的山区及内河库区河道特点，且该段为全国文明样板航道，在航标大型化及智能化方面有一定的基础，特有的绝壁岸标及信号台更为其增添了特色，高质量发展基础较好；加之该河段所辖奉节航道处有两个航道维护基地和航标器材维修基地，便于进行季节性航道维护模式探索及标准化研究；此外，该段还涵盖库区滑坡地段，为航道监控及库区应急保障研究工作提供了基础素材。

长江上游库区航道高质量发展示范区分 2025 年、2030 年二个阶段规划建设，2021~2025 年，以巫山—奉节段航道开展先行试点，开展航道设施装备建设及升级改造，推进科技研发、标准化、制度建设及人才培养，并总结经验，初步构建"五大体系"，基本形成长江上游库区航道高质量发展示范方案。到 2030 年，推广应用到整个库区，打造库区现代化水上高速公路，建成技术先进、机制完善、运转高效的现代化航道示范区，跨入全国内河航道领先行列，并将示范区经验逐步推广应用到其他内河

航道，促进长江与其他内河航道协同发展。

三、长江上游库区航道发展重点任务

（一）任务一：构建现代化库区航道公共服务新体系

顺应便捷优质的交通服务发展趋势，坚持以人为本及需求导向，把智能共享的理念融入航道服务的各方面和全过程中，构建标志大型化、作业规范化、管理精细化、反应快速化的长江库区航标助航服务体系，建立数据标准一致、互联互通、高效应用、集约共享的库区航道信息服务模式，建立联系及时、沟通顺畅、资源共享、快速处置的协调联动服务机制，使库区航道公共服务能力和品质充分适应航道用户日益增长的需要。

（二）任务二：构建现代化库区航道决策指挥新体系

以航道信息化建设为基础，运用多途径综合立体化智能感知技术，整合航道信息要素与海事监管、航运船舶、港口物流、地方交通网等数据，通过大数据分析和仿真等技术手段，开展航道尺度预报、航道条件预测及航道信息三维场景呈现等研究与应用，形成航道信息收集、分析、预警、决策等完整的过程闭环，建立全面、精准、及时的航道运行管控及智能辅助决策体系，为现代化的航道运行管理提供基础支撑。

（三）任务三：构建现代化库区航道装备设施新体系

顺应精良先进的设施装备发展趋势，以升级改造和优化为抓手，通过实施航道基地码头、航道维护船艇、测绘装备等建设，加快推进航道设施装备标准化、机械化、绿色化、智能化、美观化发展，通过构建完善的信息化系统，建立基地码头及趸船、维护船舶、测绘装备、无人机、无人船及救助打捞船艇的标准化配置及协作机制，形成配置合理、协同联动、高效配合、安全可靠、节能环保的库区航道设施装备体系，助力航道养护转型升级，使库区航道设施装备能力和水平全面适应航道公共服务的需要。

（四）任务四：构建现代化库区航道应急救助新体系

坚持以人民为中心和"生命至上，安全第一"的发展思想，结合《国家水上交通安全监管和救助系统布局规划（2021～2035）》，统筹推进，加快建成布局合理、装备精良、配置合理的库区应急救助设施装备体系，全面感知、智能处置的库区应急救助预防预控体系，常态化、系统化、有针对性的库区应急演练体系，反应迅速、

救助及时的库区救助打捞体系，实现库区应急救助的全方位覆盖、全天候运行及快速反应，为流域经济、安全出行、交通强国长江航运建设提供有力的安全与应急保障。

（五）任务五：构建现代化库区航道运行管理新体系

顺应开放协同的行业治理发展趋势，根据"三定"规定、"扁平化"管理及库区高质量发展体系构建需求，深化改革、优化管理、强化统筹，通过库区运行模式再造、人才队伍培养体系、公共服务与养护管理制度标准体系建设，形成与库区高质量发展要求和发展方式相适应的库区航道运行管理体系，提升库区航道运行管理效率和现代化水平。

四、长江上游库区航道高质量发展示范区实施路径

（一）任务一实施路径

依托"忠县至庙河河段航标设施改善工程"，开展库区塔标、绝壁岸标、智能浮鼓、新材料标志船建设，同时在重点区段应用 AIS 虚拟航标及航标灯同步闪技术。依托电子航道图升级完善工程，以个性化、体验化的信息服务需求为导向，优化完善信息服务内容和方式，为行轮提供经济航路、最佳转载路径、港口及泊位、旅游文化等信息，提升库区航道公共服务水平。

（二）任务二实施路径

依托交通强国长江干线智慧航道建设试点，应急救助基地信息建设，建设航道信息监控体系，开展航道通航条件分析与预测，建立航道通航条件分析与预测系统，优化航道智能化决策处置模式，构建现代化库区航道决策指挥新体系。

（三）任务三实施路径

依托长江航道局"十四五"规划航道基地码头、维护船艇、测绘装备等建设项目，积极参与航道维护船艇、测绘装备及趸船的设计，提出符合库区航道维护实际需要的船艇及测绘装备功能性需求，制定库区航道养护标准，实现示范段试点内 3 个维护站点的装备标准化配置。

（四）任务四实施路径

依托"长江航道水上应急救助十四五规划"项目及相关配套建设，构建并完善万州水上应急救助基地的设施装备，运行机制及信息化基础建设，建立库区应急救助设施装备、预防预控、应急演练、救助打捞标准（制度）体系，构建现代化库区应急救

助新体系。

（五）任务五实施路径

依托成立的长江万州水上应急救助基地，开展航道养护与应急救助基地协调发展、融合发展、互促发展的运行新体系的研究，优化库区运行模式、创新人才队伍培养机制、建立公共服务与养护管理制度标准体系。

第六章

新时代长江航运及上游航道建设养护技术发展趋势

长江通道作为我国国土空间开发最重要的东西轴线，在区域发展总体格局中具有重要战略地位。长江航运是长江经济带货物运输的主要交通方式，在综合交通运输中占主导地位，是沿江经济发展和产业布局的重要支撑，具有显著的环境价值、经济价值和文化价值。本章在总结沿江交通运输体系和长江航运二者发展成就的基础之上[160]，通过分析新时代国家战略下长江航运的发展要求，预测长江航运及上游航道建设养护技术发展趋势，为航道部门制定发展规划和策略措施提供参考依据。

第一节 沿江综合交通运输体系发展综合评价

一、发展成就

国家实施长江经济带战略以来，长江经济带综合立体交通走廊建设成效显著，"十三五"期间，已初步形成以水路、铁路、公路、民航等多种运输方式协同发展的综合交通运输网络，有力促进了长江流域经济社会发展。

（一）黄金水道功能显著提升

长江是世界上运量最大、通航最繁忙的黄金水道，目前已形成以长江干线为主轴，以京杭运河、长江三角洲高等级航道网和岷江、嘉陵江、乌江、沅水、湘江、汉江、江汉运河、赣江、信江、合裕线等高等级航道为主体，干支衔接、局部成网的长江水系航道发展基本格局。

"十三五"以来，长江南京以下 12.5m 深水航道全线贯通，三峡升船机、荆江河段航道整治工程建成投用，武汉至安庆 6m 水深航道主体工程完工；港口专业化、规模化和现代化水平不断提升，上海国际航运中心、武汉长江中游航运中心、重庆长江上游航运中心、南京区域性航运物流中心和舟山江海联运服务中心建设加快推进。目前，5 万 t 级海船可直达南京，5000t 级船舶可直达武汉，3000t 级船舶可直达重庆；2020 年三峡过闸船舶标准化率达到 90%，长江干线货物通过量达到 30.6 亿 t，较 2015 年增长 40%，长江黄金水道功能愈加凸显。

（二）综合运输体系日趋完善

截至 2020 年底，沿江 11 省市铁路营业里程和高铁里程分别较 2015 年增长 29% 和 110%，高速铁路通达 70% 以上地市；公路通车里程及高速公路里程分别较 2015 年增长

17%和42%，沪蓉、沪渝、沪昆等高速公路全线贯通，高速公路通达95%以上县级及以上城市；民航运输机场达到89个，其中新增机场10个，成都天府机场建成运营，实施上海浦东、南京禄口、武汉天河、重庆江北等枢纽机场改扩建，开工建设湖北鄂州、芜湖宣州等机场工程。油气管道里程达3.5万km，占全国的20%。

多式联运加快发展，2020年上海港江海联运集装箱量达1245万标箱，占上海港集装箱吞吐量的29%；宁波舟山港江海联运货物吞吐量达到3.3亿t，较2015年增长32%；建成投运1140标准集装箱船、2万t级散货船等一批江海直达船型；开工建设14个港口铁水联运设施联通项目，打通铁路进港"最后一公里"成效显著，办理铁水联运的港口已超10个。

（三）交通绿色发展取得新进展

综合交通运输结构不断优化，2020年水路和铁路货运量占比较2015年提高1.6个百分点，中长距离公路货运量占比持续下降。船舶污染物接受转运处置设施建设积极推进，长江干线全部纳入船舶排放控制区；内河船用标准柴油使用率达到95%；长江干线主要港口实现岸电设施全覆盖，三峡坝区岸电试验区基本建成。全面禁止内河单壳化学品船、600t载重以上单壳油船通航；长江干线13座洗舱站全部投入试运行，正逐步向全流域覆盖；完成1361座非法码头整治，清理生态保护红线、自然保护区、饮用水源保护区等范围内港口岸线。

二、存在问题

沿江综合交通运输体系融合目前存在主要问题为：

（1）综合交通结构性问题依然存在。铁路骨干作用未能充分体现，沿江铁路部分区段货运能力紧张，铁路货运潜力未有效发挥；连接贫困地区的公路通道有待进一步完善，部分高速公路骨干通道能力接近饱和，上游地区普通国省干线技术等级较低；长江高等级航道通达范围小，部分航道未达到规划标准，上游航道基础设施建设有待进一步推进；部分枢纽机场容量趋于饱和，枢纽功能和航空服务覆盖率有待提高；综合交通枢纽组织有待完善，各运输方式间缺乏综合统筹，转换环节成本较高等。

（2）综合交通服务功能有待进一步提升，交通绿色低碳发展有待进一步增强。合理分工协同高效的长江经济带综合交通枢纽体系尚未形成，各运输方式间缺乏有效衔接、"最后一公里"问题依然突出，铁水、江海、空铁等多式联运发展存在不同程度的滞后,交通综合服务功能有待进一步提升,多式联运、江海直达的运输模式需进一步加大推广;沿江地区船舶和港口污染问题依然存在,污染防治从源头治理需进一步完善。

(3)交通运输技术结构有待优化。交通运输具有点多、线长、面广等特点,涉及各行各业,当前长江流域公路、航道等技术水平发展还未能与新一代信息技术、工业机器人、新能源、新材料等技术进行集成应用,新一代信息、制造和安全绿色技术与交通运输融合发展有待提升;长江航运的智能化和信息化技术水平需进一步提高,数字化、网络化的航运服务模式有待推进。

第二节 长江航运发展综合评价

一、发展成就

改革开放 40 余年以来,长江航运实现了从瓶颈制约、基本适应到引领发展的历史性飞跃,成为名副其实的黄金水道。截至 2021 年底,全国内河航道通航里程达到 12.76 万 km,其中长江水系 64668km,占全国内河航道通航里程的 50.68%,长江航运发展的核心地位更加凸显。"十三五"期末长江航运发展取得的成果突出体现在以下 7 个方面:

(1)基础设施提档升级。基本形成以长江干线为主轴,京杭运河、长江三角洲高等级航道网和岷江、嘉陵江、乌江、沅水、湘江、汉江、江汉运河、赣江、信江、合裕线等为高等级航道为主体,干支衔接、局部成网的总体格局。南京以下 12.5m 深水航道全线贯通,6m 水深航道即将通达武汉,上游航道等级稳步提升,世界上规模最大、技术难度最高的三峡升船机建成并正式运行,"全方位覆盖、全天候运行、反应快速、应急高效"的水上安全监管和救助系统基本建成。

(2)运输生产大幅增长。长江干线货物通过量较"十二五"末增长 40%;三峡枢纽 2021 年最高通过量达 1.55 亿 t(其中过闸 1.50 亿 t),超过设计能力约 50%。截至 2021 年底,长江干线港区拥有亿吨大港 14 个、生产用码头泊位 2720 个,有力支撑了长江经济带的发展。长江航运每年对沿江经济社会发展的直接贡献达 2000 亿元以上,间接贡献达 4.3 万亿元以上。

(3)船舶运力结构大型化、集约化发展。截至 2021 年底,长江流域 11 省市的货运船舶数 68249 艘，同比减少 6.8%；但净载重逆势而上，同比增长 9.6%。

（4）公共服务持续优化。改善航道里程 1284km，电子航道图 App 全面推广应用，政务服务"一网通办"全面扩展，公共卫生应急服务水平大幅提升。

（5）绿色发展成效显著。建成了以荆江生态航道等为代表的一批绿色航道，1361 座非法码头完成拆除改造，累计拆解改造 5 万余艘老旧落后船舶，江海直达、江海联运、铁水联运等绿色高效的运输组织方式快速发展。

（6）安全形势稳中向好。辖区水上交通安全事故"四项指标"呈递减态势，"三级指挥四级待命"的水上搜救体系有效运行，水上搜救成功率达 93%。

（7）创新驱动明显加快。数字航道全线贯通，一批自主研发的科技成果加快应用，完成了"长江黄金航道整治技术研究与示范"等国家重大专项研究。

（8）治理体系不断完善。长江航运行政管理体制改革取得重大成果，确立"五个统一"模式，水上综合执法覆盖全线。

二、存在问题

经过多年发展，长江航运已取得了举世瞩目的成绩，但作为长江经济带综合交通主体，依然存在一些问题不可忽视，影响对长江经济带经济社会发展的支撑作用，主要体现在以下几个方面：

（1）基础设施仍不完善，航道能力存在不足。

三峡过闸设施持续超负荷运行，部分航道未达到规划标准，长江干线中游"梗阻"、上游"瓶颈"、支线不畅等问题依然存在。从不同流域和航段来看，长江上游处于我国西部，经济发展相对落后，航道等级结构不平衡，三级及以上航道占比很低；三峡枢纽船舶待闸时间长，通过能力不够，主通道的作用无法充分凸显；长江中游与上下游航道尺度衔接不畅，上游航道标准偏低，局部变化要素较多，导致航道运输不通畅，航道维护工作难度加深，枯水时节存在众多问题，严重影响长江航运的安全性和通畅性；长江下游航道条件不够稳定，12.5m 深水航道维护压力大，在航运高峰期间，船只滞留过多，影响船只行程；长江重要支流未实现高标准贯通，干支衔接不畅、联动不强。

（2）长江航运优势未充分发挥。

第一，上中下游发展不平衡、不充分、不协调、可持续性较差等问题依然突出，长江经济带横跨我国地理三大阶梯，区域间发展存在较大差距，导致长江航运长期存在发展不平衡不充分的短板，航运优势不能充分体现；第二，航运运输效率未充分发挥，航运企业"多而散，小而弱"的问题依然存在，行业集中度较低，导致长江航运整体经济效益不佳；第三，船舶标准化水平有待提升，船舶专业化、大型化仍有较大上升空间，由于现有船舶存量大、运力总体供大于求，导致新投放的标准化船型成本偏高，很难实现市场化运营，一定程度上阻碍了航运优势的发挥；第四，运输时效性受到限制，水路运输相比铁路和公路运输存在时效性劣势，而三峡船闸能力受限、待闸事件长，进一步增加了这种影响。

（3）需加强航运与其他运输方式间的衔接。

第一，集疏运设施仍存短板，受土地、环保、资金等要素制约，部分港口多式联运铁路站场、铁路专项建设与政策要求目标相比有所滞后，铁路与港口等大型货运枢纽之间仍存在"邻而不接"问题，影响联运效率；第二，运输组织衔接不畅，多式联运转运流程复杂，衔接效率较低；第三，政策规则协同不足，铁路、公路、码头、海关等各有关部门之间信息传输效率较低，跨企业、跨部门、跨行业、跨区域的业务协作困难较大，由于缺乏统一长江经济带多式联运公共信息平台支撑，信息交换和共享不畅。

（4）航运与水、岸线等资源集约化不足。

资源环境的约束日益凸显，航道资源、岸线、水资源集约节约利用等仍较为粗放，集约化不足。第一，航运与水源协调难度大，航道建设过程中涉及中央和地方以及国土、环保、农林等多部门，岸线、征地、防洪、交通等协调难度较大，影响了长江航运的整体发展；第二，港口岸线高效集约利用有待进一步提升，长江沿线港口岸线存在重复建设现象严重、结构性冲突明显的问题，港口以及生产、生活、生态三类岸线区分度不够明显，尚未做到"节约高效、合理利用、有序开发"；第三，部分港区布置与城市建设、产业园区发展之间协调性不足。

（5）绿色发展水平需进一步提升。

第一，绿色航运发展模式有待优化，长江航运仍然存在发展方式相对粗放、绿色发展水平不高、航运比较优势未得到充分发挥等问题；第二，节能环保船型开发不足，长江航运市场要素集中度较低，新能源新技术应用尚无市场主体引领，相当程度上制约了长江绿色航运发展；第三，绿色航运设施能力不足，长江船舶污染防治和监管能力需提升，危化品泄漏应急处置能力存在不足，清洁能源推广应用效果不显著，绿色航道和港口发展水平有待进一步提升。

第三节 新时代国家战略下长江航运的发展要求

一、国家战略对长江航运发展的要求

（一）落实新时代国家战略

推动长江经济带发展是我国的重大决策，是关系国家发展全局的重大战略。长江经济带连接我国东中西部地区，长江通道是我国经济社会发展及国土空间开发最重要的东西轴线，通过对《中华人民共和国国民经济和社会发展的第十四个五年规划和2035年远景目标纲要》《长江经济带发展规划纲要》《交通强国建设纲要》《国家综合立体交通网规划纲要》等相关国家战略和长江上中下游典型城市群相关战略的总结分析，认为长江经济带需以可持续发展为主线，这条主线要求长江航运亦必须走可持续发展之路，以绿色化智慧化系统化发展满足长江经济带运输需求的变化、适应长江经济带"一轴、两翼、三极、多点"的发展新格局、实现人与自然的和谐共存，以自身的可持续发展推动长江经济带的可持续发展。

（二）服务构建新发展格局

构建以国内大循环为主体、国内国际双循环相互促进的新发展格局是国家的重大决策。构建新发展格局是事关全局的系统性、深层次变革，是立足当前、着眼长远的战略谋划。长江航运是推动长江经济带等国家战略实施的重要依托，要充分发挥长江黄金水道连接"海上丝绸之路"的优势，推进长江经济带与东北亚、东盟、俄罗斯和东欧、非洲等地区水路的互联互通；对内提速扩能、畅通瓶颈水域，对外与有关国家共同推进通道建设改造；强化沿江港口口岸设施设备衔接配套，有序推进面向全球、连接内陆的国际运输通道建设，将长江航运打造成国内大循环的主要通道和国内国际双循环的战略要道，以更好服务构建新发展格局。

（三）保障长江经济带发展

随着我国西部大开发、中部崛起、东部率先和长江经济带发展、长三角一体化发展、成渝地区双城经济圈建设等战略的实施，沿江分布的成渝经济圈、武汉城市圈、长株潭城市群、环鄱阳湖生态经济区、皖江经济带、江苏沿江等产业密集带正在加快形成，长江沿线东中西部地区间的经济联系和交通往来日益密切，对内对外开放水平不断提高。全面推动长江经济带发展，需要发挥长江航运对沿江主通道的产业集聚和

辐射带动作用，促进上中下游要素合理流动、产业分工协作，引导沿江城镇布局与产业发展有机融合；同时，还需要长江航运更好地发挥沟通东中西部、辐射流域腹地、连接国际国内市场的纽带作用，促进区域间资源、技术、资金等要素的有效利用和优势互补，充分保障沿江省市城市化、工业化发展，实现与沿江城市群的协调发展、互促共进。

（四）践行碳达峰、碳中和战略目标

长江黄金水道作为我国绿色生态的运输主动脉，是水资源综合利用的重要组成部分，也是推动长江经济带发展的重要依托。贯彻落实可持续发展战略，践行碳达峰、碳中和目标要求，需把修复长江生态环境摆在压倒性位置，进一步合理开发航道资源，充分发挥长江黄金水道能耗低、污染小、占地少、最绿色生态的比较优势，将绿色发展理念融入长江航运规划、建设、运行、服务、保护等各方面和全过程，实现长江航运与自然环境的和谐统一，促进长江航运在长江经济带生态文明建设中成为践行长江经济带"生态优先、绿色发展"理念的重要支点。

（五）抓住新一轮科技革命契机

实施创新驱动的发展战略，支撑长江经济带等国家重大战略实施，要求长江航运突出科技引领作用，破解发展难题，厚植在基础研究应用领域产学研深度融合、科技成果转化等方面的发展优势，全面推动长江航运科技创新，不断完善科技体制机制，深入推进长江航运科技创新能力建设，适应新的市场需求和新的生产模式；全面推进现代科技与长江航运的融合，尤其是深入推进传统航运与物联网、大数据和云计算等先进信息技术的进一步深度融合，建立健全长江航运信息化标准，实现航运"智慧化"，加速重构传统航运体系，引领全国内河航道技术进步与发展。因此，在新一轮科技革命到来之际，长江航运发展需审时度势，正视机遇与挑战，坚持创新引领，加快与新一代信息技术深度融合发展。

二、综合运输体系对长江航运发展的要求

（一）推动长江经济带发展和共建"一带一路"融合

近年来，长江经济带沿江 11 个省份在对外开放与交流合作上取得了积极进展。长江经济带与"一带一路"沿线国家互联互通的架构基本形成，长江黄金水道与沿江铁路枢纽实现联通，西部陆海新通道建设日益加快，长江经济带与"一带一路"沿线国家的互联互通不断加强。面对新形势新使命，沿江综合运输体系要切实发挥长江经济带

在构建新发展格局中的重要作用，以推动长江经济带发展和共建"一带一路"的融合。

第一，加强综合立体交通网建设，以基础设施互联互通为突破口，加强长江上中下游地区综合交通通道建设，向东融入21世纪海上丝绸之路，向西融入丝绸之路经济带；第二，系统化构建多式联运国际物流体系，不断完善国家物流枢纽建设，建立更加顺畅的国内物流与供应链体系，加速推进"一带一路"大通道建设；第三，打造开放合作走廊，依托长江黄金水道，建设横贯东中西、连接南北方的开放合作走廊，为长江经济带创新驱动产业转型升级提供有力支撑。

（二）推进上中下游协同发展，打造区域协调发展新样板

近年来，长江经济带在环境改善、交通运输体系建设、经济稳健发展、思想意识改变等方面取得了阶段性成就。但区域发展不平衡、不协调问题仍比较突出，集中体现在资源利用效率有待提高、生态环境压力大、综合立体交通体系发展不协调、产业结构仍需优化、中心城市间分工不尽合理、体制机制有待完善等方面。实施区域协调发展战略，是贯彻落实协调发展理念的必然要求，面对新形势新使命，沿江综合运输体系要全面推动上中下游协同联动发展，打造区域协调发展新样板。

第一，持续推进长江黄金水道硬件建设，加快推进长江中游"645"航道疏浚工程、南京以下深水航道水深维护、三峡过闸能力提升工程等；第二，着力提升港航运营管理水平，以提升长江航运、水利、生态综合效益为目标，整合沿江管理机构和执法队伍，理顺管理体制机制，全面提升航道运营管理水平，推动上中下游港航一体化；第三，以强枢纽、织网络为抓手，提档升级长江综合立体交通体系，实现各交通方式无缝对接，推进跨省基础设施互联互通，进一步提升交通网密度和便捷度，打造功能互补、衔接顺畅的综合立体交通走廊。

（三）践行"生态优先、绿色发展"理念，探索绿色发展新路径

近年来，沿江11省市积极构建绿色发展长效机制，努力探索生态优先、绿色发展新路径，坚定不移抓好突出环境问题整改、生态环境保护修复和产业布局优化，加快建成生产发展、生活富裕、生态优良的高质量发展典范。长江经济带坚持生态优先、绿色发展，坚持共抓大保护、不搞大开发，各项任务取得积极成效，长江经济带已经成为我国推动绿色发展的重要阵地。面对新形势新使命，沿江综合运输体系要践行"生态优先、绿色发展"理念，探索绿色发展新路径。

第一，开展绿色港口创建，完善绿色港口创建制度，深入开展长江经济带港口绿色等级评价，高标准建设新建绿色码头，因地制宜制定老旧码头的升级改造方案；第

二，持续提升船舶节能环保水平，深入推进内河船型标准化，调整完善内河运输船舶标准船型指标，加快推广三峡船型、江海直达船型和节能环保船型，开展内河集装箱（滚装）经济性、高能效船型、船舶电力推进系统等研发与推广应用；第三，发展绿色运输组织方式，以集装箱、商品汽车铁水联运为重点，加快推进铁水、公水等多式联运发展，持续推进大宗物资公转铁、公转水。

三、长江航运的新定位

（一）实施国家长江战略的主通道

发挥长江黄金水道优势，促进我国沿江地区间资源、技术、资金等要素的有效互动和优势互补，引导人口和经济要素向资源环境承载力较强的地区集聚，推动经济由沿海溯江而上梯度发展，有力支撑长江经济带、长三角一体化、中部崛起、成渝双城经济圈和西部大开发等国家战略实施。

（二）沿江综合立体交通走廊建设的主动脉

依托长江经济带"一轴、两翼、三极、多点"的空间格局，突出长江黄金水道在长江经济带多种运输方式中的比较优势，推进长江航运基础设施补短板、增效能，推动疏解三峡枢纽瓶颈制约，充分释放航道、港口和船舶能力，不断提升通航能力，以高质量供给匹配高质量需求，支撑形成长江经济带"三横六纵三网多点"综合交通体系空间布局。

（三）沿江产业布局的强支撑

充分利用长江航运，推动通道经济、枢纽经济、网络经济与城市群、都市圈空间经济及区域发展的有机衔接，推动沿江产业结构优化升级，打造世界级产业集群，培育具有国际竞争力的城市群，使长江经济带成为充分体现国家综合经济实力、积极参与国际竞争与合作的内河经济带。

（四）生态文明建设的先锋官

充分发挥长江黄金水道的绿色运输属性，有效控制船舶污染物排放，示范推广绿色航道，充分应用港口绿色节能技术，有效运转综合服务区、岸电系统等绿色航运配套设施，加快应用新能源和清洁能源，健全长江干线船舶和港口污染防治齐抓共管的长效机制，提升污染监管与应急处置能力，推动长江航运与生态文明建设协同共进。

（五）创新融合发展的主载体

以长江航运为载体，持续深化供给侧结构性改革，推进运输结构调整，推进中长距离大宗散货"公转水"和内贸适箱货物集装箱化运输；持续优化运输组织，加快江海联运、铁水联运等多式联运发展，深化与其他运输方式、相关行业融合；推动数字化、智能化发展，加快新型基础设施建设，强化电子航道图、北斗系统等新技术、新装备应用，推动建立一体融合的航运服务体系。

第四节 沿江综合交通运输发展趋势

一、各种运输方式发展趋势

（一）水运

长江黄金水道建设是长江经济综合立体交通走廊建设的主体，建设规划主要包括：

（1）全面推进长江干线航道系统化治理。加快实施重大航道整治工程，充分利用航道自然水深条件和信息化技术，进一步提升干线航道通航能力。下游建成 12.5m 深水航道延伸至南京工程；中游重点实施荆江河段航道整治工程，抓紧开展宜昌至安庆段航道工程模型试验研究；上游重点实施重庆至宜宾段航道整治工程，研究论证宜宾至水富段航道整治工程。

（2）统筹推进支线航道建设。积极推进航道整治和梯级渠化，提高支流航道等级，形成与长江干线有机衔接的支线网络；促进港口合理布局。优化港口功能，加强分工合作，积极推进专业化、规模化和现代化建设，大力发展现代航运服务业；加快上海国际航运中心、武汉长江中游航运中心、重庆长江上游航运中心和南京区域性航运物流中心建设；加强集疏运体系建设，以航运中心和主要港口为重点，加快铁路、高等级公路等与重要港区的连接线建设，强化集疏运服务功能，提升货物中转能力和效率，有效解决"最后一公里"问题。

（3）扩大三峡枢纽通过能力。未来随着长江上游腹地区域经济发展，对长江航运的运输需求将持续高企，亦将导致三峡枢纽过坝货运需求持续增长，目前三峡过坝已超负荷运输，基本无挖潜空间，与未来过坝货运需求相比存在较大能力缺口，翻坝转运等其他运输方式由于运输成本远高于水运，无法从根本上解决三峡船闸能力不足的问题，需积极推进三峡水运新通道建设的工作进展。

（4）优化港口功能布局。强化港口分工协作，优先发展枢纽港口，积极发展重点港口，适度发展一般港口，构建分工明确、功能互补、竞争有序的港口体系。打造长三角世界级港口群，建设具有世界影响力的内河港口群，鼓励大型港航企业以资本为纽带，整合沿江港口和航运资源；加强内河港口与沿海港口协作互动，提高水水中转效率。

（二）铁路

（1）完善区域铁路网布局。围绕畅通长江大动脉，加快铁路建设，实施既有铁路能力紧张路段和枢纽扩能改造，形成与黄金水道功能互补、衔接顺畅的快速大能力通道，进一步提高铁路运输能力。

（2）加快沿江高速铁路建设。按照统一规划、整体推进、分段实施的原则，加快建设连接长三角、长江中游、成渝三大城市群的沿江高速铁路通道，推动上中下游城市群快速连通，促进区域间人员便捷交流和资源要素高效流动。

（3）扩大沿江铁路货运能力。利用沿江高铁建成后释放的既有铁路货运能力，完善相关配套设施，提升铁路通道货运能力；强化铁路运输与其他运输方式的衔接，拓展铁路货运服务范围。

（三）公路

国务院印发的《"十四五"现代综合交通运输体系发展规划》，明确畅通沿江通道，加快建设沿江高铁，优化以高等级航道和干线铁路、高速公路为骨干的沿江综合运输大通道功能。推动宁芜高速、沪渝高速武汉至黄石段、渝宜高速长寿至梁平段以及厦蓉高速、银昆高速成都至重庆段等高速公路扩容改造。

国家发展改革委和交通运输部印发的《国家公路网规划》，明确按照"保持总体稳定、实现有效连接、强化通道能力、提升路网效率"的思路，补充完善国家高速公路网，其中 G42 上海至成都、G50 上海至重庆作为我国主要的横线高速公路，在沿江综合运输体系中发挥了重要作用。

交通运输部印发的《公路"十四五"发展规划》，明确要持续推进国家高速公路繁忙通道扩容改造。以东中部地区为重心，积极发挥市场作用，推进上海至昆明、连云港至霍尔果斯等建设年代较早、技术指标较低、交通繁忙的国家高速公路路段扩容改造，优化通道能力配置，提升国家高速公路网络运行效率和服务水平；稳步推进重大战略性通道建设，加强出疆入藏、中西部地区、沿江沿海沿边战略骨干通道建设。

（四）管道

近年来，伴随着我国油气消费量和进口量的增长，油气管网规模不断扩大，建设和运营水平大幅提升，全国范围内油气管网基本成型，基本适应经济社会发展对生产消费、资源输送的要求。

在国家油气管网发展规划中，与沿江通道密切相关的成品油管道网络的建设，主要为规划建成宁波—南昌—长沙、武汉—重庆的江北成品运输通道，在长江流域承接华北、东北成品油并沿江向西南地区输送，逐步替代成品油长江船运，降低运输过程中可能造成的长江水运污染风险和三峡过坝燃爆等事故风险。

二、技术结构发展趋势

技术结构系指沿江各种运输方式采用的技术手段和所拥有的科技水平的构成，反映了基础设施、运输装备和运输组织的技术水平。未来技术结构主要发展趋势具体如下：

（1）对外通道能力不断扩大。长江上游地区未来将以扩大对外通道能力为核心，打通长江航运"瓶颈"、改善航道条件；西部陆海通道进一步完善；加强普通干线公路提升改造；强化管道运输；进一步提高网络覆盖和运输服务水平，增强战略支撑和运输保障能力。

目前，长江沿线已经开通了各类中欧班列，对高附加值货物具有一定吸引力，对于缓解三峡过坝能力不足、特别是对防止"马六甲困局"有着重大的积极效应。

（2）港口"规模化、集约化"发展水平加速提升。长江沿线码头呈多元化发展，从资本性质看，包括国有资本、民营资本、外资等；从码头用途看，包括公用码头、业主专用码头。总体来看，由于长江沿线码头点多、线长、面广，资本股权较为分散，资源整合势在必行，目前长江流域港口资源整合正在进行中，在此基础上，未来长江沿线港口"专业化、现代化"发展水平将加速提升，不断实施港口"整合、联合、融合"，将有力提升区域港口"规模化、集约化"发展水平。

（3）加大多式联运推广应用。长江干线将进一步大力发展多式联运，通过统筹各种运输方式的有效衔接及功能匹配，加快铁路、高等级公路等与重要港区的连接线建设，有效解决"最后一公里"问题，实现港口与铁路、公路运输衔接互通，促进铁水联运、公水联运升级发展，进一步提升多式联运的经济性和竞争力，港航企业与货主合作更加紧密，运输上下游产业链的资源进一步整合，集约化发展将进一步提升长江航运的地位和作用。

第五节　新时代长江航运发展趋势

一、提升黄金水道通航能力

（一）加快推进长江航运转型升级

长江航运是长江经济带综合交通运输体系的重要组成部分，是打造高质量发展经济带的重要支撑。新时代长江航运必须完整准确全面贯彻新发展理念，转变发展思路，提升发展质效，加快推进转型升级。一是由"破"到"立"转型，破除惯性思维和路径依赖，立起创新发展梁柱，推动理念创新、管理创新、技术创新、服务创新；二是由"分散"到"集成"转型，打破区域边界，破除信息壁垒，主动融入沿江经济社会发展，加快与其他运输方式的深度融合，推动长江干线上中下游、干支流、港航船融合发展，实现资源集成、力量集成、效果集成；三是由"量变"到"质变"转型。加快由量的积累转向质的飞跃，力争在多源时空信息智能服务应用、智慧航道建设及应用等交通强国建设试点任务上取得突破性进展，形成一批可借鉴、可复制、可推广的拳头产品，推动高质量发展实现系统性、根本性提升。

（二）加快推进干线航道达标

围绕提升"长三角—长江中部地区—成渝主轴"的航运支撑能力，适应船舶大型化、专业化要求，持续开展长江干线航道系统治理，加快推进区段标准建设。持续深化"深下游，畅中游，延上游"建设思路，完善南京以下 12.5m 深水航道和长江口辅助航道条件，改善南京至安庆段航道条件，建成安庆至武汉段 6m 水深航道并稳定运行；加强航道建设维护与水库调度相结合，按 4.5m 水深标准逐步稳妥改善武汉至重庆段航道条件，重点研究解决三峡坝下至大埠街 4.5m 水深航道的建设方案，按 3.5m 水深标准积极推进重庆至宜宾段航道建设；重点实施长江中游荆江二期，下游安庆水道、南京以下 12.5m 深水航道完善、南槽二期等工程。

（三）积极推进三峡水运新通道建设

三峡枢纽是长江上游航运的关键交通节点，2003～2011 年过闸货运量年均增速高达 28%，远高于同期全国货运总量年均 11% 的增长率，2021 年过闸运量已达 1.5 亿 t。目前，在巨大的通航压力下，三峡船闸长期超负荷运行、船舶拥堵严重，一定程度上增加了安全隐患和社会稳定风险，且通过能力的提升空间已十分有限；但同时三峡过坝运输是长江上游地区对外货物交流的主要途径，未来对长江经济带经济发展的支撑作用将愈发突显，亦是长江航运拥有持续增长的重要驱动力。因此，推进三峡水运新通道建设、疏通长江"瓶颈"是保障长江黄金水道畅通和长江航运稳步、持续发展的关键，对长江航运发展具有举足轻重的作用。

（四）推动干支航道互联互通

研究长江干支航道标准，推动航道区段标准衔接。推动岷江、嘉陵江、乌江、汉江、赣江等支流高等级航道建设和扩能升级，拓展延伸支流航道，改善航道网络结构，实现支流进长江干线达到千吨级航道水平；推动完善长三角高等级航道网，形成支撑长三角一体化发展的区域航道网络；扩大长江电子航道图覆盖范围，加快向嘉陵江、湘江、信江、京杭运河等重要航道延伸，促进干支航道信息互联互通。

（五）强化港口枢纽功能

依托智慧港口建设，提升港口与多种运输方式协同管理水平和管控决策能力，提高多种运输方式衔接转换效率。强化港口集疏运铁路设施建设，具备条件的港口应全部实现铁路进港，避免重卡短途倒载；推动完善港口集疏运公路体系，疏港公路绕避城区直接连接干线公路；提升武汉港等内河港口作业能力，适应和满足江海直达运输组织模式。发挥沿江港口"一带一路"支点作用，推动长江航运与中欧班列的有效衔接。

二、完善综合运输网络

（一）构建多式联运体系

一是持续推动多式联运示范工程，支持打造长江下、中、上游的南京龙潭、武汉阳逻、重庆果园等集装箱港区铁水联运品牌线路。推进长江集装箱铁水联运发展统筹工作机制进一步完善，强化对水运、铁路等不同运输方式的规划建设衔接和统筹协调，加快解决铁路进港"最后一公里"；二是加速推进区域内港口资源整合和功能优化，实现同类码头协同运作，突出区域分工协作发展，打造铁水联运枢纽港＋喂给港协同运作模式，确保铁水联运班列常态化开行；三是有序推动干线运输、区域分拨、多式联运、仓储物流、外贸运输等资源聚集，加快信息技术和服务平台下客货服务组织模式的创新，实现"一单制""门到门"的运输服务创新，最大限度释放统一市场活力。积极协调海关，加大内陆港站海关监管场所建设，大力推广多式联运"一单制"；四是引入具有全球运营网络的承运企业、国际供应链整合、服务资源串接供应商，鼓励港、航、铁运输企业及运营平台等第三方物流企业组建多式联运专业化经营主体，鼓励大型骨干企业以拓展多式联运服务链条为中心，牵头组建多种形式的企业联盟；五是推进完善多式联运规则标准体系，推动多式联运基础设施、运载单元、专用载运工具、快速转运设备等标准化。推动各地完善合理的补贴政策标准，引导集装箱多式联运市场有序发展。

（二）大力推进江海直达

完善江海直达、江海联运船型系列和运输体系，特别是在长江下游，扩大长江主要港口、长三角地区至上海洋山江海直达运输船舶运力规模和航线，支持集装箱运输班轮化、江海直达运输，打造快捷高效的集装箱运输服务体系。提升嘉陵江、湘江、汉江、赣江、京杭运河等至长江干线港口的干支联运水平，完善干支直达航线网络；强化舟山江海联运服务中心、长江南京及以下港口的干散货江海联运服务功能，合理布局煤炭、铁矿石等联运转运体系，推动江河海运输有效互动、无缝衔接。推进中长距离大宗散货船队运输和"公转水"，引导内贸适箱货物集装箱化运输。

三、船舶结构升级改造

（一）推进船舶标准化

重点加强对船舶技术性能、节能减排、安全等方面的标准研究，按照不同水域条件和不同种类船舶航行工况，形成不同组织模式下专用的船舶建造及检验标准、市场运力资质准入制度、行业安全监管与协同监管制度、船舶配员制度等。重点发展集装箱船、商品车滚装船、江海直达船、高品质旅游船等高能效船舶。积极发展人工智能，促进船舶自动驾驶发展。研发具有自主知识产权、安全可靠、节能环保、经济高效的智能船舶。建立动态调整、追溯既往的新旧船型协调发展、基本稳定、适度更新的机制，引导现有非标准船舶逐步退出市场。

（二）加大船舶科学组织研究

结合实际条件，系统推进顶推船队运输的货类和运输组织形式，分析制定港口企业给予顶推运输船队优先靠离泊、优先装卸等优惠措施。研究优化船舶运输组织形式，统筹江海直达和江海联运发展，积极推进干散货、集装箱江海直达运输，提高水路中转货运量。加快推进港口集疏运铁路、物流园区及大型工矿企业铁路专用线建设，推动大宗货物及中长距离货物运输"公转铁""公转水"。研究完善高能效、特殊通航要求（三峡船型、江海直达船型、长江游轮运输船型等）等指标，避免超高、超大船舶对既有船闸、大桥等造成更大影响，寻求科学合理船型，结合通航实际，拟建桥梁预留较大富裕净空高度。

（三）推进航运统一大市场建设

按照建设全国统一大市场要求，推动有效市场和有为政府更好结合，聚焦管理部门、市场主体、监管手段、服务模式等方面，不断提高政策的统一性、规则的一致性、执行的协同性，构建起长江航运良好的营商环境。聚焦航运要素协同发展，以大数据赋能增强对港航资源的统筹配置能力，利用信息化技术提高长江航运的集成效应，促进海事指挥、港政管理、引航调度、港口生产等信息、资源全方位融合，促进要素资源合理配置、高效运作。深化长江干线港口供给侧结构性改革，优化港口功能布局，有效保护和集约高效利用岸线资源，着力推动港口集约化发展、绿色化转型和智慧化升级，保障区域产业链供应链安全高效运行。优化船舶经营主体结构，引导水运企业走规模化发展道路，促进港航企业向现代物流企业转型。

（四）促进船舶绿色发展

研究制定长江航运碳排放碳达峰时间表、路线图及配套实施方案，落实船舶绿色发展政策措施，逐步推进长江船舶能耗结构优化。推广应用新能源和清洁能源动力船舶，推动延续新建、改建 LNG 单燃料动力船舶鼓励政策，积极支持纯电力、燃料电池等动力船舶研发与推广；严格执行船舶强制报废制度，加快淘汰能耗高、污染大、安全系数低的老旧船舶；加快推进长江水系船舶岸电系统船载装置改造，完善岸电使用相关法规政策，利用中央预算内资金支持政策，推动协调相关省市实现重点船舶受电改造全覆盖；贯彻落实《中华人民共和国长江保护法》，推进水生生物重要栖息地禁止航行区域和限制航行区域划定并加强管理。

四、构建绿色、低碳和安全的水运网络

（一）做好生态航运用水保障

在强化流域水资源统一调度基础上，综合考虑防洪、生态、供水和发电等需求，立足三峡水库为核心的长江上游水库群联合调度研究与实践，聚焦枯水期通航水位不足等问题，加强与有关部门协同，参与制定长江流域跨省河流水量分配方案，配合开展长江中上游水库群联合调度，保障航道及通航建筑物所需的最小下泄流量和通航水位。

（二）优化长江航运与水资源协调配置

落实最严格水资源管理制度，明确长江水资源开发利用红线、用水效率红线。长

江干流、重要支流和重要湖泊上游航运枢纽要将生态用水调度纳入日常运行调度规程；参与研究制定饮用水水源地名录、划定饮用水水源保护区，严格控制饮用水水源保护区内的航运活动。在长江上游重大枢纽工程规划建设中，关注对长江水资源和调水的影响，以及优化三峡水库对航运和水资源的影响。研究重庆至水富段航道达到 3.5m 规划目标所需采取的与生态环境协调发展的措施；建设沿江、沿河、环湖水资源保护带、生态隔离带，增强水源涵养和水土保持能力；面对未来极端天气愈加频繁、城市化和工业、农业发展对水资源需求增多等重大挑战，研究保障长江航运用水相关问题，制定出台切实可行的政策措施促进长江航运与水资源协调发展。

（三）提升港口航道绿色发展水平

积极推广环保新技术、新结构、新工艺，严格落实生态补偿和生态保护措施，加强重要生态功能区和航道工程的生态修复，促进疏浚土生态化综合利用；依托交通强国建设试点，总结推广绿色航道建设成套技术；推进港口岸线资源集约节约利用，推动既有港口设施绿色节能技术改造，提升港口船舶污染物接收转运处置能力建设，健全港口作业环保标准制度，推进岸电系统、洗舱站、危化品锚地、LNG 加注站、水上综合服务区等设施建设和运行管理。

（四）做好港口岸线的集约节约利用

以把长江港口建成布局、运行、环境有序的美丽港口和城市名片为目标，建立健全长江岸线开发利用和保护协调机制，探索长江港口统一规划机制，发挥宏观管理部门统领作用，协调与对接各地区各部门之间的相关要求，构建良性有效的运作机制，形成多规合一的长江干线港口统一规划蓝图，实现港口岸线规划与相关生态保护、水利、城市发展、交通等多项规划的协调和同步，强化港口规划对岸线、后方陆域等的空间管控能力，并进一步推动长江经济带交通运输网络建设的空间多规合一和统一布局。

（五）健全安全管理长效机制

研究完善长江航运安全管理体系，提升航运本质安全水平。健全安全管理制度体系，完善实施安全专家监督检查制度，完善与沿江省市交通运输主管部门安全管理协调机制。研究制定并组织实施长江 LNG 动力船、运输船监管措施，完善危险品过闸船舶通航安全管理。健全安全责任体系，督促港航企业落实安全生产主体责任，建立安全管理权责清单和履职规范，强化安全考核和责任追究。完善落实双重预防控制体系，实施安全风险分级管控，对重大风险实行动态报备，健全事故隐患排查治理制度，对重大隐患实施挂牌督办。建立健全安全教育体系，广泛开展安全宣传教育培训。

（六）增强安全监管能力

建立健全支撑保障体系，研究建立长江航运安全监测分析和预警机制，推进"智慧海事＋信用监管"建设。加快构建多维感知、全域抵达、高效协同、智能处置的"陆海空天"一体化水上交通运输安全保障体系，推进监管设施装备提档升级。完善 VTS、CCTV、AIS 等监管系统，深化北斗系统在安全监管领域应用，提升安全监管的协同、智能水平。完善监管救助基地、巡航执法站点布局和功能，推进固定翼无人机飞行基地建设。优化船艇装备结构和性能，加强船载执法和应急救助装备配置。推广应用无人机、无人船以及单兵执法、新型搜救等先进装备。持续做好三峡过闸船舶 100%安检。继续治理内河船非法参与涉海运输行为，加强船舶船籍港管理，加强与沿海直属海事部门及港航单位的协调与信息互联互通。

（七）增强应急救助能力

建立健全长江干线航运突发事件应急管理体系。推动完善水上搜救体系，完善长江干线搜救指挥中心，推动建立与沿江省市交通运输主管部门的水上搜救协调机制，推动沿江省市人民政府成立省级水上搜救中心。依托现有机构和资源，整合运行万州、武汉、南京等 3 处区域性应急救助基地，推进设施装备建设。完善长江航运突发事件应急管理制度和应急预案，开展形式多样、贴近实战的应急演练，推进重点水域、重点船舶应急救助能力建设，提升突发事件现场感知与指挥调度能力。依托专业力量加强深潜设备远程投送能力，配置大型起重打捞装备，实现长江干线 3000t 沉船整体打捞和水下 200m 作业深度的应急抢险打捞能力，鼓励社会力量参与应急抢险打捞工作。

五、构建智慧航运

（一）推进新型基础设施建设

完善长江航运通信信息网络，研究建设船岸无线宽带通信系统和甚高频数据交换系统。完善长江航运大数据中心功能，研究建设长航系统统一的云平台和灾备系统，推进各类应用云化整合、综合利用，完善网络安全防护体系，强化关键信息基础设施和数据资源保护。加快基础设施数字化改造升级，加强重要河段、重点水域、枢纽数字化感知监测覆盖，探索构建长江航运信息感知体系，提升航道、港口、船舶等航运要素及通航建筑物全周期运行状态监测能力；升级完善长江干线数字航道，提升航道数字化维护管理效能，研究探索智能航道建设，总结形成数字航道建设维护管理的长江方案，向支流和全国内河推广；提升电子航道图生产能力，完善公共服务清单和地图数据目录，拓展智慧通航等服务功能，基于电子航道图打造长江航运"一张图"，提升航运服务效能。

（二）提升信息服务能力

构建"数字＋服务"模式，实现数字一体化、服务全覆盖。加大长航信息系统整合力度，强化长江电子航道图、三峡通航 e 站、船舶水污染物联合监管与服务信息（船E行）等系统互联互通，打造一站式长江航运服务体系，通过信息化技术赋能提升服务水平。建立健全长航系统信息化建设、管理、维护、网络安全标准规范体系；整合利用现有信息资源，以长江电子航道图为基础，融合航运相关要素信息，统筹推进国家综合交通运输信息平台长江航运子平台建设，面向行业提供智慧通航、智慧物流、智慧监管、智慧政务等综合信息服务；构建"联动＋服务"模式，实现联动一张网、服务全流域。坚持"干支联动、干线牵引""上下联动、下游龙头"，充分发挥行业引领作用，抓好流域内全局性、涉省际以及仅靠一地难以有效推动的事，合力破解服务难题。

（三）推动智慧航运发展

推动智能化新业态新场景应用及发展。加快智慧港口建设，推动长江主要港口自动化、智能化改造升级，推广应用自主可控的码头自动化技术；推动智能船舶发展，加快船用设备智能化升级；完善航运信息数据共享机制，为"互联网＋"航运等新业态发展提供数据支撑；推动智慧港口、智能船舶、智慧通航等相关交通强国建设试点项目实施，探索智能航运发展新路径；推进与沿江省市地基增强系统互联互通，构建"北斗＋5G"的长江北斗时空信息基础服务网，面向行业提供高精度时空信息服务；扩大北斗智能船载终端应用规模，实施长江干线北斗系统应用推广工程，推动北斗系统与安全监管、过坝调度、船舶防污、航运服务等深度融合应用，深入挖掘北斗数据应用价值。

第六节　长江航道建设养护技术发展趋势

一、技术需求

随着加快长江等内河水运发展和长江经济带建设等国家战略的深入推进，构建深水化、网络化、标准化、智能化的生态友好型高等级航道网，实现航道资源高效利用和绿色发展成为今后航道治理和维护的发展趋势和主要目标[161]，需要解决"面向智慧航运的内河生态航道网运能提升与高效服务的关键技术"。主要技术需求包括：

（1）新水沙条件下内河高等级航道网运能提升关键技术，主要包括强人类活动影响下内河航道长河段系统治理技术、高标准人工新运河建设关键技术、江海航运一体化与内河干支流运能协同提升技术。

（2）面向智慧航运的内河航道全要素智联与服务关键技术，主要包括内河智能航道顶层设计、航道综合立体化智能感知技术、基于大数据、多维航道数学模型和 BIM 技术的航道预测分析与智能决策技术、新一代（面向 S100 标准）内河电子航道图生产与服务技术、智慧助航系统与新能源维护船舶及装备、航道运行监控调度综合信息服务关键技术。

（3）融合生态效应的绿色航道建养技术，主要包括绿色航道系统构架理论与评价标准体系、绿色航道多源数据监测、预警与决策技术、绿色航道整治结构与生态环保节能材料、绿色航道治理维护设备与工艺、绿色航道与旅游、休闲文化的融合发展技术。

（4）内河干线通航枢纽通航能力提升关键技术，主要包括长江干线水资源模型与梯级水电枢纽多目标水调度优化理论、内河航道通航保障船闸设计建设关键技术、巨型船闸和升船机设计建设关键技术、三峡枢纽新通道建设及枢纽通航扩能改造关键技术。

二、绿色航道建设与运维技术

（1）绿色航道系统构架理论与评价标准体系。

揭示社会经济—生态环境—航道发展三个系统及其关键因素间的影响范围与影响机制，提出绿色航道内涵、外延和系统构架，建立绿色航道评价方法体系，制定绿色航道设计、建设、运维标准，评估绿色航道构架下的航道承载力及资源利用潜力。

（2）绿色航道多源数据监测、预警与决策技术。

构建地形—水文—水质—生态等航道全要素信息一体化动态感知技术，突破污染物动态监测与智能溯源技术，研发航道信息融合与智能分析决策系统，实现航道要素、设施与生态等多源信息智能化监测预警与服务。

（3）绿色航道整治结构与生态环保节能材料研发。

针对不同航道整治建筑物功能，研发生态型护滩、护底、护岸、坝体等生境融入型的新材料与新结构，构建多样化的仿生生境促进河流生态保护和恢复；基于河流生态完整性，创建航道生态涵养区理论体系和建设模式，突破河床底质回补技术和湿地营造技术。

（4）绿色航道治理维护设备与工艺。

研发疏浚土高效减量技术和高效节能的生态环保型疏浚装备，发展疏浚土多用途综合资源化利用技术，研发水下智能环保清礁技术与装备，研发航道油污收集处理成套技术和设备，发展新能源航道维护船舶，突破航标船、测量船的作业机械化技术和信息智能化技术、自航船舶的动力配置技术。

（5）绿色航道与旅游、休闲文化的融合发展。

创建"航运文化＋休闲旅游"发展模式，创新绿色旅游航道布局规划方法，研发融合景观空间、地域文化和景观美学的生态护岸、绿色船闸、水上服务区、景观节点、旅游附属设施、特色航标等绿色旅游航道全要素关键技术，创建旅游航道等级标准体系、安全和应急保障体系、管理、养护与运营标准体系。

（6）重点流域绿色航道网建设战略。

研究船型标准化、物联网、通航与水源保护联合调度等技术，构架新时期干支直达、江海联运的绿色航道网建设战略，发展干支直达、江湖联运的绿色航道规划方法理论，突破干支航道船型标准衔接、区域船闸联合调度方法、生态环境效益的评估计算方法、生态修复与异地补偿等技术。

三、智慧航道技术

（1）多途径航道综合立体化智能感知技术。

研究面向智慧航道的水下航道地形三维动态数据测量技术，实现航道水下信息的实时监测；开展基于无人值守智慧（UI5G）基站的航道信息监测技术，实现航道信息全方位采集；开展水下无人潜行器快速测绘技术，研制相关水下无人潜行器测量设备；研究智慧航道导助航设备的泛在智能感知方法，实现智慧航道导助航设备的群智能模式构建，最终实现智慧航道船岸导助航融合智能服务示范应用。

（2）基于大数据、多维航道数学模型和 BIM 技术的航道预测分析技术。

开展基于云计算的智慧航道大数据平台关键技术研究，研发航道大数据平台构建、数据清洗、数据挖掘与数据安全的关键技术；研究基于多维航道数学模型和 BIM 技术的航道要素多维数值模拟及可视化技术，开发智能服务终端，研究基于航道大数据平台的航道条件动态研判与预测预报技术，实现航道各类航道业务运行的动态优化。

（3）新一代多功能电子航道图建设、更新与高效服务技术。

研究基于实测数据的三维航道重构技术，开发基于航道三维模型的航道等深线生成算法，基于航道通航能力的影响因素分析，研究基于航道三维模型以及实时测量数据的航道通航能力辅助决策方法；研究面向S100标准的三维电子航道图生产与服务技术，开发以三维电子航道图为载体的多模式综合信息航道信息公共服务系统。

（4）多功能智慧助航系统关键技术。

发展基于多种测量和感知技术的智慧航标信息集成技术、免维护技术，研发风光能结合的航道助航系统绿色能源控制技术，突破高转化率的太阳能发电技术、太阳能板自适应跟踪技术；研发助航设施防腐新材料和非金属新材料，以及航道智能助航系统节能技术；研究5G支持下船岸协同助航新技术，探索基于虚拟现实的视觉助航新模式、远程遥控驾驶航道助航新技术等。

（5）航道运行管控与综合信息服务关键技术。

研究航道及助航设施运行动态自动监测预警技术，研究面向智慧航道的航道整治建筑物实时监测与在线诊断技术，在此基础上研究航道智慧养护管理技术；面向航道的安全营运，开展航道智慧导助航技术，进一步开发航道事故智慧防控技术；基于数字航道技术、人工智能技术、大数据、云平台计算技术，开发航道运行管控智能平台，实现数据的无缝衔接与实时交换、可视化及数据深度融合；建立航道服务综合分析软件平台，全方位分析航道要素，指导船舶航行调度和应急处理，管控风险，最终实现智慧航道管理。

（6）智慧航道绿色智能维护船舶及装备关键技术。

研发一型具有航道测量、航标维护、重物起吊、清除杂草和缠绕物等多功能，并可搭载无人机、无人船、水下潜水器的专用维护船，在船上设有专用的维修设备，航标起吊设备，维护船能够平稳靠标，人员安全跳标；研发一型航道无人监测船，具备自主航行、定位、监测和数据分析及远程传输的功能，实现对重要航道或特殊航道的重点监测；研发一型载人潜水器，该潜水器带有机械手，测量和勘测的设备，可以载乘专业人士实现航道障碍物和水工设施病害现场勘测和环境考察，同时可以配合水下助救和打捞的施工，可以完成水下摄像和照明；研发一型具有海图测绘功能的无人潜水器，研究无人潜水器的水下航行控制方法，研发无人潜水器的远程数据传输和控制，提高数据传输的可靠性。

第七节　长江上游航道建设养护技术发展趋势

根据长江航道建设养护技术发展趋势，结合本书前述的长江上游航道的特征，预测提出长江上游航道建设养护，具体如下：

（1）数字孪生三维全息场景化航道关键技术。

以电子航道图为基础，利用实景建模、混合实现、数字孪生、GIS时空分析等技术，开展数字孪生三维全息场景化航道关键技术研究。研发水域水流流态模拟、河床演变动态模拟、三维静态展示等功能，搭建全息航行数字化技术平台，实现"人、船、航道、两岸环境"的真实数字映像及全域感知，实现示范河段整治建筑物、水工建筑物、涉水工程及周边环境等信息的三维空间呈现；实现助航设施、航道要素信息、船舶航行信息、通航预警、航线规划等信息的三维空间动态呈现及语音播报；实现船舶触礁、桥梁防撞等事故的风险预演及预警提示，打造沉浸式三维航行环境全景，为船舶驾乘提供"虚实共生、具身体验"的航行体验，为航道维护管理、航运企业运输决策、船舶航行安全、海事监管、水上应急指挥等提供全方位、实时、精确、便捷、智能的航道服务。

（2）航道智能监测预警技术。

基于流域数字孪生全息基础空间，利用水下地形监测系统、航标标位水深采集系统、无人机表面流场采集系统，自动获取实时航道要素信息与过往船舶基础信息，结合大数据分析、数值模拟、人工智能等方法开展航道通航条件动态预判技术研究，实现航道尺度演变预测，为行轮提供准确的尺度预报与水流信息服务。基于三峡上游水库群下泄流量预报结果，结合水位监测结果，利用数值模拟计算方法，实现航标调整预警和变动回水区航道推移质疏浚预警决策，降低航道维护成本。开展库区应急预警与决策研究，提升应对突发事件的核心关键能力；研发三峡库区深水搜寻关键技术，升级深潜水装备及打捞专用设备配置，实现深水搜寻作业的三维全息可视化；依据长江上游航道环境，基于实时监控、数值模拟等方法，开展船舶事故实时监测与预警技术研究，实现船舶操纵性智能预报以及多船舶瞬时智能避碰决策，为船舶紧急避碰提供技术方案。

（3）航线动态规划关键技术。

开展真实环境的水流—船舶运动耦合模型研究，计算真实水流环境下的船舶受力与操纵参数，以水深、复杂流态、船型阻力等为约束条件，预报可通航安全水域，设置虚拟航标，实现船舶航行安全预警；基于船舶基础信息、航道水流条件、船舶受力、历史经验航线等条件，研究船舶最优航线动态规划关键技术，提升助航效果。

（4）"交通＋旅游"信息化体系。

长江上游航道段具有鲜明的库区及峡谷航道特点，且旅游资源丰富，川江航道文化深厚，包含白帝城、瞿塘峡、神女溪等众多特色景点资源，是建设"交通＋旅游"特色服务的典型示范段。未来应重点开展"交通＋旅游"信息化体系建设研究，以"水上高德地图"为目标，致力打造水上高速公路试验区和生态智慧美丽航道的样板区。

以电子航道图为基础，建立长江上游航道数字孪生三维全息场景化航道图，开发应用"交旅融合"的相关功能模块，通过主动推送最优航路、最佳转载路径、航运集成信息、港口码头泊位等信息，结合看图＋语音功能＋航道三维全息场景化展示功能，让常年回水区船舶实现水上高速公路的体验感，为库区航运提供泛在化、便捷化、体验化的高品质信息服务。增加旅游及航行双模式和航道文化模块，通过标准旅游景点，主动播报景点信息，新增旅游景点购票链接、提供餐饮住宿医疗等联系方式，主动推动及播报航道特色的文化和演变过程等方式，为旅游船舶及用户提供优质的旅游信息服务，有效传播和传承航道文化，提高行业认知度。

（5）航道智能助航与信息服务系统。

利用物联网、北斗、5G、大数据、人工智能等先进技术，以航道数字化、服务品质化为主攻方向，强化信息技术融合应用和创新成果转化应用，开发航道智能助航与信息服务系统，集成基于数字孪生三维全息场景化航道图、航道智能监测预警、航线规划、应急救助、旅游服务、航道文化等核心功能模块，实现长江上游航道便捷化、智能化、体验化的高品质信息服务，为服务交通强国战略实施和经济社会发展提供有力支撑。

参 考 文 献

［1］Elhorst J P，Oosterhaven J. Forecasting the impact of transport improvements on commuting and residential choice［J］. Journal of Geographical Systems，2006（8）：39-59.

［2］Emberger G. Interdisciplinary view of impacts of transport policies on socio-economic systems［D］. Vienna：University of Vienna，Institut für Soziologie，1999.

［3］Hulten M. A respect of inland water transport in Europe［J］. Geo Journal，2007（1）：7-24.

［4］Roggenkamp T，Herget J. Middle and lower rhine in roman times：a reconstruction of hydrological data based on historical sources［J］. Environmental Earth Sciences，2016，75（14）：1100.

［5］CK J. Late quaternary upper mississippi river alluvial episodes and their significance to the Lower Mississippi River system［J］. Engineering Geology，1996：263-285.

［6］封学军，严以新. 内河航运在江苏经济发展中的战略地位研究［J］. 水运工程，2004（12）：80-83.

［7］黄娟. 湖南近代航运业研究［D］. 武汉：华中师范大学，2009.

［8］周志中. 充分发挥内河航运在湖南经济发展转型中的作用［J］. 湖南交通科技，2010（04）：99-101.

［9］张琴英，封学军，王伟. 基于 LCIA 的内河航运"绿色度"综合评价［J］. 水运工程，2011（5）：111-115.

［10］李跃旗，王颖，张欣，等. 内河航运与区域经济相关关系［J］. 交通运输工程学报，2009（06）：97-101.

［11］何月光，张波. 苏北运河航运发展与区域经济关系研究［J］. 经济研究导刊，2010（26）：33-34.

［12］刘继斐. 苏北运河对区域经济的贡献研究［D］. 南京：南京航空航天大学，2006.

［13］关则兴. 柳州航运发展研究［D］. 重庆：重庆交通大学，2010.

［14］罗钧韶. 珠江水系水路运输与区域经济的依存关系分析［D］. 广州：华南理工大学，2012.

［15］匡银银. 湖北省内河航运与经济互动发展研究［D］. 武汉：武汉理工大学，2017.

［16］王雅，林桦，黄泽乾，等. 湖北省内河航运与区域经济的伴生关系［J］. 水运管理，2019，41（12）：10-14.

［17］中华人民共和国住房和城乡建设部. GB 50139—2014，内河通航标准［S］. 北京：中华人民共和国住房和城乡建设部，2014.

［18］赵畅. 分布式航运承载力系统动力学模型研究及应用［D］. 重庆：重庆交通大学，2017.

［19］唐冠军，邱健华. 2019 年长江航运发展报告［R］. 交通运输部长江航道管理局，2019.

［20］李文杰，邹文康，万宇，等. 经济驱动下的航运需求预测［J］. 重庆交通大学学报（社会科学版），2019，19（04）：51-57.

［21］寇伟航. 基于 ArcGIS Engine 的长江上游航运承载力评价研究［D］. 重庆：重庆交通大学，2018.

［22］宋凯旋. 长江上游水路运输货物结构分析与预测研究［D］. 重庆：重庆交通大学，2019.

［23］王大伟. 长江上游船舶运输组织特征分析与优化研究［D］. 重庆：重庆交通大学，2019.

［24］刘怀汉，胡小庆，解中柱. 长江宜宾至重庆段卵石滩险整治技术［M］. 北京：人民交通出版社，2015.

［25］中国标准出版社. GB 13851—2008，内河交通安全标志［S］. 北京：中国标准出版社，2008.

［26］中华人民共和国交通运输部. GB 5863—1993，内河助航标志［S］. 北京：中国标准出版社，1993.

［27］国际航标协会（IALA）. 国际航标协会航标助航指南（第七版）［M］. 北京：人民交通出版社，2017.

［28］王英志. 航标学［M］. 大连：大连海事大学出版社，1991.

［29］刘怀汉，曾晖，周俊安，等. 内河航道助航系统智能化技术研究现状与展望［J］. 水利水运工程学报，2015（6）：82-87.

［30］Engineers U. Navigation charts：middle and upper Mississippi River （Cairo，Illinois to Minneapolis，Minnesota）［J］. Army Corps of Engineers，1958.

［31］Engineers U. Upper Mississippi River navigation charts［J］. Army Corps of Engineers，1978.

［32］贾国珍，吴林. 密西西比河航标配布［J］. 珠江水运，2021（12）：55-57.

［33］王伟时，王英志. 新编助航指南［M］. 北京：人民交通出版社. 1999.

［34］王垒. 内河航道智能航标系统的研究与开发［D］. 武汉：湖北工业大学，2019.

［35］DENG Z S. Application of GM（1，1） model in sea navigation mark operation management［C］//information engineering research institute，USA，Singapore management and sports science institute，Singapore，2018.

［36］CHEN C. Intelligent vehicle navigation path recognition model based on neural network［C］// Wuhan Zhicheng Times Cultural Development Co.，Ltd，2018.

［37］ZHOU Y. Risk forecast and management in the technical modificatioin of aids to navigation［J］. Navigation of China，2001.

［38］李磊. 视觉航标发展现状的分析探讨［J］. 科技创新与应用，2013（6）：160.

［39］沈如平. 浅谈视觉航标的基本特征及维护要点［J］. 中国水运，2020（6）：33-34.

［40］刘怀汉，初秀民，吕永祥. 现代内河航道助航技术［M］. 武汉：武汉理工大学出版社，2016.

［41］中华人民共和国交通运输部. GB 5864—1993，内河助航标志的主要外形尺寸［S］. 北京：中国标准出版社，1993.

［42］中华人民共和国交通运输部. JTS 196-10—2015，长江干线桥区和航道整治建筑物助航标志［S］. 北京：中国标准出版社，1993.

［43］李学祥，洪珺，周彩，等. 长江干线视觉航标技术总结与展望［J］. 中国水运·航道科技，2017（5）：34-36.

［44］刘宪庆，邓皓天，余葵，等. 自浮升降式航标的运动特性分析［J］. 水运工程，2022（4）：101-105.

［45］李昕. 内河航道船舶定线制条件下的航标配布探讨［J］. 水运工程，2010（3）：103-107.

［46］魏志刚. 长江干线航道航行标志设施建设的研究——南—浏航标工程初步设计方案［D］. 武汉：武汉理工大学，2003.

［47］史卿，王华俊，刘杰. 长江下游安庆水道近期航道演变的发展与枯水期的航道维护对策［J］. 中

国水运航道科技，2018（5）：1-6.

［48］史卿．长江下游上巢湖至浏河口河段洪水期航标配布优化措施［J］．水运管理，2017，39（1）：16-19.

［49］吴锡荣，陈冬元，胡祥顺，等．三峡大坝上游 145～175m 水位变动期助航标志设置与维护管理技术探讨［J］．中国水运，2011（11）：182-184.

［50］杨会来．三峡水库明月峡滩段航标配布设计及维护探讨［J］．中国水运，2017（5）：34-36.

［51］刘作飞，蒋明贵，闻光华．三峡库区深水航道航标配置分析［J］．水道港口，2016，37（1）：67-70.

［52］李洪奇，钟志强，王明，等，长江上游母猪碛控制河段航标优化方案［J］．中国水运（下半月），2018，18（10）：37-38.

［53］李波，王明，罗晟．长江上游白沙水道母猪碛控制河段航标优化与应用［J］．中国水运·航道科技，2020（3）：29-35.

［54］WEN Z F，AI W Z．Research on the design for bridge channel buoy［J］．Applied Mechanics and Materials，2014，2916（488-489）：421-423.

［55］张扬．长江主航道桥梁施工期航标配布方案研究［D］．南京：东南大学，2016.

［56］张晓丹，黄燕玲．多孔通航桥梁营运期桥区航标配布［J］．中国水运，2020（10）：87-89.

［57］杨昊，敖自栋．新形势下航标维护管理模式及其发展趋势探讨［J］．珠江水运，2019（1）：100-101.

［58］张文，张梅，肖杰．长江上游宜宾段汛期洪峰对航标维护的影响及对策浅析［J］．中国水运·航道科技，2020（6）：45-50.

［59］毛建辉，邵武豪，韩毅．适合航标维护作业的小型航标船总体设计［J］．船舶与海洋工程，2020，36（6）：24-28.

［60］谭洁，翁炳昶，曾庆蓉．万州航标维护基地平面设计方案优化与经济比较［J］．中国水运·航道科技，2021（1）：68-72.

［61］凡亚军．长江下游航标维护基地综合利用研究［J］．中国水运，2020（8）：65-66.

［62］姜雅乔．长江航标维护船舶能效状态评估及异常致因分析［D］．大连：大连海事大学，2020.

［63］黄林生．基于北斗的武汉港区航标监控系统方案的研究［D］．武汉：武汉理工大学，2006.

［64］徐奥．基于水位预测的航标配布辅助系统设计与实现［D］．重庆：重庆大学，2019.

［65］龚燕峰．航标位置合理性智能校核技术研究［D］．重庆：重庆交通大学，2016.

［66］ZHANG X G，LU X，PENG G J，et al．Researches on the new system of aids to navigation［C］// Position Location & Navigation Symposium．IEEE，2010.

［67］XUE W，PAN J，ZHU W．Digital waterway construction based on inland electronic navigation chart［C］//International Conference on Intelligent Earth Observing and Applications 2015．International Society for Optics and Photonics，2015.

［68］长江航道局．长江干线航道浮标锚缆缠绕物解决方案研究报告［R］．武汉：长江航道局，2017.

［69］徐忠浩．卸存积装置［P］．中国，CN201010191215.8，2012.

［70］梁山，于闯，王德军，等．一种系缆绳杂物积存量的检测与卸积存方法［P］．中国：CN201510278368.9，2015.

［71］长江万州航道处，重庆文理学院．智能浮鼓在库区推广应用可行性及维护对策研究［R］．重庆：长江万州航道处，2021．

［72］李学祥．内河数字航道的概念与构成研究［J］．测绘与空间地理信息，2017，40（4）：16-20．

［73］刘怀汉，李学祥，杨品福．内河数字航道的成效机理与指标评估［J］．水运工程，2016（1）：22-26．

［74］JW Spalding，FV Diggelen．Positioning united states aids-to-navigation around the world［J］．Proceedings of International Technical Meeting of the Satellite Division of the Institute of Navigation，1997（9）：981-987．

［75］ZHANG X G，PENG G J，ZHENG J，et al．Research on navigation-aids information system based on 3G and internet［C］//14th World Congress on International Transport Systrms．2007．

［76］王如政．航标遥测遥控系统关键技术的研究［D］．大连：大连海事大学，2007．

［77］中华人民共和国交通运输部．内河航道养护与管理发展纲要［S］．北京：中华人民共和国交通运输部，2001．

［78］中华人民共和国交通运输部．新理念——内河航道建设指南（2011版）［S］．北京：中华人民共和国交通运输部，2012．

［79］史卓，蔡秀云，李哲林，等．基于 GPS/GIS/VHF 的航标遥测遥控系统的实现与研究［J］．水运工程，2003（3）：12-14．

［80］张燕．航标遥测遥控系统的功能、组成及技术实现的研究［D］．大连：大连海事大学，2003．

［81］陈建亭．黑龙江航标遥测遥控系统的设计与实现［D］．大连：大连海事大学，2010．

［82］聂婧．智能航标灯系统及其 GPS 定位算法研究［D］．合肥：合肥工业大学，2012．

［83］吴妍．智能航标灯系统及其基于差分法的 GPS 定位算法研究［D］．合肥：合肥工业大学，2012．

［84］刘均辉．航标遥测遥控无线视频监控系统研究［D］．大连：大连海事大学，2013．

［85］阮大兴．长江航标遥测遥控终端系统设计［D］．武汉：湖北工业大学，2017．

［86］Meyer M L，Huey G M．Telemetric system for hydrology and water quality monitoring in watersheds of northern New Mexico，Usa［J］．Environmental Monitoring & Assessment，2006，116（1/3）：9-19．

［87］Freiberger T V，Sarvestani S S，Atekwana E．Hydrological monitoring with hybrid sensor networks［C］//Sensor Technologies and Applications，2007．SensorComm 2007．International Conference on IEEE，2007（84）：484-489．

［88］贺国庆，周刚炎，张红月，等．美国水文测报技术简况及思考［J］．人民珠江，2004（1）：22-24．

［89］崔玉兰，周刚炎．美国水文测报技术新进展［J］．人民长江，2001，32（4）：44-45．

［90］章树安，张留柱，梁家志．美国水文要素采集与传输技术简介及几点认识［J］．水文，2000，20（1）：62-63．

［91］付英杰，张永学．国内外水文自动测报系统综述［J］．黑龙江水利科技，2014（3）：197-198．

［92］Mccabe M F，Wood E F，R Wójcik，et al．Hydrological consistency using multi-sensor remote sensing data for water and energy cycle studies［J］．Remote Sensing of Environment，2008，112（2）：430-444．

［93］Singh S K，Bardossy A．Calibration of hydrological models on hydrologically unusual events

［J］．Advances in Water Resources，2012，38（Mar.）：81-91.

［94］Olsen M，Troldborg L，Henriksen H J，et al．Evaluation of a typical hydrological model in relation to environmental flows［J］．Journal of Hydrology，2013，507（Complete）：52-62.

［95］Song，X，Zhang，et al．Global sensitivity analysis in hydrological modeling：Review of concepts，methods，theoretical framework，and applications［J］．Journal of Hydrology，2015（523）：739-757.

［96］骆兰．水情自动测报系统研究进展［J］．河南水利与南水北调，2011（14）：4-5.

［97］王辉．检索式数字水位数据采集系统的研究［D］．太原：太原理工大学，2008.

［98］邵雯．基于 MSP430 的水位监控管理系统的研究与设计［D］．苏州：苏州大学，2010.

［99］朱青．一种水情自动测报终端的研究与设计［D］．南京：南京大学，2011.

［100］武晓明．基于 GPRS 网络水情遥测系统的研究与实现［D］．南京：河海大学，2006.

［101］徐芳．基于 GPRS 的水情自动测报系统［D］．南京：南京信息工程大学，2007.

［102］吴春祥．嵌入式水文自动测报系统的研究与设计［D］．武汉：武汉理工大学，2008.

［103］郭怀亮．无人值守水文站通讯及控制系统研究［D］．太原：太原理工大学，2015.

［104］夏永丽．赣江新干航电枢纽基于 GPRS 和北斗双通道的水情自动测报系统．广州：华南理工大学.

［105］苏庆华．广西龙江流域水情自动测报系统研究与应用［D］．南宁：广西大学，2016.

［106］夏永成．东义河流域水情自动测报系统设计与实现［D］．成都：电子科技大学，2014.

［107］张欣，彭洋，熊嘉荔．航道测量方法及数字地形模型建设探讨［J］．现代商贸工业，2018，39（26）：182-183.

［108］何进．大范围超声波测距技术在海上船舶定位系统的应用研究［J］．舰船科学技术，2017（18）：47-48.

［109］宁津生，杨凯．从数字化测绘到信息化测绘的测绘学科新进展［J］．测绘科学，2007，32（2）：6-11.

［110］泉泽，刘飞，江坤，等．多波束测深系统在内河航道测量中的运用探讨［J］．中国水运·航道科技，2016（5）：54-59.

［111］杨海忠．基于多波束测深系统的天津某航道测量研究［J］．科技创新导报，2018，15（7）：80-81.

［112］张旭，李光林，汪正．多波束与单波束测深系统在长江航道测量中的应用比较［J］．中国水运·航道科技，2016（2）：66-69.

［113］刘如广，唐健，石敏圣．"水声呐"技术在浅水航道测量中的应用［J］．交通科技，2005（5）：128-129.

［114］徐国强，杜军，王勇智，等．侧扫声呐技术在水下界址线测量中的应用［J］．海洋技术学报，2017，36（3）：19-22.

［115］李裕聪．三维激光扫描仪在航道地形测量中的应用［J］．中国水运，2016（8）：40-42.

［116］张旭巍．GPS-RTK 测绘技术在航道测量中的精度分析及实践研究［J］．中国水运，2009（1）：19-20.

［117］张红军．GPS-RTK 定位技术在航道测量中的应用［J］．中国水运，2011（4）：78-79.

[118] 贺威，高杨，张天成. 面向智能航道 创新测绘技术 [J]. 科技视界，2014（18）：330-331.

[119] 简波，胡伟平，张诚. 基于长江北斗 CORS 系统的 PPK 定位技术在航道测量中的应用 [J]. 水运工程，2022（2）：159-161.

[120] 陈志勇，欧军，周贺伟. 无人测量船在航道维护疏浚水下地形测量中的实践与探讨 [J]. 中国水运·航道科技，2018（4）：49-52.

[121] 许开勇，徐世毅. 无人船在航道测量及维护中的应用与展望 [J]. 中国水运·航道科技，2018（5）：39-41.

[122] 重庆航道测绘处. 重庆航道测绘处首次使用无人机航测新技术完成航道地形测量 [J]. 中国水运·航道科技，2019（2）：28.

[123] 何小丽，熊荣军，陈炜. 无人机测量技术在长江航道中的应用研究 [J]. 中国水运，2018，18（7）：206-207.

[124] 牙廷周. 无人机技术在复杂地形航道测绘中的应用 [J]. 西部交通科技，2020（9）：173-175.

[125] 张永杰，路海锋，王伟结，等. 免像控无人机航测技术在航道测绘中的应用 [J]. 中国水运·航道科技，2021（1）：77-80.

[126] 简波. 长江航道地形测量数据采集与预处理工作流程优化 [J]. 水运工程，2014（11）：31-34.

[127] 朱湘杰，周丁丁. 长江航道地形测量数据采集与预处理工作流程优化研究 [J]. 中国水运，2020（7）：43-44.

[128] 长江航道局. 长江航道要素智能感知与融合技术研究及综合应用研究总报告 [R]. 武汉：长江航道局，2016.

[129] 中华人民共和国住房和城乡建设部. GB 50138—2010，水位观测标准 [S]. 北京：中国计划出版社，2010.

[130] 中华人民共和国交通运输部. JTJ 232—1998，内河航道与港口水流泥沙模拟技术规程 [S]. 北京：中华人民共和国交通运输部，1998.

[131] 中华人民共和国交通运输部. JTS145—2015，港口与航道水文规范 [S]. 北京：中华人民共和国交通运输部，2015.

[132] A N P，B K M，C J H W，et al. Recurrent shoaling and channel dredging, Middle and Upper Mississippi River，USA [J]. Journal of Hydrology，2004，290（3–4）：275-296.

[133] CHEN Y H，Simons D B. Hydrology, hydraulics, and geomorphology of the Upper Mississippi River system [J]. Hydrobiologia，1986，136（1）：5-19.

[134] 丁晓渔，胡苏萍. 德国河口航道治理经验综述 [C] // 中国水利发电工程学会通航专业委员会学术交流会. 中国水利发电工程学会，1999.

[135] 佩珍. 匈牙利冲击河流的整治 [J]. 人民黄河，1985（5）：20-21.

[136] 王秀英. 冲积河流航道整治设计参数确定方法研究 [D]. 武汉：武汉大学，2006.

[137] 长江航道局. 航道工程手册 [M]. 北京：人民交通出版社，2004.

[138] 陈建. 长江上游航道整治建筑物结构类型及应用研究 [D]. 重庆：重庆交通大学，2013.

[139] 王士毅，甘鉴登，周冠伦，等，长江上游航道的整治 [J]. 水利学报，1980（4）：14-25.

［140］刘怀汉，胡小庆，解中柱. 长江上游宜宾至重庆河段航道整治关键技术［M］. 北京：人民交通出版社，2015.

［141］毕方全，李晶. 长江上游泸渝段航道整治研究［J］. 重庆交通大学学报：自然科学版，2008，27（3）：468-469.

［142］赵志舟，周华君. 川江铜鼓滩河段碍航成因分析与整治设想［J］. 水运工程，2008（4）：73-75.

［143］赵志舟，周华君，杨胜发. 长江上游铜鼓滩航道整治数值模型研究［J］. 重庆交通大学学报：自然科学版，2008，27（2）：291-292.

［144］杨祥飞. 长江上游铜鼓滩治理措施研究［J］. 重庆交通大学学报：自然科学版，2010，29（1）：134-137.

［145］陈建. 长江上游东溪口水道航道尺度提升可能性分析［J］. 重庆交通大学学报：自然科学版，2016，35（3）：62-65.

［146］钟亮，许光祥，周鑫靖. 长江上游胡家滩航道整治数值模拟研究［J］. 水运工程，2015（5）：154-160.

［147］钟亮，周鑫靖，许光祥. 长江九龙滩河段浅滩航道整治［J］. 水运工程，2015（11）：99-104.

［148］何艳军. 长江上游九龙滩航道整治方案及效果分析［J］. 水运工程，2022（8）：122-128.

［149］刘夏忆. 长江上游神背嘴滩险弯道水流结构及推移质输移研究［D］. 重庆：重庆交通大学，2017.

［150］寇宁宇. 长江上游长叶碛河段碍航特性分析及航道整治方法研究［D］. 重庆：重庆交通大学，2021.

［151］曾涛，张文，张晓琴. 长江上游急流滩整治思路分析［J］. 水运工程，2014（1）：128-133.

［152］刘勇，王涛，解中柱，等. 长江上游斗笠子滩航道整治工程试验研究［J］. 水运工程，2012（10）：47-51.

［153］宋禹辰. 温中坝河段卵石输移规律与航道治理对策研究［D］. 重庆：重庆交通大学，2017.

［154］张小龙. 长江上游叙渝段枯水浅急型卵石滩的整治技术研究［D］. 重庆：重庆交通大学，2018.

［155］孟栋梁，张绪进，侯极. 长江上游渣角滩航道整治试验研究简［J］. 水运工程，2018（1）：130-133.

［156］刘天云. 三峡库尾礁石子急滩成因分析及航道整治［J］. 水运工程，2019（10）：87-92.

［157］陈希，许光祥，曾涛. 长江上游莲石滩复杂滩险的碍航特性及治理思路［J］. 水运工程，2017（2）：101-105.

［158］陈希. 长江上游莲石滩航道整治模型试验［J］. 水运工程，2019（10）：131-133.

［159］钟亮，许光祥. 长江上游九龙坡至朝天门河段航道建设工程工可阶段物理模型试验研究［R］. 重庆：重庆交通大学，2014.

［160］中国国际工程咨询有限公司. 新时代长江航运发展战略研究［R］. 北京：中国国际工程咨询有限公司，2022.

［161］长江航道局. 长江航道要素智能感知与融合技术研究及综合应用研究［R］. 武汉：长江航道局，2016.